SAPIX YOZEMI GROUP

畠山の
ズッキリ解ける

倫理、政治・経済
完成問題集

代々木ゼミナール講師
畠山 創

代々木ライブラリー

GUIDANCE

倫政を学ぶ皆さんへ

「全員必修！　完成問題集ガイダンス」

注　本問題集は姉妹編である『畠山のスッキリわかる倫理，政治・経済完成講義』（以下，『完成講義』）との併用で最も学習効果が上がるように編集されています。もちろん，**本書単独でも演習効果は十分あります**が，ぜひとも『完成講義』との併用で，その抜群の学習効果を体感してください。

●合格への第一歩は「問題演習」にあり！
⇒君に質問です。「今まで倫政一冊の問題集を何周しましたか？」

　これは「倫政が８割いかない」と，講師室に質問に来る学生にはじめにする質問です。すると「１周もしたことがない」とか，「問題集を持っていない」という答えが返ってきます。しかし，よく考えてみるとこの答えは当然で，倫政に特化した問題集は数少なく，まして学習項目別で解説が最新かつ詳細なものとなればなおさらです。また，倫政の情報量が膨大なため，参考書を読むのに手一杯で，問題演習まで手が回らないのが現状です。

●参考書を「すべて」読んだ後ではなく，「各章」を読んだ後に解いていく！

　確かに倫政の学習量は膨大です。ただしそれは，**「各章ごと」というスタイルを解く**ことで解決できます。つまり，『完成講義』や参考書を一章読んだら，該当範囲を本問題集で解いて知識の定着をはかるのです。

　大切なのは，普段から「各章ごと」にオーソドックスな「典型問題」を，大体一章に付き９〜10程度繰り返すことです。**本問題集では，過去問の一部に最新情報を加味して改題し**，さらに最新の出題傾向に応じたオリジナル問題も掲載，それに詳細な解説と最新情報を盛り込みました。また解説冒頭の「正解への攻略ルート」で「何が問われるか？」を表示し，解説では，**リード文に下線がきたり，空所補充になりやすいものを赤字に，正誤ポイントをゴシック体にしてある**など受験生のニーズにすべて応えた問題集であると自負しています。

●具体的には⇒「２周し，直前期にもう１周」

　まず１周し，間違えた問題のチェックボックスにチェックを入れます。２周目も同じです。ここで，**２回ともチェックが入った問題が苦手分野**ですので，『完成講義』や参考書を読み直しましょう。このため本書では『完成講義』の該当箇所を逐次表示してあります。

●『完成講義』と『完成問題集』をマスター後⇒いよいよ「新傾向を探る！」へ

　大学入学共通テストの対策としては，その過去問の蓄積が貯まるまでの間はセンター試験の過去問演習が重要かつ有効です。なぜなら，2018年の試行調査（プレテスト）からも共通テストとセンター試験では大幅な変更点は見られないからです。ただし，**試行調査（プレテスト）で出題された特徴的な問題について，本書では「新傾向を探る！」として**随所に掲載・解説してあるので必ず取り組みましょう。するとセンター試験と「同じ知識を問うていること」に気が付くはずです。

　本問題集で演習を繰り返し，**苦手分野を見つけ，直前期にはその分野を徹底してたたき上げてください。** また巻末にある「**出題予想資料ベスト30**」に目を通し，最新のデータを目に焼き付けておきましょう。ここまでやれば対策は万全です。

「君には出来ないと世間が言うことをやってのけること。それが栄光だ」　**W. バジョット**

2020年2月　自宅書斎にて　　畠山　創

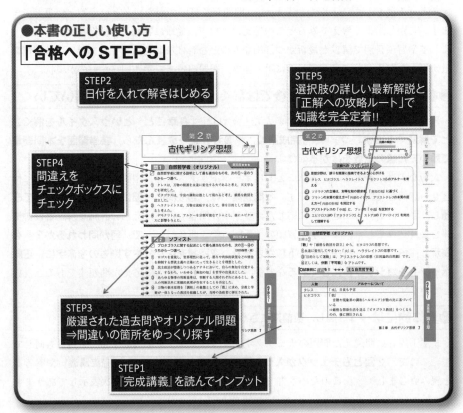

●本書の正しい使い方

「合格へのSTEP5」

STEP2
日付を入れて解きはじめる

STEP5
選択肢の詳しい最新解説と「正解への攻略ルート」で知識を完全定着!!

STEP4
間違えをチェックボックスにチェック

STEP3
厳選された過去問やオリジナル問題⇒間違いの箇所をゆっくり探す

STEP1
『完成講義』を読んでインプット

CONTENTS

第1編　倫　理

第1章

青年期の課題

問1　青年期を表す用語　難易度★★★

☐　青少年に人生の指針を与えてくれる先人の書物についての記述として**適当でないもの**を，次の①〜④のうちから一つ選べ。（2006倫理・本）

①　エリクソンは，青年期の課題として自我同一性の確立を提唱し，『幼児期と社会』では，その基礎となる乳幼児期の親子関係の重要性を指摘した。

②　ルソーは，『エミール』で，「我々は二度生まれる」と表現し，青年を大人と子どもの中間の存在と位置づけ，青年期の若者を境界人と呼んだ。

③　神谷美恵子は，『生きがいについて』で，自分の存在が誰かのため，何かのために必要だと自覚することで張り合いをもって生活できると述べた。

④　ガンディーは，非暴力・不服従の抵抗運動によって，インドを独立に導いたが，その実践の記録と生命尊重の思想は，『自叙伝』に示されている。

問2　青年期の特徴　難易度★★★★

☐　青年期に関する記述として最も適当なものを，次の①〜④のうちから一つ選べ。（2005現社・本）

①　この時期はモラトリアムと言われるが，この用語は，子どもと大人の間の「境界人」という意味を端的に表している。

②　この時期は普通10代前半から24〜25歳頃までを指すが，この年齢区分は時代や社会にかかわらずほぼ一定である。

③　この時期は心理的離乳期とも言われるが，これは，子どもが親の管理からの解放を望み，自立を試みることを意味する。

④　この時期は第二次性徴が現れる時期であるが，そのような身体的変化が始まる年齢は，近年徐々に高くなる傾向にある。

第1章

第2章

第3章

第4章

第5章

第6章

第7章

第8章

問3　防衛機制

難易度★★

☑ 欲求不満に直面したときの反応例A～Cと，それを説明する防衛機制の種類ア～エとの組合せとして最も適当なものを，下の①～⑥のうちから一つ選べ。

(2005現社・本)

A 好きな異性に対して，わざと意地悪く対応したり，冷たく接したりする。

B 好きな異性のことを，「ああいうタイプは，きっと自分には合わない。」と理由付けし，あきらめる。

C 満たされない性的欲求を芸術活動などに打ち込むことで解消する。

ア 昇　華	**イ** 合理化	**ウ** 反動形成	**エ** 代　償

① A－ア　　B－イ　　C－エ　　② A－エ　　B－ウ　　C－イ

③ A－イ　　B－ア　　C－ウ　　④ A－イ　　B－エ　　C－ア

⑤ A－ウ　　B－ア　　C－エ　　⑥ A－ウ　　B－イ　　C－ア

問4　アイデンティティ

難易度★★★★

☑ 「アイデンティティの確立」を青年期の発達課題として捉えた精神分析学者にエリクソンがいる。エリクソンの言う「アイデンティティ」についての記述として最も適当なものを，次の①～④のうちから一つ選べ。

(2004倫理・追)

① 人間は自らの在り方を追求する際に，ある対象の一面，あるいはいくつかの特性，場合によってはその全体を理想として自分に当てはめ，それと似た存在になる。

② 人間は，日常生活での様々な局面の変化を通じて，変わらぬ連続性と一貫性を保つ「私」の中核部分をもち，同時にそれが共同体の他者に共有，承認されることを求める。

③ 人間は，社会生活を送る中で，自らの帰属する社会や共同体といった集団の規範に同一化することで，つねに整合的で矛盾のない行動の指針を得ることができる。

④ 人間は日常生活の中で，様々な役割としての社会的自己にその都度，その場限りで同一化することで，他者との関係においても安定した態度を取ることができる。

問5　アイデンティティの拡散

☑ 自我同一性の拡散を表す語句として**適当でないもの**を，次の①～⑤のうちから一つ選べ。

(2012倫理・本)

① 通過儀礼（イニシエーション）　② 自意識の過剰
③ 否定的アイデンティティ　④ モラトリアム人間
⑤ ピーターパン・シンドローム

問6　性格についての分析（改題）

☑ 様々な研究者がこれまで唱えてきた性格の分類や特徴についての記述として正しいものを，次の①～④のうちから一つ選べ。

(2012倫理・本・改題)

① ハヴィガーストは，他人の行動に照準を合わせて自己の行動を決定する性格を他人指向（志向）型と呼んだが，現代の大衆社会では，こうしたタイプはほとんど見られなくなったと主張した。

② クレッチマーは，性格と体型の関連を指摘し，リビドーが自己の内側に向きやすい分裂気質は肥満型に多く，リビドーが外界に向きやすい循環気質は細長型に多いと主張した。

③ シュプランガーは，人々の生活を方向づける様々な価値観を整理して，理論型，経済型，審美型，社会型，権力（政治）型，宗教型という六つの性格類型を主張した。

④ オルポートは，自己感覚の拡大，温かい人間関係の構築，情緒の安定，自己の客観視，人生哲学の獲得から構成される性格5因子（ビッグファイブ）理論を主張した。

問7　人物と用語の確認

☑　人間形成をめぐって，多くの人々が様々な考えを提出している。そのうち，レヴィン，マズロー，ユングの考えとして最も適当なものを，次の①〜⑥のうちからそれぞれ一つずつ選べ。レヴィンについては　15　に，マズローについては　16　に，ユングについては　17　に答えよ。

（2004倫理・追）

①　人間形成が十全になされるには，欲求の健全な充足を目指さなければならないが，欲求には，睡眠や飲食などの単に生理的なものだけではなく，その上位に位置づけられる，愛情や集団への帰属意識などの精神的欲求もある。

②　人間の心には無意識の領域があり，個人的なものと集合的なものがある。集合的無意識は個人的無意識よりも深い層にあり，そこには，元型という神話的な性格を帯びた普遍的イメージが生まれながらに備わっている。

③　人生には，誕生から死に至るまで8段階の周期（ライフサイクル）があり，時間とともに自我は発達していくと考えられる。それぞれの段階には達成すべき課題があるが，その達成度が人の発達状況の目安となっている。

④　人は青年期において自我に目覚め，精神としての自己という内面的世界を発見する。これは，いわば第二の誕生であり，第一の誕生が存在するための誕生であるとすれば，第二の誕生は生きるための誕生である。

⑤　子どもは小さな大人ではなく，子ども独自の世界がある。しかしながら，子どもの認識能力は一定の段階を経て発達し，自己中心的だった段階を脱すると，他者を意識するようになり，客観的な判断もできるようになる。

⑥　人が自分の行動を選択する場合，その人の所属する集団の価値観から強い影響を受けるが，生活空間が大きく変化する青年期においては，子どもの集団にも大人の集団にも属することができず，中途半端な状態に陥る。

次の図はマズローの欲求階層説を示したものである。欲求の内容についての記述**ア〜オ**のうち図中の**C，E**に入れるものの組合せとして最も適当なものを，下の①〜⑤のうちから一つ選べ。 （2003現社・本）

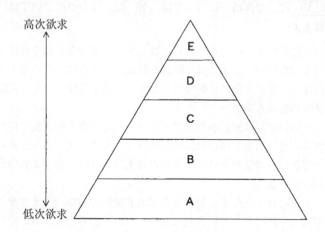

高次欲求

E
D
C
B
A

低次欲求

ア 仲間や知り合いの集団の中に属していたいという欲求
イ 空気や水などを求める生命を維持するための欲求
ウ 自らの可能性を最大限に発揮したいという欲求
エ けがや事故などの危険から身を守りたいという欲求
オ 集団の中で自分がなくてはならない存在でありたいという欲求

① **C−ア E−ウ** ② **C−オ E−イ** ③ **C−エ E−オ**
④ **C−イ E−エ** ⑤ **C−ウ E−ア**

第2章

古代ギリシア思想

問1　自然哲学者（オリジナル）　難易度★★★

☑　自然哲学者に関する説明として最も適当なものを，次の①〜④のうちから一つ選べ。

① タレスは，万物の根源を永遠に変化する火であると考え，天文学などを研究した。

② ピタゴラスは，宇宙の調和は数として現れると考え，厳格な教団を設立した。

③ ヘラクレイトスは，万物は流転するとして，善を目的として運動すると考えた。

④ デモクリトスは，アルケーを分割可能なアトムとし，後にエピクロスに影響を与えた。

問2　ソフィスト　難易度★★

☑　プロタゴラスに関する記述として最も適当なものを，次の①〜④のうちから一つ選べ。　(2004倫理・追)

① ロゴスを重視し，世界理性に従って，怒りや肉体的欲望などの情念を抑制する禁欲主義の立場にたって生きることを理想とした。

② 民主政治が堕落しつつあるアテネにおいて，自らの無知を自覚すること，すなわち，いわゆる「無知の知」を哲学の出発点とした。

③ あらゆる物事の判断基準は，判断する人間それぞれにあるとし，各人の判断以外に客観的真理が存在することを否定した。

④ 万物の根本原理を「調和」の象徴としての「数」に求め，宗教と学術が一体となった教団を組織したが，当時の為政者に弾圧された。

問3　ソクラテス

難易度★★★

☑ ソクラテスに関する記述として最も適当なものを，次の①～④のうちから一つ選べ。 (2004倫理・本)

① デルフォイの神託がソクラテス以上の知者はいないと告げたことを誇りとし，問答によって人々に真理そのものを説いた。

② 神霊（ダイモン）を導入して青年たちを新しい宗教に引き込み，彼らを堕落させたと告発され，アテネを追放された。

③ 自らを「無知の知」に基づく知者と公言し，アテネにアカデメイアという学校を創設し，多くの弟子たちを教えた。

④ 「汝自身を知れ」というデルフォイ神殿の標語のもとに，問答法によって人々とともに知の探究に努めた。

問4　ソクラテスの問答法

難易度★★★★★

☑ プラトンの対話篇に登場する人物が「無知の自覚」を表明したものとして最も適当なものを，次の①～④のうちから一つ選べ。

(2003倫理・追)

① ソクラテスは相手に対して質問するばかりで，自分の方からは何一つ答えようとしない。答えるよりも問うことの方が簡単だということをよく知っているものだから，誰かに質問されると空とぼけて，あれこれ言いつくろっては答えるのを避けるのだ。

② ソクラテスは自ら困難に行き詰まっては，他人も行き詰まらせてしまう。これまで大勢の人々に向かって徳について私が語ってきた話は，自分では立派な内容だと思っていた。ところが，今では徳とは何かということさえ語ることができなくなった。

③ 対話問答を通して議論を進めていくソクラテスの熱意は称賛に値する。私は悪い人間ではないし，また私ほど心から縁遠い人間はいないので，ソクラテスが知恵にかけて有数の人物の一人になったとしても，決して驚かないだろう。

④ ソクラテスという人は，いつもこうなのだ。ほとんど取るに足らないような事柄を問い返しては，相手をしようとする。もし誰かが何事につけてもこの人の言うことに同意してやったなら，この人ときたら，まるで若者のように大喜びするに違いない。

第1章

第2章

第3章

第4章

第5章

第6章

第7章

第8章

問5　プラトンのイデア論

難易度★★★★

☐　プラトンの考え方に合致するものとして最も適当なものを，次の①〜④のうちから一つ選べ。　　　　　　　　　　　　(2010倫理・本)

① イデアは個物に内在する真の本質であり，感覚ではなく，知性だけがそれを捉えることができる。

② イデアは生成消滅しない真の存在であり，感覚ではなく，知性だけがそれを捉えることができる。

③ イデアは個物に内在する真の本質であり，感覚は知性の指導のもとにそれを捉えることができる。

④ イデアは生成消滅しない真の存在であり，感覚は知性の指導のもとにそれを捉えることができる。

問6　プラトンの思想

難易度★★★

☐　プラトンが魂について論じた内容として最も適当なものを，次の①〜④のうちから一つ選べ。　　　　　　　　　　　　(2011倫理・本)

① 人間の魂は死後に肉体から解放されてはじめてイデアを見ることになるとし，イデアへの憧れ（エロース）が哲学の原動力であると論じた。

② 人間の魂は生まれる以前にイデアを見ていたとし，感覚的事物を手がかりとしてイデアを想起すること（アナムネーシス）ができると論じた。

③ 人間の魂を国家と類比的に捉え，個々人の魂に正義の徳が具わるためには，国家全体の正義を確立することが必要であると論じた。

④ 人間の魂を理性，気概，欲望の三つの部分に分けて捉え，これら三部分が互いに抑制し合うことで正義の徳が成立すると論じた。

問7　アリストテレス

☑　自然の事物に関するアリストテレスの思想の記述として最も適当なものを，次の①～④のうちから一つ選べ。　(2002倫理・追)

① 眼前の花が美しいのは，その花の個体としての色や形のゆえではなく，その花が永遠の「美そのもの」にあずかることによる。

② 動植物に様々な種が存在しているのは，種類ごとに固有な形相が各個体に内在し，それが発現してくることによる。

③ 生物を含むすべての事物のあり方が個体ごとに異なるのは，それを構成する原子の形態と配列と位置が異なることによる。

④ 事物全体は永遠の火として存続するが，個体ごとに変化していくのは，そこにおいて相互に対立する力のうち一方が他方に優越することによる。

問8　アリストテレスの中庸

☑　アリストテレスが用いている中庸の例の記述として最も適当なものを，次の①～④のうちから一つ選べ。　(2007倫理・本)

① 恐れるべきものとそうでないものを正しく判断できるように知的訓練を積むことで，勇気のある人になる。

② 金銭や財に関して，必要以上に惜しんだり浪費したりしないよう習慣づけることで，おおらかな人になる。

③ 神の知をもっていないと自覚することで，最大の無知から解放され，人間にふさわしい知恵を得ることができる。

④ 極端な快楽と極端な禁欲を避けながら，静かな修道生活を送ることで，心の平安を得ることができる。

問9　アリストテレスの正義　　　　　難易度★★

☑　アリストテレスの「調整的正義（矯正的正義）」の説明として最も適当なものを，次の①〜④のうちから一つ選べ。　　　（2009倫理・本）

①　各人の業績を精査し，それぞれの成果に応じて報酬を配分すること
②　加害者を裁いて罰を与え，被害者に補償を与えて公平にすること
③　知性的徳を備えた人が習性的徳を備え，完全に正しい人になること
④　法的秩序を保ち，人間として正しい行為をする状態に市民を導くこと

問10　ストア派　　　　　難易度★★★

☑　ストア派の人々が説いた「自然に従って生きよ」とは何を意味するのか。最も適当なものを，次の①〜④のうちから一つ選べ。

（2010倫理・本）

①　文明化された都市においては理性的な判断を惑わすものが多いため，自然の中で魂の平静を求めて生きよ，という意味
②　感情に左右されやすい人間の理性を離れ，自然を貫く理法に従うことにより，心の平安を得て生きよ，という意味
③　人間の理性を正しく働かせ，自然を貫く理法と一致することで，心を乱されることなく生きよ，という意味
④　人間の理性を頼みとして努力をするのではなく，自然が与えるもので満足することを覚えよ，という意味

共通テストの新傾向を探る!!

テーマ1 「古代ギリシア思想の横断的理解」

Question

アリストテレスは，_ⓐ徳の一つである思慮を技術と対比させて次のように言っている。

(2018試行調査・倫)

> 技術とは，【 X 】理論を備えた，制作に関わる魂の状態である。
> （中略）
> 思慮とは，人間にとっての善悪に関わる行為を行うところの，道理を備えた魂の【 X 】状態である。
>
> （アリストテレス『ニコマコス倫理学』より）

ここに明らかなように，技術は制作に，思慮は行為に関わるが，アリストテレスは，これら制作と行為を一括して観想と区別する。

次に，同じ「【 X 】」という語句が，技術については「理論」を，思慮については「（魂の）状態」を，それぞれ修飾している。_ⓑこのことは技術と思慮との違いを明らかにしていると考えられる。実際，アリストテレスは，思慮ある人は何が健康によいのかを考えるというよりも，よく生きることについて考える点で優れた人であると述べている。(2018試行調査・倫)

▱ 下線部ⓐについて考察した哲学者たちの思想の記述として最も適当なものを，①～④のうちから一つ選べ。

① ストア派は，宇宙を支配する理法を理解する賢者のみが徳を獲得できると考え，「自然に従って生きよ」と説いた。

② ソクラテスは，人が徳を獲得すれば財産や名誉も手に入れることができると考え，魂の世話の重要性を説いた。

③ アウグスティヌスは，キリスト教徒に必要なのは四元徳ではなく三元徳のみであると考え，神の愛の貴さを説いた。

④ プラトンは，人が幸福であるためには徳が必須であると魂の三部分説に基づいて考え，「隠れて生きよ」と説いた。

第1章

第2章

第3章

第4章

第5章

第6章

第7章

第8章

必ず読もう！

完成講義　第2章

Question

☑ 【　X　】に入る語句について，生徒Yと生徒Zが考えて話している。次の会話文を読んで，あ～えに入る語句の組合せとして最も適当なものを，下の①〜⑥のうちから一つ選べ。

生徒Y：私はあだと思う。そうすれば「あ理論」が，技術を支える学問のことを指すと思えるから。

生徒Z：「魂のあ状態」というのは何を意味しているのだろう？いを入れたらどうかな？

生徒Y：うーん，そうすると「い理論」というのがどうもねえ。かといって「美しい」も適切ではないし。あっ，「う」かも！

生徒Z：なるほど。「う理論」は技術を支える学問を意味し，「魂のう状態」というのもありそうだね。……でも「魂のう状態」とはえのことになるのかな？　えは完全な徳だというのがアリストテレスの見解だったけど，思慮はえとは言えないよね。

	あ	い	う	え
①	正しい	真である	善い	全体的正義
②	正しい	真である	善い	部分的正義
③	真である	善い	正しい	全体的正義
④	真である	善い	正しい	部分的正義
⑤	善い	正しい	真である	全体的正義
⑥	善い	正しい	真である	部分的正義

☑ 下線部ⓑをよく理解している発言として最も適当なものを，次の①〜④のうちから一つ選べ。

① 彼は着実に仕事をこなす職人だから，地域の複雑な課題をきっと解決してくれるよ。

② 彼女は腕のいいシェフなので，見習いに調理法を身につけさせることができるだろう。

③ 私はアーティストとして若くして有名になったから，今後も活躍できるにきまっている。

④ あの卓越したドラマーが人生の悲劇を乗り越えられたのは，ドラムの技だけによるはずがない。

第3章

キリスト教思想, イスラーム教

問1　旧約聖書

難易度★★★

☐　旧約聖書に関する記述として**適当でないもの**を, 次の①〜④のうちから一つ選べ。

(2004倫理・追)

① 世界の創造者である神ヤハウェへの信仰を基礎としている。『創世記』や『出エジプト記』などから成り, 様々な形で神ヤハウェによる人類全体への平等な愛を説いていることが特徴である。

② 『創世記』や『出エジプト記』といった多くの歴史書, 預言の書などから成り立っている。ヘブライ人のエジプト寄留と脱出, またモーセの十戒などの話は, この『創世記』や『出エジプト記』に記されている。

③ ユダヤ教およびキリスト教の聖典とみなされている。イスラエルの民だけが神ヤハウェから使命を帯びて選ばれたとする選民思想や, 神の言葉としての律法を遵守しなければならないとする考え方がその特徴である。

④ 主にヘブライ語で書かれており, 旧約とは本来, 「旧い契約」という意味である。ここで「契約」とは, 神ヤハウェとイスラエルの民とのモーセを通じた契約を意味している。

問2　十戒とクルアーン

難易度★★

☑　クルアーン（コーラン）には，神がモーセに下したとされる十戒同様，十の戒律が列挙されている箇所がある。次に示す両者の要約を読み，イスラーム教とユダヤ教を比較した記述として最も適当なものを，下の①〜④のうちから一つ選べ。

(2012倫理・本)

〔クルアーンの十の戒律〕

神に並ぶものを配してはならない。	両親によくしなさい。
貧乏を恐れて子を殺してはならない。	醜悪なことに近づいてはならない。
理由なく命を奪ってはならない。	孤児の財産に近づいてはならない。
十分に計量し正しく量れ。	発言する際には，公正であれ。
神との約束を果たせ。	神が示した正しい道に従え。

〔モーセの十戒〕

私以外のどんなものも神とするな。	像を造って，ひれ伏してはならない。
神の名をみだりに唱えてはならない。	安息日を心に留め，これを聖とせよ。
父母を敬え。	殺してはならない。
姦淫してはならない。	盗んではならない。
隣人に関して偽証してはならない。	隣人の家をむさぼってはならない。

① 両宗教ともに神を唯一なるものと考え，唯一神以外の神を崇拝することを禁止しているが，ユダヤ教では偶像崇拝を許容している。

② イスラーム教の神は超越者ではないので，超越神を信奉するユダヤ教のように，神の名をむやみに唱えることを禁止する戒律はない。

③ 人間の健康と福祉は両宗教において何よりも重視されているので，ともに過労を防ぐために一切の労働を停止し休息をとる日を定めている。

④ 両宗教が定める倫理規範においては，力点の置き方が多少違うものの，ともに親孝行と並んで社会的な振舞い方が規定されている。

問3 イエスの思想

☑ 罪についてのイエスの考え方の説明として最も適当なものを，次の①～④のうちから一つ選べ。 (2012倫理・本)

① イエスは，神の意志に反する行為を実際に行ってしまう人間の傾向を罪とみなし，その罪からの救済が誰に起こるかは，人間を超えた神の意志によって予定されていると主張した。

② イエスは，たとえそれを実行せずとも，人間が心のなかで悪しき思いを抱くことそれ自体を罪とみなし，自らが罪人(つみびと)であることを自覚し，その罪を赦(ゆる)す神の愛を信じるよう説いた。

③ イエスは，原初の人間が自由意志を悪用して神に背いたことに由来する人間のあり方を罪と考え，自由意志を正しく用いて自己自身を高めることで，その罪から脱却できると説いた。

④ イエスは，人間が神なしでも自力で生きていけると考えている傲慢(ごうまん)を根源的な罪であると考え，その罪は，律法を厳格に遵守することでのみ，神から義とされて赦されると主張した。

問4 パウロの思想

☑ パウロについて，その基本思想として最も適当なものを，次の①～④のうちから一つ選べ。 (2005倫理・本)

① 人間は律法の行いによってではなく，イエス＝キリストを政治的指導者として崇(あが)めることによって，罪から救済される。

② 人間は律法の行いによってではなく，イエス＝キリストを偉大な預言者として敬うことによって，罪から救済される。

③ 人間は律法の行いによってではなく，イエス＝キリストによる教説を知ることによって，罪から救済される。

④ 人間は律法の行いによってではなく，イエス＝キリストによる贖罪を信じることによって，罪から救済される。

問5　アウグスティヌス

☑　アウグスティヌスが説いた，神と人間との関わりについての記述として最も適当なものを，次の①〜④のうちから一つ選べ。

(2008倫理・本)

① 我々は自らの原罪を克服しようと努めるべきであり，その努力に応じた神の恩寵によってのみ救済される。

② 我々は神の無償の愛によってのみ救済されるのであり，原罪のゆえに自ら善をなす自由を欠いている。

③ 我々は神のロゴスにより創造されているため，そのロゴスに従うよう努めることによってのみ救済される。

④ 我々は神の律法を遵守することによってのみ救済されるが，その律法を破ったならば神の罰を受ける。

問6　トマス・アクィナス

☑　トマス・アクィナスに関する記述として最も適当なものを，次の①〜④のうちから一つ選べ。

(2003倫理・本)

① 信仰と理性は相互に分離された異質な領域に属しており，神にかかわる信仰的実践を哲学によって基礎づけることはできないとした。

② 信仰と理性の区別を体系的に論じて，信仰の優位のもとで両者の統合を試み，倫理思想に関しても自然的徳は神の恩恵によって完成されるとした。

③ 一切は神から必然的に生じるものであり，倫理的問題に関しても，永遠の相のもとで事物を考察することによって判断されなければならないとした。

④ 人間の救済と滅びは神によってあらかじめ決定されており，人間は合理的で正しい行為によってもその決定を変更することはできないとした。

問7 クルアーン

□ クルアーンに関する記述として最も適当なものを，次の①〜④のうちから一つ選べ。 (2004倫理・追)

① クルアーンは，唯一の神が預言者ムハンマドを通じて人間に与えた言葉であり，ムハンマドの役割は神の啓示をそのまま人々に伝えることであった。

② クルアーンは，唯一の神が人間に与えた言葉であり，預言者ムハンマドの役割はその言葉を用いて，将来を予め語ることであった。

③ クルアーンは，唯一の神が預言者ムハンマドと彼を取り巻く多くの人々に直接現れて語ったものである。

④ クルアーンは，唯一の神が預言者ムハンマドに聖典作成を命じ，ムハンマドと彼を取り巻く人々が共同で執筆したものである。

問8 ムハンマド

□ ムハンマドの思想が旧来の多神教と対立した要因の一つに挙げられるものとして最も適当なものを，次の①〜④のうちから一つ選べ。 (2010倫理・本)

① ムハンマドが説いた唯一神の教えは，部族制に基づいた多神教を否定し，アッラーの前でのすべての人間の平等を主張することで，部族の枠を越えた共同体の形成を促した。

② 旧来の多神教では，モーセやイエスの説いた神であるヤハウェをアッラーと並べようとするが，ムハンマドが説く唯一神の教えはヤハウェを認めようとしなかった。

③ 部族制に基づいた多神教はメッカのカーバ神殿と結び付いた偶像崇拝的要素を有していたので，ムハンマドはメディナへと移住し（聖遷），以後，カーバ神殿での礼拝そのものに反対した。

④ ムハンマドを救い主として信じることは六信の一つであるにもかかわらず，旧来の多神教を信奉する部族の長たちは，ムハンマドの宗教的権威を認めようとしなかった。

問9　イスラーム教

難易度★★★

☑ イスラームについての記述として**適当でないもの**を，次の①～④の
うちから一つ選べ。　(2007倫理・本)

① アッラーへの内面的信仰が何よりも大切であり，日常生活に関わる
法は重要でないと考えられている。

② アッラーへの信仰に基づく共同体ウンマが重視され，その中に生き
るイスラーム教徒たちは神の前に平等だと考えられている。

③ アッラーはユダヤ教・キリスト教の神と同一であり，モーセやイエ
スを預言者として遣わしたと考えられている。

④ アッラーへの信仰を異教徒から守るためにジハードを行うことが義
務であり，十字軍への対応もその一例と考えられている。

問10　クルアーン

難易度★★★

☑ クルアーン（コーラン）の説明として最も適当なものを，次の①～
④のうちから選べ。　(2015倫理・追)

① イスラーム教における敬虔とは，神や天使を信じることであり，神
の命令に従い行動することではない。それでも，ラマダーン月（イス
ラーム暦9月）の断食は五行の一つとされ，貧者を思いやり空腹に耐
えなければならない。

② イスラーム教に置ける敬虔とは，神や天使を信じるのみならず，神
の命令に従い行動することである。そのため，ラマダーン月の断食は
五行の一つとされ，たとえ病人でも，他の時期に断食を延期すること
は禁止されている。

③ イスラーム教における敬虔とは，神や天使を信じることであり，信
仰を具体的行為に表すことではない。それでも，相互扶助の実践とし
て，ラマダーン月に断食を行わずに貧者に食事を与える事は，五行の
一つとされる。

④ イスラーム教における敬虔とは，神や天使を信じるのみならず，信
仰を具体的行為に表すことである。そのため，ラマダーン月の断食は
五行の一つとされ，断食しなかった場合，貧者に食事を与える事で埋
め合わせできる。

共通テストの新傾向を探る!!

テーマ2 「思想間の共通性の理解」

Question

☑ 次のノートは，生徒が「倫理」の教科書を参考にしながら，ユダヤ教，キリスト教，イスラームを特徴づける事項について整理したものの一部である。ノートの三つの宗教を共通に特徴づける事項の ☐X☐ に入る語句として適当なものを，下の①〜⑧から<u>すべて</u>選べ。　（2018試行調査・倫）

ユダヤ教を 　　特徴づける事項	キリスト教を 　　特徴づける事項	イスラームを 　　特徴づける事項
・選民思想 ・律法（トーラー） ・嘆きの壁	・世界宗教 ・神の子 ・『新約聖書』	・世界宗教 ・六信五行 ・『クルアーン 　（コーラン）』

三つの宗教を共通に特徴づける事項
・全知全能の神 ・ ☐X☐

① 祈り　　　　② 四書五経　　③ 預言者　　　④ 多神教
⑤ 神からの啓示　⑥ 出家　　　　⑦ 徳治主義　　⑧ 一神教

第4章

古代インド思想と仏教の展開

1回目 2回目

問1　ブッダの思想

難易度★★

☑　ブッダの教えとして最も適当なものを，次の①〜④のうちから一つ選べ。　　　　　　　　　　　　　　　　　　　（2009倫理・本）

① 心を入れ替えて自分を低くし，子どものように無垢な心となって天の国に入れ。

② 社会的規範としての礼儀を身につけ，自らを律して道徳的人格を完成させよ。

③ 不殺生などの道徳的戒めを守り，出家して無所有を徹底し恒常不変の創造神を直観せよ。

④ 無常・無我の真理を悟り，この世への執着を捨てて心の平静を実現して安らえ。

問2　ブッダの思想（四諦説）

難易度★★★★

☑　ブッダの教えをまとめた四諦の各々についての説明として最も適当なものを，次の①〜④のうちから一つ選べ。　　　　　　（2010倫理・本）

① 苦諦：自分の欲するままにならない苦は，努力で克服するのではなく，人生は苦であると諦めることで，心の平安を得られるということ

② 集諦：あらゆる存在は，因と縁が集まって生ずるから，実体のない我に固執せず，他者に功徳を施すことで救いが得られるということ

③ 滅諦：滅は，もともと制するという意味であるが，欲望を無理に抑えようとせず，煩悩がおのずから滅することに任せよということ

④ 道諦：快楽にふけることや苦行に専念するという両極端に近づくことなく，正しい修行の道を実践することが肝要であるということ

問3　ブッダの思想（総合）

ブッダの考え方として最も適当なものを，次の①〜④のうちから一つ選べ。

(2011倫理・本)

① 輪廻などのあらゆる苦悩は，苦・集・滅・道の四諦を始めとする煩悩にまどわされて，苦の原因に気づかずにいることに由来している。

② 自己の固有の本質が不変であることを正しく理解せずに，永遠の快楽や不死に執着してしまうために，無知から生ずる様々な苦がある。

③ 苦の根本原因は業であり，この世界を貫く常住不変の真理を洞察し，それを理解することによって，一切の苦から解放されることが可能となる。

④ あらゆるものと同様に，苦は一定の条件や原因によって生じるものであるから，苦からの解放にはそれらの条件や原因をなくすことが必要である。

問4　ブッダの思想（資料読解）

ゴータマ・ブッダが説いたとされる次の文章では，現世での境遇と業の関係についても述べられている。その趣旨に合致する記述として最も適当なものを，以下の①〜④のうちから一つ選べ。(2008倫理・本)

ヴェーダ読誦者（どくじゅしゃ）の家に生まれ，ヴェーダの文句に親しむバラモンたちも，しばしば悪い行為を行っているのが見られる。そうすれば，現世においては非難せられ，来世においては悪いところに生まれる。（身分の高い）生まれも，かれらが悪いところに生まれまた非難されるのを防ぐことはできない。生まれによって賤（いや）しい人となるのではない。生まれによってバラモンとなるのでもない。行為によって賤しい人ともなり，行為によってバラモンともなる。　　　　（『スッタニパータ』）

① 現世での境遇は現世での生まれのみによって決定され，現世での行為は来世での境遇に影響を与える。

② 現世での境遇は現世での行為により影響を受けるが，現世での行為は来世での境遇に影響を与えない。

③ 現世での境遇は現世での生まれによって決定されることはなく，現世での行為により影響されることもない。

④ 現世での境遇は現世での生まれのみによっては決定されず，現世での行為は現世と来世での境遇に影響する。

問5　ブッダの思想（資料読解）

☑　次の仏教伝説は，ゴータマ・ブッダが難しい教理を用いずに俗人を教え導いた姿を伝えている。この伝説を読み，ブッダが母親に与えた指示の意図として最も適当なものを，下の①〜④のうちから一つ選べ。

(2002倫理・追)

　或る貧しい家の娘が嫁ぎ先で子どもを産んだ。子どもは走り回って遊ぶまでに成長したのに突然死んでしまった。愛児の死に気が動転した母親は，子どもを抱いたまま，子どもを生き返らせる薬を求めてさまよい歩いた。人々は「死んだ子に飲ませる薬があるものか」と言って彼女をあざけった。

　或る男がこの様子を見て，ブッダなら彼女を正気に戻すことができると思い，彼女にブッダのところへ行って薬をもらうように勧めた。彼女がブッダのもとにやってきて薬を求めると，ブッダは，「町に行って家ごとに訪ね歩き，まだ一度も死人を出したことのない家から，芥子粒をもらってきなさい」と指示した。

(『長老尼の詩註』　原文を一部省略して引用した。)

① 　いくら家々を回って探しても指示された芥子粒は手に入らないことを体験させ，子どもを生き返らせる薬が手に入らないのは，母親自身が前世で犯した悪い行いの報いであると認めさせるため。

② 　いくら家々を回って探しても指示された芥子粒は手に入らないことを体験させ，家族の死で悲しみ苦しむのは自分ばかりではないことに気づかせ，人は死を免れえないことを理解させるため。

③ 　苦労を重ねて最後には指示されたとおりの芥子粒を手に入れることによって，その芥子粒を用いた供養をして，幼くして亡くなった子どもが来世では幸福に暮らせるように祈願させるため。

④ 　苦労を重ねて最後には指示されたとおりの芥子粒を手に入れることによって，困難にめげずにブッダの教えに従い努力を重ね続ければ，人はやがて必ず報われることを信じさせるため。

問6 大乗仏教

難易度★★★

☑ 大乗仏教における菩薩についての記述として最も適当なものを，次の①～④のうちから一つ選べ。 (2001倫理・本)

① 悟りを開こうとする者だが，生きとし生けるものすべての救済のためには自己の悟りを後回しにして献身する。

② 悟りを開いて真理に目覚めた者だが，実は肉体をもって出現した宇宙の真理そのものである。

③ 悟りを開く前のブッダの姿であり，苦行にも快楽にも偏らない中道を歩む者である。

④ 自己の悟りを求めて厳しい修行を完成した聖者であり，次に生まれ変わったときには仏となることができる。

問7 古代インド思想総合①

難易度★★★

☑ 『法句経』に関する説明として最も適当なものを，次の①～④のうちから一つ選べ。 (2005倫理・追)

① 初期のアーリア文化を伝えているバラモン教の聖典である。祭祀に関する文章や神々への讃歌が収録されている。

② 世親（ヴァスバンドゥ）の代表的な著作である。一切は心の表象にほかならないとする唯識派の教理を説いている。

③ 竜樹（ナーガールジュナ）の代表的な著作である。一切は「空」にほかならないとする中観派の教理を説いている。

④ 原始仏教における最古の経典の一つである。平易な比喩を用いて，簡潔に仏教の世界観や道徳観を説いている。

問8　古代インド思想総合②　難易度★★★

☑　古代インドでは世界を貫く真理について様々な仕方で考えられてきたが，その説明として正しいものを，次の①〜④のうちから一つ選べ。

(2012倫理・本)

① 竜樹（ナーガールジュナ）は，存在するすべてのものには実体がないという思想を説いた。

② ウパニシャッド哲学では，人間だけでなくすべての生あるものが成仏できる可能性をもつと説かれた。

③ 世親（ヴァスバンドゥ）は，梵我一如の体得によって輪廻の苦しみから解脱することを説いた。

④ ジャイナ教では，世界のあらゆる物事は人間の心によって生み出された表象であると説かれた。

問9　古代インド思想総合③　難易度★★★★

☑　インドに関連して，古代インドで展開された思想についての記述として最も適当なものを，次の①〜④のうちから一つ選べ。

(2017倫理・本)

① ウパニシャッド哲学は，真の自己とされるアートマンは観念的なものにすぎないため，アートマンを完全に捨てて，絶対的なブラフマンと一体化するべきであると説いた。

② バラモン教は，聖典ヴェーダを絶対的なものとして重視していたため，ヴェーダの権威を否定して自由な思考を展開する立場を六師外道と呼んで批判した。

③ ウパニシャッド哲学では，人間を含むあらゆる生きものが行った行為，すなわち業（カルマ）の善悪に応じて，死後，種々の境遇に生まれ変わると考えられた。

④ バラモン教では，唯一なる神の祀り方が人々の幸福を左右するという考えに基づいて，祭祀を司るバラモンが政治的指導者として社会階層の最上位に位置づけられた。

第5章

古代中国思想とその展開

問1　孔子

難易度★★

☑　孔子が説いた「道」は，老子によって批判されているが，両者の「道」についての記述として最も適当なものを，次の①～④のうちから一つ選べ。 (2011倫理・本)

① 孔子は，天下に秩序をもたらす道徳的な道を説いたが，老子は，それを作為的なものだと批判し，万物を生み育てる自然の根源としての道を説いた。

② 孔子は，万物を貫く理法としての客観的な道を説いたが，老子は，それは精神を疲労させるものだと批判し，心の本性に従う主体的な道を説いた。

③ 孔子は，子が親に孝の精神をもって仕えることを道としたが，老子は，それを差別的な愛だと批判し，自他の区別なく平等に愛することを道とした。

④ 孔子は，人間を処罰して矯正する礼や法を道としたが，老子は，それを人民に脅威を与えるものだと批判し，それらを捨てた自然の状態を道とした。

問2 孟子

☑ 四端に関する説明として最も適当なものを，次の①～④のうちから一つ選べ。 (2005倫理・追)

① すべての人に，他人の不幸を憐れむ仁という心，善悪を見分ける智という心などといった四端が内在している。人は，このように自己に内在する本性を心の底から信じて，それをそのまま発揮することで善を実現できる。

② すべての人に，他人の不幸を憐れむ心，善悪を見分ける心などといった四端が生まれながらに具わっている。これらは仁・義・礼・智という四徳の芽生えであり，この四端を推し広げていくことで人は善を実現できる。

③ すべての人に，他人の不幸を憐れむ心，善悪を見分ける心などといった四端が不完全な形で具わっている。人は，後天的な努力でこの四端を矯正していき，仁・義・礼・智という四徳を実現していかなければならない。

④ すべての人に，他人の不幸を憐れむ仁という心，善悪を見分ける智という心などといった四端が生まれながらに具わっている。人はこの四端を拡充し，惻隠や辞譲といった四徳へと向上させていかなければならない。

問3 墨家

☑ 儒教の「仁」と墨家の「兼愛」の相違を述べる文として最も適当なものを，次の①～④のうちから一つ選べ。 (2004倫理・本)

① 儒教の仁は惻隠の心に基づき，自他の区別を一切たてないが，墨家の兼愛は自分を捨て，他者のために利することを第一とする。

② 儒教の仁は弱者に対するものであり，まず女性や子どもに向かうが，墨家の兼愛はまず貧しい者に対するものであり，「憐れみ」と呼ぶべきである。

③ 儒教の仁は近きより始まるもので，まず近親に対するものであるが，墨家の兼愛は無差別の愛であり，親疎の関係に基づくものではない。

④ 儒教の仁は「忍びざるの心」と言われ，見過ごしにはできないという単なる気持ちだけだが，墨家の兼愛は行動的な博愛主義である。

☑ 朱子（朱熹）の学説についての記述として最も適当なものを，次の①〜④のうちから一つ選べ。　　（2003倫理・本）

① 人間を含む天地万物を気による運動体と見なした上で，死物の条理である天理よりも，身近な日常の人倫を重視するよう説いた。

② 心が緩むのを警戒し，常に集中させようとする敬の実践と，事物に内在する理を体験的に窮めてゆく実践を，ともに重視するよう説いた。

③ 知ることと行うこととを一つのことと見なし，あらゆる場で心の理である良知を十分に発揮させることを重視するよう説いた。

④ 孝は万物を生成し秩序づける宇宙の根源であり，あらゆる人々に等しく内在する心情であるとし，その実践を何よりも重視するよう説いた。

☑ 古代中国の諸子百家の「道」についての記述として**適当でないもの**を，次の①〜④のうちから一つ選べ。　　（2003倫理・追）

① 荀子は，人間は悪であるという性悪説の立場に立って，争乱の原因となる人々の欲望や利己心を矯正するために，社会規範としての礼の遵守を人道の中心に据えるべきであると主張した。

② 荘子は，老子の道概念をさらに発展させ，人間の主観に基づく相対的な判断を超えて，事物が絶対的同一性を共有する万物斉同を道の本質とした上で，これと一体となった生を人間の理想とした。

③ 孟子は，戦国時代という動乱のさなかにあって，武力によって民を威圧支配する覇道主義に対して，社会の統合原理として法を重視し，これによって民をよい方向へ導くという王道論を展開した。

④ 孔子は，人間が従うべき正しい道理として人倫の道の重要性を説くとともに，為政者が最高の徳である仁を目指して修養し，道徳的権威によって民を統治すべきであるという徳治主義を提唱した。

問6　中国思想総合②

難易度★★★

☑　古代中国の諸子百家についての記述として最も適当なものを，次の①〜④のうちから一つ選べ。　　　　　　　　　　　　　（2003倫理・本）

① 儒家は，上古の聖人の道よりも仁義礼智信といった社会生活に有益な徳を重視し，人々にこれを修得するよう説いた。

② 墨家は，平和主義者の立場から人民を不幸にする侵略戦争を否定するとともに，自他を区別せず広く平等に愛するよう説いた。

③ 道家は，現実の政治や社会の分野には関心を示さず，人々に作為を捨てて宇宙の根源である道に任せて生きるよう説いた。

④ 法家は，君主の徳による政治を否定し，法による信賞必罰を統治の根底に据えることで人民本位の政治を実現するよう説いた。

問7　源流思想総合

難易度★★★

☑　金品の所有や利得の追求についての教えや思想の説明として最も適当なものを，次の①〜④のうちから一つ選べ。　　　　　　（2017倫理・本）

① ソクラテスは，魂を優れたものにするよう配慮しさえすれば，金銭をできるだけ多く自分のものにしようとする欲求は自然と満たされる，という福徳一致の考えを示した。

② イスラーム教では，あらゆるものは究極的には神の所有物とされるが，人にはそれを用いる権利が与えられており，貸した金から利子を得ることも広く認められていた。

③ ユダヤ教では，神からモーセに授けられた十戒を遵守することが求められ，その十戒のなかには，盗みを禁じる規定や，隣人の家を欲することを禁じる規定があった。

④ 仏教では，所有欲が執着として否定され，欲しいものが得られないという苦悩は，所有欲があるから生じるのであり，執着を絶つためには徹底した苦行が必要であるとされた。

第6章

西洋近代思想①

1回目 2回目

問1　近代の始まり

難易度★★★

近代自然法思想が登場する時代の特徴として，自然や宇宙についての見方が大きく変わったことがあげられる。近代における自然観や宇宙観についての記述として最も適当なものを，次の①〜④のうちから一つ選べ。

(2007倫理・本)

① 地球は宇宙の中心にあって，諸天体がその周りを回転していると考えられていたが，近代になるとピコ・デラ・ミランドラが，地球を始めとする惑星が太陽の周囲を回転しているという地動説を説いた。

② 宇宙は神が創造した有限な全体であると考えられていたが，近代になるとレオナルド=ダ=ヴィンチが，宇宙は無限に広がっていて，そこには太陽系のような世界が無数にあるという考え方を説いた。

③ アリストテレスによる目的論的自然観が支配的であったが，近代になるとケプラーが惑星の運動法則を，ニュートンが万有引力の法則を発見し，ともに自然には数量的な法則性があると説いた。

④ 錬金術師たちが自然について試行錯誤的に魔術的な実験を行っていたが，近代になるとデカルトが，実験・観察による帰納的な方法を用いて自然についての知識を得ることで，自然を支配できると説いた。

問2　ルネサンス期の文学・芸術

難易度★★★★

ルネサンス期の文学・芸術についての説明として**適当でないもの**を，次の①〜④のうちから一つ選べ。

(2016倫理・本)

① ボッカチオは，快楽を求める人々の姿を描いた『カンツォニエーレ』を著し，人間解放の精神を表現した。

② レオナルド・ダ・ヴィンチは，解剖学などを踏まえた絵画制作を通じ，人間や世界の新たな表現法を提示した。

③ アルベルティは，建築を始め様々な分野で活躍し，自らの意欲次第で何事をも成し遂げる人間像を示した。

④ ダンテは，罪に苦悩する人間の魂の浄化を描いた『神曲』を著し，人文主義的な機運の先駆けをなした。

問3　ピコ・デラ・ミランドラ

難易度★★★

ルネサンスの思想家ピコ・デラ・ミランドラは哲学を通じて現実世界の対立を融和させようとした。彼の主張として最も適当なものを、次の①～④のうちから一つ選べ。 (2003倫理・本)

① 宇宙は何も知らない。人間の尊厳のすべては、考えることの中にあるので、人間は努めてよく考えるべきである。

② 人間は自由なものとして生まれる。人間の自由は各人のものであり、他人にはその自由を処分する権利はない。

③ 人間は、何らかの行いによるのではなく、信仰によって万物から自由であり、すべてのものの上に立つことができる。

④ 人間は自分の価値を自ら選ぶことができる名誉ある存在であり、自由意志によって創造的に生きることができる。

問4　エラスムスとカルヴァンの思想

難易度★★★★

エラスムスとカルヴァンについての記述として最も適当なものを、次の①～⑤のうちから一つずつ選べ。エラスムスについては　4　に、カルヴァンについては　5　に答えよ。 (2001倫理・本)

① 斬新な技法による絵画を制作したり、軍事・土木技術や都市計画などに携わったりするとともに、自然学のあらゆる分野にわたって、観察結果やアイデアなどを記した膨大な手稿を残し、「万能人」とたたえられた。

② 神によって正しい人間と認められるためには内面的な信仰だけが重要だと主張し、教会の権威による免罪符(贖宥状)を厳しく批判するとともに、一般の人々が聖書を読むことができるようにドイツ語に翻訳した。

③ 個々人の救済は神によって予定されており、人が自分の救済を確信するためには神から与えられた自分の職業に禁欲的に励むほかはないと主張して、厳格な規律のもとにキリスト教都市を実現しようとした。

④ 思慮のない恩情のゆえに混乱を引き起こす君主に比べれば、残酷さをもって統一と平和を確立する君主のほうがはるかに憐れみ深いと主張するなど、他国の侵略にさらされているイタリアの分裂状況の克服を訴えた。

⑤ 当時用いられたラテン語訳聖書の誤りを正すため、新たに『新約聖書』のギリシャ語原典を校訂・翻訳するとともに、痴愚の女神に託して当時の教会の堕落や神学者の聖書解釈の愚劣さを痛烈に風刺した。

問5　ルター

☑ ルターの思想の説明として正しいものを，次の①～④のうちから一つ選べ。
（2011倫理・本）

① 神の前ではすべてのキリスト者は平等であり，教会の権威によってではなく，自己の信仰心によって直接神と向き合う。そして，聖書のみがキリスト教の信仰のよりどころである。

② どの人間が救われるかは，神の意志によってあらかじめ定められており，各人が聖書の教えに従って，神への奉仕として世俗の職業生活に励むことが，救いの確証になり得る。

③ 聖書に説かれた信仰の真理と自然の光に基づく理性の真理とは区別されるが，両者は矛盾するのではなく，理性の真理が信仰の真理に従うことによって互いに補足し合い調和する。

④ キリスト者は，すべてのものの上に立つ自由な主人であって，誰にも従属していない。したがって，農民が教会や領主の支配に対抗して暴徒化することには十分な理由がある。

問6　カルヴァン（オリジナル）

☑ カルヴァンの思想の説明として正しいものを，次の①～④のうちから一つ選べ。

① 予定説を徹底し，現世での行いは救いに影響しないとして，現世での職業行為の意義さえも否定した。

② 予定説を徹底し，労働は神からの罰であることから，職業行為によって生まれた利潤の受取りを否定した。

③ 予定説を徹底し，禁欲的生活を人々に説いたことが，近代資本主義を支えることにつながると分析した。

④ 予定説を徹底し，救われるか否かが分からない人間は，救いの確証を得るために禁欲的生活を送るべきと説いた。

問7　近代科学の芽生え

難易度★★★

☐ 科学革命に関係した人物の記述として最も適当なものを，次の①～④のうちから一つ選べ。　　　　　　　　　　　　　　　　（2001倫理・追）

① ガリレイは，望遠鏡による天体観測を行うとともに，振り子の実験などに基づいて物体運動の理論を展開し，近代科学の基礎を築いた。

② コペルニクスは，古代ギリシャ以来の宇宙観を批判し，地球を中心とする天文学説をとなえた。

③ ニュートンは，物質と精神の二元論の立場に立って，外界の事物を数量化可能なものとし，機械論的自然観をはじめてとなえた。

④ ベーコンは，中世のスコラ哲学にかわる新しい学問を模索し，普遍的原理から出発して自然現象を数学的に説明する方法を提唱した。

問8　ベーコンのイドラ論

難易度★★

☐ ベーコンが批判した四つのイドラの記述として最も適当なものを，次の①～④のうちから一つ選べ。　　　　　　　　　　　　　（2010倫理・本）

① 種族のイドラ：人間は，正確な感覚や精神を具えているが，個人的な性格の偏りや思い込みによって，事物の本性を取り違える可能性があるということ

② 洞窟のイドラ：人間は，種に特有の感覚や精神の歪みを免れ得ないため，人間独自の偏見に囚われて，たやすく事物の本性を誤認してしまうということ

③ 市場のイドラ：人間は，他者との交流の中で人が発した言葉を簡単には信頼しないため，しばしば真実を見失い，不適切な偏見を抱きやすいということ

④ 劇場のイドラ：人間は，芝居等を真実だと思い込むように，伝統や権威を盲信して，誤った学説や主張を無批判的に受け入れてしまいがちだということ

問9　ヒューム

難易度★★★★

☑　ヒュームの懐疑論の説明として最も適当なものを，次の①～④のうちから一つ選べ。 (2010倫理・本)

① 科学の方法は絶対的な真理を保証するものではないのだから，すべての判断を停止することによって心の平静を保つべきである。

② 最も賢い人間とは，自分自身が無知であることを最もよく知っている人間なのだから，自己の知を疑うよう心がけるべきである。

③ 帰納法から導かれる因果関係は，観念の習慣的な連合によって生じたのだから，単なる信念にすぎないことを認識すべきである。

④ 人間はたえず真理を探究する過程にある以上，真理は相対的なものでしかあり得ないので，つねに物事を疑い続けるべきである。

問10　デカルト

難易度★★★

☑　デカルトの思想のうちにも近代的な意味での人間の平等や尊厳の観念が示されている。そうした彼の考えを表す記述として最も適当なものを，次の①～④のうちから一つ選べ。 (2001倫理・本)

① 人間は神から自由意志を授けられた唯一の存在であり，我々は誰でもその意志によって，世界における自らの使命を決定することができる。

② 物事を正しく判断する良識はこの世で最も公平に分け与えられているものであり，我々人間は誰でも，この能力を正しく用いて真理に到達できる。

③ あらゆる生物は生き続けようとする意志をもつものであり，それら生命あるものへの尊敬の念を基礎として，我々人間の平等と尊厳もまた成り立つ。

④ 世界の一切は神から必然的に生じるものであり，我々人間は誰でも，理性を用いることによって世界を神との必然的な関係で認識することができる。

問11 ライプニッツ（オリジナル）

難易度★★★★

☐ ライプニッツの説明として最も適当なものを，次の①〜④のうちから一つ選べ。

① 存在することは知覚されることであるとして，経験を存在の源泉においた。

② 精神的実体を否定し，因果法則も知覚の束である自我の信念にすぎないとして懐疑論を唱えた。

③ 自然を神とする汎神論を展開し，永遠の相のもとに倫理を考えることを唱えた。

④ 精神の実体をモナドとし，多元論的世界観と神の予定調和による秩序の形成を唱えた。

問12 経験論総合

難易度★★★★

☐ 次のア〜ウは，経験に知識の源泉を求めた思想家の説明であるが，それぞれ誰のことか。その組合せとして正しいものを，下の①〜⑥のうちから一つ選べ。 (2016倫理・本・改題)

ア 事物が存在するのは，私たちがこれを知覚する限りにおいてであり，心の外に物質的世界などは実在しないと考え，「存在するとは知覚されることである」と述べた。

イ 私たちには生まれつき一定の観念がそなわっているという見方を否定し，心のもとの状態を白紙に譬えつつ，あらゆる観念は経験に基づき後天的に形成されるとした。

ウ 因果関係が必然的に成り立っているとする考え方を疑問視し，原因と結果の結び付きは，むしろ習慣的な連想や想像力に由来する信念にほかならないと主張した。

① ア ヒューム　　イ ロック　　　ウ バークリー
② ア ヒューム　　イ バークリー　ウ ロック
③ ア バークリー　イ ロック　　　ウ ヒューム
④ ア バークリー　イ ヒューム　　ウ ロック
⑤ ア ロック　　　イ バークリー　ウ ヒューム
⑥ ア ロック　　　イ ヒューム　　ウ バークリー

共通テストの新傾向を探る!!

テーマ3 「『自由意志』の横断的理解」

Question

☐ 次の文章中の【 X 】に入る語句を考え，その語句を入れた際に正しい解説となる文として適当なものを，下の①〜④のうちから二つ選べ。ただし，解答の順序は問わない。 (2018試行調査・倫)

> 他のものたちの本性は定められており，われわれが前もって定めた法則によって制限されている。しかし，お前（人間）はどんな制限にも服していないため，お前は，私がお前を委ねることにした【 X 】によって，自分のためにお前の本性を定めることになるのだ。
>
> (ピコ・デラ・ミランドラ『人間の尊厳について』より)

① エラスムスは，人文主義の立場から人間の【 X 】を否定し，神に従うことを説いた。

② アウグスティヌスは，【 X 】によって悪に傾かざるをえない人間の姿を捉え，神の恩寵に頼ることを説いた。

③ スピノザは，人間の【 X 】を否定し，世界をつらぬく必然性を認識することを説いた。

④ マキャヴェリは，運命に抗しようとする【 X 】を尊重し，君主の倫理的徳に基づく統治を説いた。

西洋近代思想②

問1　啓蒙思想

難易度★★★★

☑　人間の理性という光をもって世界を照らし出そうとした西洋近代の思想を啓蒙思想という。フランス啓蒙思想家の説明として最も適当なものを，次の①〜④のうちから一つ選べ。 (2009・本・改題)

① モンテスキューは，人民の革命によって絶対王政を転覆すべきだとした。

② ヴォルテールは，ロックの経験論に学び宗教的な迷信や偏見を批判した。

③ ディドロは，王政の保護のもと，宗教を擁護する『百科全書』を編纂した。

④ ダランベールは，この宇宙の沈黙は私を震撼させるとして，偶然性について語った。

問2　ルソーの思想

難易度★★★★

☑　ルソーの思想の記述として最も適当なものを，次の①〜④のうちから一つ選べ。 (2015倫理・本)

① 文明社会においては，あらゆるものが技術的な操作の対象とみなされることで，存在が何であるかを問うことは忘れられ，自然との関わりが失われている。だが，存在の呼びかけに耳を傾けることが大切である。

② 自然状態においては，人間は自由だが，他者と結び付き社会状態へと移行する際に，各自の権利を譲渡し，一般意志に委ねる。このようにして，共同の自我や意志をもった統一的な社会が成立する。

③ 幸福は量的なものに単純に還元することはできず，むしろ，精神的快楽の質のほうが重要な要素である。真の幸福とは献身の行為であり，見返りを求めることなく，社会や他者に役立つことが大切である。

④ 人間の心は，生まれたときには何も書かれていない，いわば白紙の状態である。したがって，生得の観念はなく，様々な観念は，感覚という外的な経験と，反省という内的経験によって与えられる。

□　次の文章は，パスカルが『パンセ』の中で，人間を「考える葦」に
たとえて書いたものである。その意味を記述したものとして最も適当
なものを，下の①〜④のうちから一つ選べ。　（2001倫理・追）

> 　人間は一本の葦にすぎない。自然の中で最も弱いものである。だが，
> それは考える葦である。これを押しつぶすために，宇宙全体が武装する
> 必要はない。……しかし，たとえ宇宙が人間を押しつぶすとしても，人
> 間は人間を殺すものより高貴であるだろう。なぜなら，人間は自分が死
> ぬこと，宇宙が自分よりも優勢であることを知っているからである。宇
> 宙はそれについて何も知らない。

①　人間は自然の中にその起源をもつ存在である。だが，その自然を考
　える力をもつ人間は神の似姿であって，そこに人間の尊厳がある。

②　人間はそもそも無力で孤独な存在である。だが，合理的な思慮に
　よって人間は社会の形成へと向かい，そこに人間の尊厳がある。

③　人間は定めなく思考を浮遊させる存在である。だが，自然の一部と
　して大地に根づいて生きるところにこそ人間の尊厳がある。

④　人間は自然の中で最も無力な存在である。だが，その自然全体を包
　み込むことができる思考のうちに人間の尊厳がある。

□　旧体制時のフランス社会を批判した思想家についての記述として正
しいものを，次の①〜④のうちから一つ選べ。　（2013倫理・本）

①　ディドロは，様々な国家制度を比較し，立法権・執行権・裁判権が
　互いに抑制し均衡をはかるシステムの重要性を認識し，それを欠いた
　フランスの専制政治を批判した。

②　モンテスキューは，フランス政府からの度重なる発禁処分にもかか
　わらず，様々な学問や技術を集大成した著作を出版するとともに，人
　民主権の立場から，封建制を批判した。

③　ヴォルテールは，書簡形式の著作において，イギリスの進歩的な政
　治制度や思想をフランスに紹介することを通じて，フランスの現状が
　遅れていることを批判した。

④　パスカルは，人間が生まれながらにもつ自然な感情である憐（あわ）れみの
　情が，文明の発展とともに失われていくと分析し，不平等と虚栄に満
　ちたフランス社会を批判した。

問5　モンテーニュ①

☑　モンテーニュの次の文章を読み，その趣旨と**合致しないもの**を，下の①〜④のうちから一つ選べ。 (2002倫理・本)

> 　自分の気分，気質にあまり執着しすぎてはいけない。我々の主要な能力は，様々な習慣に自分を適応させることができるということだ。どうしようもなくある一つの生き方に執着し，束縛されているのは，存在しているだけで，生きていることではない。最も立派な魂とは，最も多様でしなやかな魂なのだ。 (モンテーニュ『エセー』)

① 　人間が精神的に成長するためには，自己中心性から抜け出して，自分とは違う他人の観点を理解する必要がある。

② 　葛藤を安易に合理化することは，自分の欲求に囚われていることを意味するものであって，避ける必要がある。

③ 　自己のアイデンティティを確立し，主体性を獲得するためには，自分の考え方をあくまでも貫き通す必要がある。

④ 　人生に何を期待できるかということを考えるのではなく，人生が何を我々に求めているかを考える必要がある。

問6　モンテーニュ②

☑　モンテーニュの説明として**適当でないもの**を，次の①〜④のうちから一つ選べ。 (2004倫理・追)

① 　モンテーニュは，ギリシアやローマの賢者たちに倣って，よりよく生きるための方策を求めた。

② 　モンテーニュは，鋭い人間観察に基づいて，人間の生き方を独自の視点から探究した。

③ 　モンテーニュは，神への信仰を否定し，地上の生活に積極的な意義を見いだして，多彩な能力を発揮した。

④ 　モンテーニュは，思想の体系化を図らず，日々の思索を随筆のかたちで丹念につづった。

☑　カントは，人格は何よりも尊重すべきものであるという考えを定言命法の形で次のように表現した。この命法の理解として最も適当なものを，下の①〜④のうちから一つ選べ。　　　　　　　　　（2003倫理・追）

　　汝の人格および他のあらゆる人の人格のうちにある人間性を，いつも同時に目的として扱い，決して単に手段としてのみ扱わないように行為せよ。　　　　　　　　　　（カント『道徳形而上学原論』）

①　子どものいるにぎやかな家庭を築こうとして結婚することは，夫は妻を，妻は夫を出産の手段と見なすことにつながる。互いを尊重し合っていたとしても，こうした意図による結婚は決してすべきではない。

②　ボランティア活動であっても，有名人による施設訪問には，施設の子どもや老人を自己宣伝の手段にするという側面がある。子どもや老人を大切にする姿勢が伴っていなければ，そうした訪問活動は決して行うべきではない。

③　参考書を買うためであっても，親にお金をねだるのは，親を目的のための手段とすることにほかならないから，決してしてはいけない。アルバイトをしてお金をため，必要なものは自分で購入すべきである。

④　将来の就職を考えて大学を受験するのは，自分や家族の利益のために自分自身を手段として利用する行為だといえる。自分の教養を高めるという純粋な動機にのみ基づくのでなければ，決して大学に行くべきではない。

問8　カントの平和思想

難易度★★

☑　平和について論じた思想家にカントがいる。その考えとして最も適当なものを，次の①～④のうちから一つ選べ。　　　（2003倫理・本）

①　永遠平和を実現するためには，国家の進む方向を国民自身が決定しうる体制をもった諸国家による平和連盟が必要である。

②　文化の破滅が戦争をもたらすのであるから，文化の再生によってしか平和は実現できないが，その文化の再生を担うのは個々の人間である。

③　個人間の搾取が国家間の搾取の原因であるので，各国内部で労働者が権力を握り階級対立を廃止すれば，国家間の対立に起因する戦争もなくなる。

④　人間は好戦的本能を有するが，戦争の原因はこの本能にあるのではなく，社会的制度や伝統，慣習にあり，これらを変えることは可能である。

問9　カントの認識論

難易度★★

☑　科学的な認識に関するカントの主張として正しいものを，次の①～④のうちから一つ選べ。　　　（2012倫理・本）

①　認識はすべて経験に由来するものであり，人間の心はもともと何も書かれていない白紙のようなものである。

②　確実な認識は，経験に依存せず，人間に生まれつきそなわっている観念を基礎とした理性的思考によって得られる。

③　認識とは，主観にそなわる認識能力によって対象を構成することであり，認識が対象に従うのではなく，対象が認識に従う。

④　確実な認識は，精神が弁証法的運動を通じて段階的に発展していく過程において得られるものである。

問10　ヘーゲルのカント批判

難易度★★★

☐　ヘーゲルによるカント批判として最も適当なものを，次の①〜④のうちから一つ選べ。

(2008倫理・本)

①　責務を担う主体は，この私自身であるから，道徳は自己の実存に関わる真理の次元で具体的に考える必要がある。

②　責務を果たす手段は，物質的なものであるから，道徳の具体的内容を精神のあり方から観念的に考えてはならない。

③　責務を担う場面は，人間関係や社会制度と深く関わっているから，これらを通して道徳を具体化せねばならない。

④　責務を果たす目的は，人々の幸福の具体的な増大にあるから，道徳的に重視すべきは行為の動機よりも結果である。

問11　ヘーゲルの思想

難易度★★★

☐　ヘーゲルの思想として最も適当なものを，次の①〜④のうちから一つ選べ。

(2007倫理・本)

①　婚姻は男女両性の間の法的な契約であるから，男女の愛情における本質的要素ではない。

②　市民社会は，法によって成り立つとしても，経済的には市民たちの欲望がうずまく無秩序状態である。

③　国家は，市民社会的な個人の自立性と，家族がもつ共同性とがともに生かされた共同体である。

④　世界共和国のもとでの永遠平和は，戦争はあってはならないという道徳的命令による努力目標である。

問12　ベンサム①　　　　難易度★★★

☑　ベンサムに従うと，人はどのように快楽や苦痛を計算すべきである
か。その具体例として最も適当なものを，次の①～④のうちから一つ
選べ。　　　　　　　　　　　　　　　　　　　　　　（2005倫理・本）

①　お喋りしながら缶入りのお茶を飲むよりも，お茶会の方が精神的な
深さがある。こちらの方が高尚な快楽である。

②　彼女は立派な人格の持ち主で，誰からも尊敬されているから，彼女
の得る快楽には二人分の快楽の価値を認めよう。

③　たちまち飽きがきてしまうような玩具よりも，長く遊べるような玩
具の方が，大きな快楽を与えてくれる。

④　とてもおいしいご馳走だった。そのせいでおなかをこわしたとして
も，ご馳走が与えた快楽が差し引かれるわけではない。

問13　ベンサム②　　　　難易度★★★★

☑　「人間の意志は道徳法則を義務として受け止め，かつそれに従いう
る」のように道徳を捉えたカントに対して，功利主義者ベンサムは行
為の判断基準として行為の結果を重んじた。後者の考え方による発言
として最も適当なものを，次の①～④のうちから一つ選べ。
　　　　　　　　　　　　　　　　　　　　　　　　　（2009倫理・本）

①　「私は，どんな状況下でも嘘をつくべきではないと考えているので，
自分に不利益が及ぶとしても，正直に話をすることにしている。」

②　「私の行動原則は，その時々の自分の快楽を最大にすることだから，
将来を考えて今を我慢するようなことはしないことにしている。」

③　「社会の幸福の総和が増大するとしても，不平等が拡大するのはよ
くないから，まずは個々人の平等を実現すべきだと，私は考える。」

④　「自分の行動が正しいかどうかに不安を覚えるとき，私は，その行
動をとることによって人々の快楽の量が増えるかどうかを考える。」

☑ 次のベンサムの文章を参考にしながら，ベンサムの思想の説明として最も適当なものを，下の①〜④のうちから一つ選べ。(2012倫理・本)

　　人間以外の動物が，人間の暴力的な支配によって奪われてきた権利を手に入れる日がいつか来るかもしれない。……脚の数が違うことや……尾のあることが，感覚をそなえた存在を気ままに苦しめてよい十分な理由にならないことが，いつの日かきっと明らかになるだろう。それなら，人間とそれ以外の動物との間に越え難い一線を引くものが，ほかにあるだろうか。思考の能力や話す能力の有無がそれだろうか。しかし，成長した馬や犬は，生後１日や１週間の赤ん坊と比べても，１か月の赤ん坊と比べても，はるかに理性的であり，はるかに意思の疎通ができる動物である。また，たとえそうでなかったとしても，そこに何の意味があるだろうか。問題は，馬や犬が理性的に考えられるかでも，話すことができるかでもなく，苦痛を感じることができるかなのである。

（ベンサム『道徳および立法の諸原理序説』）

① ベンサムは快楽の量と質の区別を重視したため，感覚をそなえていることこそが，利益を尊重すべき存在とそうでない存在を分ける唯一の境界線になると主張している。

② ベンサムは最大多数の最大幸福を目指したため，幸福の量を計算できる知性をもつことこそが，権利を尊重すべき存在とそうでない存在を分ける境界線になると主張している。

③ 道徳感情を正と不正の判断基準にするベンサムにとって，苦しみや痛みを感じることができる能力は，言語能力や高等数学の能力のような他の能力とは根本的に異なるものである。

④ 快楽を善とし，苦痛を悪とみなすベンサムにとって，苦しみや痛みを感じることができる能力こそが，何らかの存在が平等な配慮を受ける権利を得るために必須の能力である。

問15　ミルの危害防止原理（資料読解）　難易度★★★

☑　J. S. ミルの次の文章を読み，そこに述べられている考えに即した意見として最も適当なものを，下の①〜④のうちから一つ選べ。

(2010倫理・本)

　　文明社会の成員に対し，彼の意志に反して，正当に権力を行使し得る唯一の目的は，他人に対する危害の防止である。……そうする方が彼のためによいだろうとか，彼をもっと幸せにするだろうとか，他の人々の意見によれば，そうすることが賢明であり正しくさえあるからといって，彼になんらかの行動や抑制を強制することは，正当ではあり得ない。

(J. S. ミル『自由論』)

①　自動車のシートベルトの着用は，事故が起きたときに本人を守ることになるから，強制してよい。

②　健康な若者がお年寄りに席を譲ることは，誰もが認める正しい行為だから，強制してよい。

③　飛行機の離着陸時に携帯電話を使うことは，電子機器に影響を与える可能性があるから，禁止すべきだ。

④　クローン人間をつくることは，国際的にも国内的にも世論の強い反対があるから，禁止すべきだ。

問16　総合問題　難易度★★★

☑　「進歩」という観点から人間の歴史を考えた次の思想家①〜④は誰か。それぞれ人名を答えよ。

(2001・追・改題)

①　人類の歴史は，神学的段階，形而上学的段階，実証的段階という順に進歩し，社会は一つの有機体である

②　生物進化論は社会にも適用可能であり，適者生存の原理によって社会は進化する。

③　個々人の多様な個性の自由な発展こそが社会の進歩をもたらすのであるから，他者に危害を加えない限り，自由の規制はするべきではない。

④　人類の歴史は自由が実現される進歩の過程であり，人間の自由は国家において最高の形で実現される。

第8章

現代思想①

問1　プラグマティズム

難易度★★

☑　プラグマティズムの説明として最も適当なものを，次の①〜④のうちから一つ選べ。

（2004倫理・追）

① 　プラグマティズムとは，経験論の伝統を受け継ぎ，知識や観念をそれが引き起こす結果によってたえず検証しようとする思想である。

② 　プラグマティズムとは，大陸合理論を基盤として生まれ，後にキリスト教精神によって育まれたアメリカ固有の思想である。

③ 　プラグマティズムとは，行為や行動を意味するギリシア語を語源としているが，その方法は思弁的であり，実生活とは隔絶した思想である。

④ 　プラグマティズムとは，科学的認識よりも実用性を優先し，日常生活の知恵を基盤とする思想である。

問2　デューイ（オリジナル）

難易度★★

☑　デューイの説明として最も適当なものを，次の①〜④のうちから一つ選べ。

① 　物事を観念的に考えるドイツ観念論よりも，大陸合理論のように日常生活や事実の観察と，社会の改善というテーマに切り込んだ。

② 　ハーヴァード大学で，観念的な形而上学を批判する意味で「形而上学クラブ」を設立し，活動した。

③ 　真理の有用性の立場から，神を信じることによって精神的拠り所となる，という有用性を持ちうる限り真理である考えた。

④ 　知識を道具として活用し，試行錯誤を繰り返して問題を解決していく知性を，創造的知性と呼んだ。

問3　空想的社会主義とオーウェン

難易度★★★

☑ 19世紀前半のイギリスにおける労働運動に影響を与えた社会思想家，ロバート・オーウェン（オーエン）についての記述として正しいものを，次の①〜④のうちから一つ選べ。 (2002政経・本)

① 『資本論』を著して資本主義経済の構造を分析し，労働者階級による社会主義社会実現の可能性を論じた。

② 『帝国主義論』を著すとともに，国際的な労働組合運動にも大きな影響を与えた。

③ 開明的な経営者として労働条件や労働者の生活の改善に努め，協同組合運動の先駆者となった。

④ 不況期には，公共投資などにより有効需要を増やして，完全雇用を実現すべきことを論じた。

問4　マルクス

難易度★

☑ マルクスの思想をあらわす記述として**適当でないもの**を，次の①〜④のうちから一つ選べ。 (2005倫理・本)

① 資本主義的生産様式が支配している社会の富は，膨大な商品の集積としてあらわれ，個々の商品はその富の基本形態としてあらわれる。

② 人間の意識が人間の存在を規定するのではなくて，その反対に，人間の社会的存在が人間の意識を規定するのである。

③ 世界史とは自由の意識の歩みである。東洋では一人が，ギリシアでは若干の者が自由だったが，ゲルマンではすべての者が自由である。

④ プロレタリアには，革命において鉄鎖のほか失うものは何もない。彼らには獲得すべき全世界がある。全世界のプロレタリア，団結せよ！

問5　社会民主主義など(オリジナル)

☑　社会民主主義や空想的社会主義を思想する人物の主張として最も適当なものを，次の①〜④のうちから一つ選べ。

① ベルンシュタインは，議会制民主主義のもとでの革命を目指す，社会民主主義を唱えて活動した。

② ウェッブ夫妻やバーナード・ショーは，フェビアン協会を設立し，議会制度のもとで社会保障などの充実を目指した。

③ サン・シモンは，資本家と科学者，そして労働者などが批判し合って合理的に経済を管理する仕組みを提案した。

④ オーウェンは，ニューハーモニー村で労働時間の短縮や厚生施設の整備を行い，生産性の向上に成功した。

問6　実存主義・キルケゴールとサルトル

☑　「実存」を重視した思想家にキルケゴールとサルトルがいる。二人の思想の記述として最も適当なものを，次の①〜⑤のうちからそれぞれ一つずつ選べ。キルケゴールについては　27　に，サルトルについては　28　に答えよ。
(2006倫理・本)

① 日常的な道具は使用目的があらかじめ定められており，本質が現実の存在に先立っているが，現実の存在が本質に先立つ人間は，自らつくるところ以外の何ものでもないと考えた。

② 宇宙はそれ以上分割できない究極的要素から構成されているが，この要素は非物体的なもので，それら無数の要素が神の摂理のもとであらかじめ調和していると主張した。

③ 生命は神に通じる神秘的なものであるから，人間を含むすべての生命に対して愛と畏敬(いけい)の念をもつべきであり，そのことによって倫理の根本原理が与えられると考えた。

④ 人が罪を赦(ゆる)され，神によって正しい者と認められるには，外面的善行は不要であり，聖書に書かれた神の言葉を導きとする，内面的な信仰のみが必要だと主張した。

⑤ 誰にとっても成り立つような普遍的で客観的な真理ではなく，自分にとっての真理，すなわち自らがそれのために生き，また死にたいと願うような主体的真理を追求した。

問7　実存主義・ニーチェ　　難易度★★★★

☑　ニーチェの思想についての記述として最も適当なものを，次の①～④のうちから一つ選べ。　　　　　　　　　　(2002倫理・本)

① 人間は，まず生存するために，ついで生きるために，いわば二度誕生し，心身ともに独立した自己へと成長しなければならない。

② 人間は，意味もなく永遠に反復される人生を積極的に肯定することによって，現在を真に生きることができる。

③ 人間は，知性の能力を駆使して現実の状況における問題を解決することで，状況に対応した自由を実現していくことができる。

④ 人間は，無目的な意志を本質とする世界のなかで，満たされぬ欲望に苦悩しつつ，生きなければならない。

問8　フッサールとメルロ・ポンティ（オリジナル）　　難易度★★★

☑　フッサールとメルロ・ポンティーの考えとして最も適当なものを，次の①～⑥のうちからそれぞれ一つずつ選べ。フッサールについては　1　に，メルロ・ポンティについては　2　に答えよ。

① 他の様々な存在者に対しても関心（配慮）を持ち，存在について問いを発することが「現存在」であり，他の存在者との違いである。

② 死・苦悩・争い・罪という限界状況において，この世界を包み込む絶対者である超越者としての神と出会う。

③ 人間は自由の刑に処せられており，自由を責任とともに引き受けて主体的に生きることこそが，本来的な人間のあり方である。

④ 人生は何ら意味や論理を持たず，矛盾に満ちている不条理なものであり，不条理を引き受けて生きることが人間の人生である。

⑤ 身体は主体と客体が明確に分かれている二元論的なものではなく，両義性を持って生きられた身体として人間と世界を媒介する。

⑥ 自然的態度を一度判断停止（エポケー）して，事象そのものを冷静に見ていくことで現象そのものを明らかにする。

問9　フロイト・ヤスパースと　　ハイデッガー

☑　現代の思想家たちも良心について考察している。そのうち，フロイト，ヤスパース，ハイデガーの考えとして最も適当なものを，次の①〜⑥のうちからそれぞれ一つずつ選べ。フロイトについては　16　に，ヤスパースについては　17　に，ハイデッガーについては　18　に答えよ。

（2002倫理・追）

①　良心は，人間が死，苦，争い，罪といった状況から逃避し，自己を喪失するのを妨げる。人間は良心を介して超越者を感ずるが，良心は超越者の声ではなく，自己自身の声である。

②　普通の人々の良心は，残酷さという本能が自己自身に向けられたものであり，一つの病理である。それに対して，真の良心は，自己に誠実であること，自己を肯定することを要請する。

③　良心はきわめて複雑な感情である。それは，共感などの社会的本能に由来し，他人の称賛によって導かれ，理性，利己心，宗教的感情に支配され，教育や習慣を通じて強化される。

④　良心の呼び声は本来的な自己の声である。死への不安から逃れ，日常の世界に埋没し，平均的で画一的な存在になった人間に対して，良心は本来的な自己というものに気づかせる。

⑤　良心の呵責とは義務に反したときに感ずる苦痛である。人間は，刑罰のような外的な制裁によってだけでなく，良心の呵責という内的な制裁によっても，自己を規制するようになる。

⑥　良心は，両親，教育者，社会的な環境の影響によって形成されるものである。それは，自己を監視する法廷，自我の検閲者として機能し，欲望や衝動を禁止したり抑制したりする。

現代思想②

1回目 2回目

第9章
第10章
第11章
第12章
第13章
第14章
第15章

問1　現代のヒューマニズム（オリジナル）

難易度★★★★

☑　現代のヒューマニストに関する説明として正しいものを，次の①〜④のうちから一つ選べ。

① シュヴァイツァーは，現地で医療活動を続けている中で，すべての生き物が生への盲目的意志を持つことに気がつき，生きとし生けるものに対する生命への畏敬を感じた。

② マザー・テレサは，プロテスタントの修道女としてインドに渡り，貧しい人の中でも最も貧しい人たちに仕えることを決心し，「孤児の家」や「死を待つ家」をつくり活動した。

③ ガンディーは，スワラージ（自治独立）などのスローガンを掲げ，不殺生・非暴力であるアヒンサーを貫き，精神的抵抗を通してインドの独立を指導した。

④ キング牧師は，ガンディーに影響を受け，黒人の地位向上を目指す公民権運動を指導し，戦闘的ヒューマニズムを文学を通して訴えた。

問2　フランクフルト学派・ホルクハイマーとアドルノ

難易度★★★

☑　ホルクハイマーやアドルノは近代的な理性をどのように考えたか。その説明として最も適当なものを，次の①〜④のうちから一つ選べ。

(2008倫理・本)

① 理性は，自然を客体化し，技術的に支配することを可能にする能力として，手段的・道具的なものである。

② 理性は，物事を正しく判断し，真と偽とを見分ける良識として，すべての人間に等しく与えられている。

③ 理性は，真の実在を捉えることができる人間の魂の一部分として，気概と欲望という他の二部分を統御する。

④ 理性は，人と人とが対等の立場で自由に話し合い，合意を形成することができる能力として，対話的なものである。

☑　現代人のあり方を批判的に考察したウェーバー，フロム，リースマンの見解として最も適当なものを，次の①～⑥のうちからそれぞれ一つずつ選べ。ウェーバーについては　30　に，フロムについては　31　に，リースマンについては　32　に答えよ。　（2003倫理・本・改題）

①　近代哲学が人間の本質を普遍的理性とし，真理を合理的客観性に限定したため，現代人は水平化して主体性を喪失した。しかし，人間は本来，個性的で自由な主体であり，その求める真理もまた主体的でなければならない。

②　現代人は社会の束縛から解放されて自由な個人になったが，まさにそれゆえに耐えがたい孤独に陥り，強力な指導者に隷属したり均質な社会のうちに埋没したりすることによって再び自由から逃れようとする傾向をもつ。

③　近代以降の西洋文明は，社会の規範から逸脱したものを非理性的な狂気として排除し，人間の理性を絶対視してきた。そして，日常的な権力関係を通して，社会に順応する人間を生み出し，人間を規格化してきた。

④　現代は，高度化した産業社会・資本主義社会の中で，批判精神を失い，画一的に管理された人間である一次元的人間を生み出し，こうした人間の態度が全体主義や管理社会を生み出す背景にある。

⑤　内部指向型が支配的な人間類型だった時代は終わり，現代では，漠然とした不安から他者の承認を求め，自分の価値観にこだわらず他人と同調して生きる他人指向型が支配的な人間類型になりつつある。

⑥　合理性を徹底的に追求した近代官僚制を特徴とする社会を作り上げた現代人は，いわば鉄の檻と化したこの社会の中で逃れがたく管理され，豊かな精神と人間性を欠く存在に堕する危険がある。

問4　構造主義（オリジナル）　難易度★★★★

☑　構造主義の立場とされる人物に関する説明として**適当でないもの**を，次の①〜④のうちから一つ選べ。

①　ソシュールは，発話行為（パロール）はそれらが属する言語体系・基盤（ラング）の中で意味を持ち，言語を差異の体系と考えた。

②　レヴィ・ストロースは，「野生の思考」も，秩序をつくったり体系化したりして物事を理解する点で，西洋社会の思考に劣るものではないと考えた。

③　フーコーは，性や病気，狂気に対する言説は歴史的な産物であり，権力が恣意的に排除してきたに過ぎないと考えた。

④　サルトルは，人間は未来の可能性に向かって何らかの行動を企て社会参加するとき，実存的な生き方が実現すると考えた。

問5　ハーバーマス　難易度★★★

☑　ハーバーマスの考え方についての説明として最も適当なものを，次の①〜④のうちから一つ選べ。　　　　　　　　　　（2009倫理・本）

①　他者の権利を侵害しない限り，私たちの自由は平等に尊重されるべきである。ただし，自由競争によって生じる不平等については，社会において恵まれない立場にある者たちの生活を改善する限りで許される。

②　人は，互いに合意に至ることを可能にするような理性をもっている。したがって，そのような理性を対等な立場が保障されたうえで使用するならば，万人が同意することができる社会のルールを発見できる。

③　人は，互いの自由や財産を権利として尊重するべきだというルールを理解できる理性をもっている。そして，各人の自由や財産をより確実に保障するために，合意のもとに政府を設立する。

④　自己利益だけでなく，万人に共通する利益が第一に考えられるべきだという一般意志が存在する。そして，それを強制するルールに基づく社会を築けば，個人の権利と自由は保障される。

問6 新しい知性（オリジナル）

現代思想においては，構造主義以外に様々な思想家が登場した。それら思想家の見解として最も適当なものを，次の①〜④のうちから一つ選べ。

① デリダは，世界を二項対立によって捉えない哲学の考え方を批判し，それを克服する「脱構築」を唱えた。

② ウェーバーは，近代の合理的な社会組織の特徴を官僚制として分析し，個人の自由を尊重する側面を持つことを指摘した。

③ ウィトゲンシュタインは，「語りえぬものについては，沈黙しなければならない」と述べ，哲学が語りえぬものを語ってきた矛盾を指摘した。

④ クワインは，一つ一つの命題はホーリズム（知の全体論）によって解決されるのではなく，個別的学問によって理解され検討されるとした。

問7 ロールズとセン

現代において正義に関する理論を提唱した人物に，ロールズとセンがいる。二人の正義論についての記述として最も適当なものを，次の①〜⑥のうちからそれぞれ一つずつ選べ。ロールズについては 34 に，センについては 35 に答えよ。 （2006倫理・本）

① 各人に対し，自ら価値があると認めるような諸目的を追求する自由，すなわち潜在能力を等しく保障することが重要であると指摘した。

② 各人には過剰な利己心を抑制する共感の能力が備わっており，めいめいが自己の利益を追求しても社会全体の福祉は向上すると考えた。

③ 自由や富など，各人がそれぞれに望む生を実現するために必要な基本財を分配する正義の原理を，社会契約説の理論に基づき探究した。

④ 相互不信に満ちた自然状態から脱することを望む各人が，自らの自然権を互いに放棄し合う，という形で社会や国家の成立を説明した。

⑤ 侵すことのできない権利をもつ各人から構成されるものとして，国家は国民のそうした権利を保護する最小限の役割のみを担うとした。

⑥ 自然法を人間理性の法則として捉えて国家のあり方を論じるとともに，諸国家もまた同じく普遍的な国際法に従うべきであると説いた。

第9章

第10章

第11章

第12章

第13章

第14章

第15章

問8　現代における自由と公正（オリジナル）

難易度★★★

☑ 現代における自由と公正についての思想家の見解として最も適当なものを，次の①〜④のうちから一つ選べ。

① ハンナ・アーレントは，公共の場で話し合い，政治的な公的な場で共同体を形成する人間のあり方を「仕事」と捉えた。

② ロールズは，正義を考えるにあたって，自己の属性を排除した無知のヴェールから合意を探すことで公正さを考えた。

③ マッキンタイアは，共同体的アイデンティティにもとづいて，自らの行いを決定することは悪であると考えた。

④ サンデルは，共同体的責任を負った自己を「負荷ありし自己」と言い，その道徳的な危険性を主張した。

問9　アファーマティブ・アクション（積極的格差是正措置）（オリジナル）

難易度★★★★

☑ 「アファーマティブ・アクション（積極的格差是正措置）」の例として最も適当なものを，次の①〜④のうちから一つ選べ。

① アフリカ系アメリカ人の合格最低点を引き下げること。

② 男性と女性が同一点数であった場合はともに合格を認めること。

③ 後部座席のシートベルト着用を女性に義務づけること。

④ 少数民族に対して，居住国の公用語の習得を義務づけること。

テーマ4 「『労働による自己実現』読解の横断的理解」

Question

☑ 「労働による自己実現」についての以下のレポートを作成した。 　ア　～　ウ　には，次のa～fのいずれかの記述がそれぞれ入る。　ア　～　ウ　に入る記述の組合せとして最も適当なものを，下の①～⑧のうちから一つ選べ。

（2018試行調査・倫）

　アーレントは人間の基本的な営みには「労働」「仕事」「活動」があるとした。まず，「労働」とは生物としての人間が生きていくために不可欠な営みのことである。次に，「仕事」とは世界の中に作品を作り上げることである。そして，「活動」とは，他の人々と語り合う公的領域に参加することである。アーレントは労働を自然の必然性に従属させられることと捉えた。この捉え方は産業革命期の労働者の状況にもよく当てはまるものであった。それについて，　ア　。確かに，人間にとって自分の本質的な在り方を妨げられることは苦痛である。これに対して，　イ　。これは多様な仕方で世界を加工し続ける人間の知性の在り方を表現したものである。新しい商品を開発し，生産することは，社会の在り方を変えていくことにつながる。すると，社会に寄与しようとする営みが人間の本質とも関連することが分かる。例えば，　ウ　。この考え方に基づけば，人間にとって働くことは，自分の本質を実現することであると解釈することもできる。アーレントが区別した三つの概念は実は互いに関連しあっているのではないだろうか。

第 9 章

第 10 章

第 11 章

第 12 章

第 13 章

第 14 章

第 15 章

Question

a マルクスは資本主義社会では労働の疎外が生じるとした

b ウェーバーは禁欲や勤勉などの職業倫理が資本主義を生み出したとした

c ホイジンガは人間の本質を遊びとみなし，それが文化を創造するとした

d ボーヴォワールは社会が女性に特定の在り方を強制していると考えた

e ベルクソンは人間をホモ・ファーベルとみなした

f ヘーゲルは自己の理想を現実のものとすることを本来の自由と考えた

	ア	イ	ウ
①	a	b	c
②	a	b	f
③	a	e	c
④	a	e	f
⑤	d	b	c
⑥	d	b	f
⑦	d	e	c
⑧	d	e	f

問1　日本の神

難易度★★

☑　日本における神の性質についての説明のうち最も適当なものを，次の①〜④のうちから一つ選べ。 （2003倫理・本・改題）

① 全知全能にして宇宙万物の創造主
② 信仰の有無により審判を下す存在
③ 不可思議で畏怖すべき存在
④ 感覚を超えた絶対的に善な存在

問2　古代日本思想

難易度★

☑　日本の古代の人々は，八百万の神々とともにこの世を生き，隠しごとがなく純粋であることをよしとしたが，そのような心のあり方を表す言葉として**適当でないもの**を，次の①〜④のうちから一つ選べ。 （2012倫理・本）

① 赤　心　　　② 明き心　　　③ 黒　心　　　④ 清き心

問3　清き明き心

難易度★★★

☑　古代の「清き明き心（清明心）」以来の伝統をもつ，心情の純粋性を尊ぶ倫理観は，武士の生きる姿勢にも影響を与えてきたとされる。この倫理観について述べた言葉として**適当でないもの**を，次の①〜④のうちから一つ選べ。 （2008倫理・本）

① 正直の心を以て天皇朝廷を衆助け仕へ奉れ。
② 穢土を厭離し，浄土を欣求す。
③ 人能く私心を除く時は至大にして天地と同一体になるなり。
④ 至誠にして動かざる者未だ之れあらざるなり。

第9章
第10章
第11章
第12章
第13章
第14章
第15章

問4　日本文化

難易度★★★

☑ 一般に日本文化の特徴と言われることとして**適当でないものを**，次の①〜④のうちから一つ選べ。 　　　　　　　　　　　　　　　　　　　(2004現社・本)

① 日本は「タテ社会」と言われ，個人の能力や資格よりも，集団内での地位や上下関係を重視する傾向が強い。

② 「恥の文化」の欧米に対して，「罪の文化」の日本では，人々は内面的な罪の自覚に基づき行動する傾向が強い。

③ 個人主義が発達した欧米に対して，人間関係の和を重んじる日本社会は，集団主義的な傾向が強い。

④ 日本人は，表面的な意見である「タテマエ」と本当の考えである「ホンネ」とを，時と場合に応じて使い分ける傾向が強い。

問5　和辻哲郎の風土

難易度★

☑ 和辻の代表的著作の一つに『風土』がある。和辻はその中で自然環境と深い関わりをもつ人間の存在や文化のあり方を「風土」と捉え，三つに分類しているが，その分類として最も適当なものを，次の①〜④のうちから一つ選べ。 　　　　　　　　　　　　　　(2007倫理・本)

① 大陸型・半島型・島嶼型

② 熱帯型・温帯型・寒帯型

③ アジア型・ヨーロッパ型・アフリカ型

④ モンスーン型・沙漠型・牧場型

問6　神仏習合

☑　神と仏を関係づけた思想として神仏習合思想がある。神仏習合思想について記述したものとして最も適当なものを，次の①～④のうちから一つ選べ。　　　　　　　　　　　　　　　　　　　　（2005倫理・追・改題）

① 神仏習合思想は，平安時代には本地垂迹思想として展開されたが，日本の神々は，衆生の教化のために諸仏が権に神となって現れた化身，すなわち権現とみなされた。

② 神仏習合思想は，儒学と神道を合一した思想を生み出し，それは，近世になって本居宣長らの国学思想に継承され，日本独自の宗教思想を形成していった。

③ 神仏習合思想は修験道として結実したが，それは本来神の領域とみなされていた山において仏教の修行をし，験力を修めようとするものであり，修行者は遊行僧と呼ばれた。

④ 神仏習合思想は中世になって，日本の神々への信仰を中心とする従来の神道に対し，仏教の教説を取り込んだ新たな神道を形成したが，それは復古神道と呼ばれた。

問7　密教と顕教

☑　密教と顕教についての空海の考えの説明として最も適当なものを，次の①～④のうちから一つ選べ。　　　　　　　　　　　　　（2005倫理・追）

① 顕教は出家者自身の悟りを追求する教えであるのに対し，密教は大日如来の秘密の慈悲に基づき，在家者を対象とする教えである。

② 顕教は釈迦が言葉によって説いた教えであるのに対し，密教は言葉の働きを信頼せず，大日如来を中心に世界を図像化した教えである。

③ 顕教は釈迦が人々の能力に応じて説いた仮の教えであるのに対し，密教は，大日如来が自らの境地そのものを説いた秘密の教えである。

④ 顕教は自力による悟りを目指す教えであるのに対し，密教は自力よりも，大日如来からの働きかけという他力を重視する教えである。

問8 三密

難易度★★★★

☑ 慈悲に基づく利他は様々な仕方で実践されたが，密教の場合の説明として最も適当なものを，次の①〜④のうちから一つ選べ。

(2003倫理・本)

① 凡夫の無力さの自覚を踏まえ，まず往生し成仏を遂げ，再びこの世に還（かえ）るときこそ真実の利他をなそうと誓って，念仏を唱えた。

② 行者がその身と口と心において仏と一体化を遂げるとき，仏としての救済力を他に及ぼしうるとして，除災や招福の祈祷をした。

③ ひたすら坐禅に打ち込み，日々の生活のすべてを厳しく律することを通じて，自ら仏の智慧と慈悲を獲得しようと努めた。

④ 正しい教えが見失われた時代には，まず人々の迷妄をくじき破ることにこそ慈悲があるとして，迫害を恐れず他宗を批判した。

問9 最澄の思想①

難易度★★

☑ 空海と同時代に生きた最澄は，与えられたいのちの根本に仏性をおいた。彼による仏性の理解として最も適当なものを，次の①〜④のうちから一つ選べ。

(2005倫理・追)

① すべていのちあるものは生まれながらに仏である。従って悟りに至るための修行は必要なく，寺院での日常的な生活行為こそが重要である。

② 仏になれるかどうかについては，その人が受けた教えや，その人の素質によって差異が出てくる。従って，選ばれたもののみが成仏しうる。

③ 『法華経』には仏教の真理が集約されている。従って『法華経』に帰依するという意味の言葉を唱えることによってのみ仏性は実現される。

④ すべていのちあるものは仏となる可能性を備えている。従って自らがそのような本性を自覚し，さらに修行するならば，誰もが成仏しうる。

問10　最澄の思想②（オリジナル）

☑　比叡山に延暦寺を建立した最澄の思想についての記述として最も適当なものを，次の①〜④のうちから一つ選べ。

① 正しい仏教を樹立することによって，立正安国が達成されると主張した。

② 『法華経』の教えを中心とし，すべての衆生に仏性があることを強調した。

③ ひたすら修行をすることが，そのまま悟りのであると考えた。

④ この宇宙の諸事象は，すべて大日如来のあらわれであると説いた。

問11　空也

☑　仏と人々を媒介する存在には，官許を得て出家する僧のほかに「聖」として敬われる民間布教者があった。代表的な聖の一人，空也の説明として最も適当なものを，次の①〜④のうちから一つ選べ。

(2003倫理・本)

① 阿弥陀仏の名を唱えながら，野原に遺棄された死骸を火葬して歩き，市中で人々を教化して市聖と呼ばれた。

② 都の造営に駆り出されて難民となった人々を率い，東大寺大仏の建立など多くの社会事業を行って，菩薩と仰がれた。

③ 山中で修行して得た験力を駆使して様々な呪術を行ったと伝えられ，後に修験道の祖と仰がれた。

④ 行き合う人々に念仏札を配りながら全国を旅して歩き，生活にかかわる一切の束縛を捨て去って捨聖と呼ばれた。

問1　法然の迫害

難易度★★★★

☑　法然が天台宗など旧仏教から迫害を受けた理由として最も適当なものを，次の①〜④のうちから一つ選べ。　　　（2010倫理・本）

① 浄土に往生する手立てとして，他の様々な修行法によらずもっぱら念仏を称えることを説いたため。

② 旧仏教を改革しつつ，悟りを求める心を軽視する立場を批判して，民衆教化に努めたため。

③ 釈迦の没後，次第に人心が乱れ，仏教が衰え，世がすさむとする思想を社会に広めたため。

④ すべての生ある存在を救おうと願い，その願いが成就しない間は決して成仏しないと誓ったため。

問2　法然

難易度★★★

☑　修行をめぐる法然の考えの記述として最も適当なものを，次の①〜④のうちから一つ選べ。　　　（2003倫理・本）

① 草木や国土など心をもたないものも仏となる素質を備えており，その生成変化の姿がそのまま，修行であり成仏である。

② 仏の悟りは既に各人に様々な仕方で備わっているが，それを働かせ，体得するためには修行が不可欠である。

③ 末法の世に生まれて素質の劣る者は，他のすべての教えや修行を差し置いて，ただ他力易行門を選び取るべきである。

④ 自己の心の内には元来，地獄から仏に至るあらゆる世界が含まれており，心を観察することで悟りを得ることができる。

第9章　第10章　第11章　第12章　第13章　第14章　第15章　必ず読もう！　完成講義　第5章

☑ 『歎異抄』は，「善人なほもて往生をとぐ，いはんや悪人をや」という親鸞の言葉を伝えている。このなかで使用されている「善人」と「悪人」の説明として最も適当なものを，次の①〜④のうちから一つ選べ。　　　　　　　　　　　　　　　　　　　　　　（2011倫理・本）

① 「善人」とは，阿弥陀仏とは無関係に自力の善のみによって往生が可能な人のことであり，「悪人」とは，根深い煩悩によって悪を行ってしまいがちな自己を自覚し，阿弥陀仏をたのんで，善に努めようとする人のことである。

② 「善人」とは，阿弥陀仏とは無関係に自力の善のみによって往生が可能な人のことであり，「悪人」とは，根深い煩悩を自覚し，どんなに善をなそうと努めても不可能であると思い，阿弥陀仏の救いをたのむ人のことである。

③ 「善人」とは，自力で善を行うことができると思っている人のことであり，「悪人」とは，根深い煩悩を自覚し，どんなに善をなそうと努めても，それが不可能であると思っている人のことである。

④ 「善人」とは，自力で善を行うことができると思っている人のことであり，「悪人」とは，根深い煩悩によって悪を行ってしまいがちな自己を自覚し，できるだけ善に努めようとする人のことである。

問4　一遍

☑　浄土教に新たな展開を与えた一遍の説明として最も適当なものを，次の①〜④のうちから一つ選べ。　(2015倫理・追)

① 様々な経典を参照して『往生要集』を著し，煩悩や穢れに満ちたこの世界を厭い離れて，阿弥陀仏の極楽浄土に往生することを願い求めるべきであると主張した。

② 南無阿弥陀仏の名号こそが真実であると確信し，自らがもつすべてを捨てて，ただ一度だけでも名号を称えれば，貴賤を問わず，往生することができると説いた。

③ すべての人間は迷いの身ではあるが，瞑想の行を通して，宇宙やいのちの根源としての阿弥陀仏とこの身このままに一体となれると主張して，即身成仏を説いた。

④ 天災や国内外の争乱の原因は，阿弥陀仏の本願が軽視されているからだと主張して，禅宗や真言宗を始めとした四つの宗派に対して，四箇格言と呼ばれる激しい批判を行った。

問5　親鸞の思想（資料読解）

次の文章は，観音菩薩が夢のなかで親鸞に告げたとされる言葉である。親鸞は法然の門下に入り，朝廷による念仏停止に連座して流罪となった。恵信尼と巡り合い妻としたのは，その頃である。阿弥陀仏の救済力を説く親鸞は，この出会いを通して凡夫としての自覚をいっそう強め，彼の思想は人々に受け入れられていった。以上のことを併せて理解した場合，親鸞の信仰の特徴についてどのようなことが言えるだろうか。最も適当なものを，下の①～④のうちから一つ選べ。

（2010倫理・本・改題）

　　あなたが宿業あってもしも女性と結ばれるならば，私がその女性となってあなたと結ばれよう。一生の間あなたを尊いものとして照らし，臨終においてはあなたを導いて極楽浄土に生まれさせよう。

（覚如『御伝鈔』による）

① 親鸞は，この世で恵信尼を妻としたことで観音菩薩にも結び付き，僧でも俗でもない立場から生活に根ざした教えとして他力信仰を説いた。

② 親鸞は，この世で恵信尼を妻としたことによる罪業を贖うために観音菩薩にも帰依し，そのことを通して生涯にわたって他力信仰を説いた。

③ 親鸞は，異性に対する煩悩に苦しんだが，観音菩薩に帰依することで煩悩を抑えることができ，人々の苦しみに心を寄せて他力信仰を説いた。

④ 親鸞は，異性に対する煩悩に苦しんだが，観音菩薩の智慧と一体化することで煩悩を克服し，生まれ変わりの思想として他力信仰を説いた。

問6　栄西

日本臨済宗の開祖である栄西の教えとして最も適当なものを，次の①～④のうちから一つ選べ。

（2010倫理・本）

① 仏の眼差しから見れば，貧富や身分の上下は見せかけにすぎない。為政者は仏の眼差しを心にとめて人々に対するべきだ。

② この世界は，欲望や苦悩に満ちている。この世をけがれた世として厭い，極楽浄土に往生することを願い求めなければならない。

③ 山川や草木といった，心をもたないものさえも仏性をもち，ことごとく真理と一体になって成仏することができる。

④ 末法の時代であっても戒律を守り，坐禅の修行に励み，国家に役立つ優れた人物を育成することが重要である。

問7　道元

☐　自力の修行によって成仏が可能であると主張した思想家の一人に道元がいる。道元についての説明として最も適当なものを，次の①〜④のうちから一つ選べ。

(2004倫理・本)

① 戒律を厳しく守って坐禅にはげみ，公案に取り組むことによって悟りを得ることができると説き，さらに密教をも取り入れて鎮護国家に努めた。

② すべての衆生に仏になる可能性がそなわっていると主張し，大乗の菩薩戒のみを受けて長期間山に籠もって修行すれば，悟りが可能になると説いた。

③ 題目には釈迦の因行と果徳が十分にそなわっているとし，題目を信じて唱えるならば，それらが譲り与えられて，悟りが可能になると説いた。

④ 坐禅の修行は悟りのための手段ではなく，修行を行うことがそのまま悟りであると説き，また洗面や清掃などの日常的な行為も修行とみなした。

問8　日蓮（オリジナル）

☐　日蓮に関する説明として最も適当なものを，次の①〜④のうちから一つ選べ。

① 自力作善を絶つことが悪の自覚であるとし，報恩感謝の念仏を説き在家主義を貫いた。

② 末法思想を否定し，ひたすら坐禅を打つ修行そのものが悟りの姿であると説いた。

③ 弥陀への感謝を表す踊念仏と遊行を行い，捨聖と呼ばれた。

④ 国家の法華経への帰依による立正安国を説きながら，自らも迫害に遭った。

第 12 章

江戸時代（日本近世）の思想

問 1 　林羅山（オリジナル）

難易度★★

☑ 林羅山に関する説明として最も適当なものを，次の①〜④のうちから一つ選べ。

① 京都五山に学び，家康に講義を行うなど，朱子学を仏教から独立させた。

② 自然界に上下があるように，人間にも生まれつき上下があるとした。

③ 儒教道徳と日本の神道の考え方を融合させた，垂加神道を説いた。

④ イタリア人宣教師の尋問録を著したものの，キリスト教に理解を示さなかった。

問 2 　中江藤樹

難易度★★★

☑ 中江藤樹の説明として最も適当なものを，次の①〜④のうちから一つ選べ。 （2003倫理・追）

① 朱子学の天理の抽象性を批判して古学を提唱し，道徳的指導者としての武士の在り方を士道論として展開した。

② すべての人の心には，神妙不測の孝の徳がわっていると説き，その孝に依拠して身を立て道を行うことを修養の根本とした。

③ 平易な生活道徳としての正直と倹約の実践を唱え，それまで低く見られていた商人の営みに社会的な存在意義を与えた。

④ 身分制度を否定し，農業を重視する立場に立って，万人が直耕する自然世を理想として説いた。

問3　山鹿素行

難易度★★★

☑　武家社会の慣習は，もともと「兵の道」「武者の習」などと呼ばれていたものである。山鹿素行は，これらをふまえて，儒教思想にもとづく「士道」論を唱えた代表的な思想家である。その思想の記述として最も適当なものを，次の①〜④のうちから一つ選べ。(2002倫理・追・改題)

① 宇宙の秩序から見れば，武士は「上下定分の理」において常に上位に位置する尊い存在であり，政治に携わる者として，自ら身をつつしむ「敬」を大切にすべきだと説いた。

② 武士は，主君への「忠」，朋輩への「信」，独りを慎む「義」を大切にすべきだが，さらにそれらを通して，農・工・商の三民を教導する道徳上の模範であるべきだと説いた。

③ 「武士道と云ふは死ぬ事と見つけたり」とする立場から，武士の務めは，ひたすら主君のことを思い続け，たとえその思いが伝わらなくても，主君のためにいつでも死ぬ覚悟をもつことだと説いた。

④ 武士の理想は，身分や藩を超えて，天皇のもとに忠誠を誓い，国家の危機を乗りこえる「一君万民」と，志あるものが身分を超えて立ち上がるべきだと説いた。

問4　伊藤仁斎

難易度★★★★

☑　伊藤仁斎が朱子学者を批判した内容として最も適当なものを，次の①〜④のうちから一つ選べ。　(2011倫理・本)

① 彼らは，社会で定まっている上下の身分も徳の有無によって入れ替わるという易姓革命の理を説いたため，他者に対してむごく薄情になりがちである。

② 彼らは，形式的な理によって善悪のあり方を厳しく判断してしまうため，少しの過ちも許さない傾向に陥り，他者に対してむごく薄情になりがちである。

③ 彼らは，天人合一のための修養として私欲を抑える愛敬を重んじたが，私欲を抑えることの強制が，他者に対してむごく薄情になりがちである。

④ 彼らは，心に内在する良知と理としての行為とを一致させるべきであるという知行合一を説いたため，他者に対してむごく薄情になりがちである。

問5 荻生徂徠

☑ 荻生徂徠についての説明として最も適当なものを，次の①～④のうちから一つ選べ。

（2009倫理・本）

① 聖人の言葉に直接触れるために古代中国の言語を研究する必要を訴え，後の国学の方法論にも影響を与えた。

② 孔子以来，儒教が重要視する孝を，人倫のみならず万物の存在根拠とし，近江聖人と仰がれた。

③ 実践を重んじる立場から朱子学を批判し，直接孔子に学ぶことを説き，『聖教要録』を著した。

④ 『論語』『孟子』の原典に立ち返ることを訴え，真実無偽の心として誠の重要性を主張した。

問6 賀茂真淵

☑ 賀茂真淵の考える「天地の心」にのっとった生き方として最も適当なものを，次の①～④のうちから一つ選べ。

（2006倫理・本）

① 天はそもそも人間にとって測り知ることのできないものだから，無理に学問に努めるのでなく，天から受けた才を活かせるような職分を得て，互いに親しみ愛し合い，助け合って生きる。

② 武士や商人は，天の恵みを受けて農民の耕作したものを不当に搾取しているから，そうした身分階級を打ち破って，すべての人が衣食住を自給する「自然世」に生きる。

③ 生きとし生けるものすべてが歌を歌うように古の人々も心のありのままに歌を歌っていたのだから，古の歌を通じて当時の人々の心と同化し，心のありのままに生きる。

④ 人間には士農工商の身分があるが，それぞれ「天の一物」であることに変わりはないのだから，もって生まれた己の本来の心を悟り，「天地と渾然たる一物」となって生きる。

問7　本居宣長

難易度★★★

☐　本居宣長の主張として最も適当なものを，次の①〜④のうちから一つ選べ。

(2003倫理・追)

① 日本人は，古代の純粋な神道信仰に復帰し，天皇への服従に基づく民族意識に目覚めなければならない。

② 日本人は，素朴な高く直き心をもって暮らしていた古代の自然の道を回復しなければならない。

③ 日本人は，無名の人々の文字によらない暮らしや考え方の中に，日本文化を見いださなければならない。

④ 日本人は，仏教や儒学が入って来る以前の教えなき時代のあるがままの世界を知らなければならない。

問8　石田梅岩（オリジナル）

難易度★★★★

☐　石田梅岩に関する説明として最も適当なものを，次の①〜④のうちから一つ選べ。

① 蘭学の実証性を示し，無鬼論や天動説に基づく宇宙観を示した。

② 懐徳堂に学び，思想発達の成立過程を明らかにする加上説（かじょう）を展開した。

③ 動植物や鉱物の効用を条理学として研究し，『大和本草』を著した。

④ 商人が利益を得ることを肯定し，商人の徳目に「正直」と「倹約」を挙げた。

問9　二宮尊徳（オリジナル）

難易度★★★

☐　二宮尊徳に関する説明として最も適当なものを，次の①〜④のうちから一つ選べ。

① 天道を，人間に恩恵を与えず，自然災害などの災いを与えるものだと捉えた。

② 人道が天道に代わることによって，世の中は完全になると考えた。

③ 自然や他者に対する感謝の気持ちに報いることを「報徳」といった。

④ 経済力に見合った生活を行い，倹約する合理的生き方である「推譲」を説いた。

問10　近世の思想家総合

☑　善行の社会的な側面をも重視する近世の思想家もいた。次の**ア〜エ**はそれらの思想家の説明であるが，それぞれ誰のことか。その組合せとして正しいものを，下の①〜⑥のうちから一つ選べ。(2011倫理・本)

ア　古代中国の聖人が制作した儀礼・音楽・刑罰・政治などの制度こそが，天下を安んずるための「道」であるとし，心の修養を求めることよりも，具体的な「道」を学び実践することによる効果の方が重要であると説いた。

イ　すべての人々が田畑を耕して衣食住を自給する平等社会を，理想的な「自然世」と呼んだ。そして，みずから耕さずに農民に寄生している武士などが存在する当時の差別社会を「法世」と呼び，「自然世」への復帰を説いた。

ウ　名を求め，恥を知るという心のあり方を重んじる中世的な気風の武士道を批判し，儒学に基づく武士道としての「士道」を説いた。そして，武士は道徳的な指導者となって人倫の道を天下に実現すべきであると主張した。

エ　アヘン戦争で清がイギリスに敗北したことに衝撃を受け，西洋諸国に対抗するためには科学技術の移入が必要であると考えた。そして，「東洋道徳」とともに「西洋芸術」をも詳しく学ぶべきであると主張した。

① **ア**　荻生徂徠　**イ**　安藤昌益　**ウ**　山鹿素行　**エ**　佐久間象山
② **ア**　安藤昌益　**イ**　山鹿素行　**ウ**　荻生徂徠　**エ**　高野長英
③ **ア**　山鹿素行　**イ**　安藤昌益　**ウ**　荻生徂徠　**エ**　佐久間象山
④ **ア**　山鹿素行　**イ**　荻生徂徠　**ウ**　安藤昌益　**エ**　吉田松陰
⑤ **ア**　荻生徂徠　**イ**　山鹿素行　**ウ**　安藤昌益　**エ**　高野長英
⑥ **ア**　安藤昌益　**イ**　荻生徂徠　**ウ**　山鹿素行　**エ**　吉田松陰

テーマ5 「思想の対比的理解」

Question

☑ 次の文章は，中国などから伝わり，江戸時代の日本で独自に展開した思想に関連するものである。この文章の著者が受容した中国などから伝わった**学問**を**あ・い**から，この文章の著者が**主張**したことを**X・Y**からそれぞれ選ぶとき，組合せとして最も適当なものを，下の①〜④のうちから一つ選べ。 (2018試行調査・倫)

> 礼と云ものは，先代帝王の定めおかれた事也。「承天之道(ことなり)」とは，天は尊く地は卑し。天はたかく地は低し。上下差別あるごとく，人にも又君はたふとく，臣はいやしきぞ。その上下の次第を分(わけ)て，礼儀・法度と云ことは定めて，人の心を治められたぞ。

学問

あ 朱子学　　　**い** 陽明学

主張

X 形式的な礼儀や身分秩序を重視する考え方を批判し，心の内面と実践を重視する考え方を主張した。

Y 封建的身分秩序を思想的に根拠づけ，常に心の中に敬をもつ心の在り方を主張した。

① あ―X　　② あ―Y
③ い―X　　④ い―Y

第9章

第10章

第11章

第12章

第13章

第14章

第15章

必ず読もう！ 完成講義 第5章

明治期以降の日本思想

1回目　2回目

問1　明六社

難易度★

☑　啓蒙思想家たちが結成したグループに明六社がある。次の**ア・イ**は明六社のメンバーに関する記述であるが，それぞれ誰のことか。その組合せとして正しいものを，下の①〜④のうちから一つ選べ。

(2006倫理・本)

ア　夫婦の相互的な権利と義務に基づく婚姻形態を提唱し，自らも実践した。

イ　「哲学」，「理性」等の訳語を案出し，西洋哲学移入の基礎を作り上げた。

①　**ア** 中村正直　**イ** 加藤弘之　②　**ア** 中村正直　**イ** 西　周

③　**ア** 森有礼　**イ** 加藤弘之　④　**ア** 森有礼　**イ** 西　周

問2　福沢諭吉と西村茂樹

難易度★★★

☑　福沢諭吉や西村茂樹の儒学に対する態度として最も適当なものを，次の①〜⑤のうちから一つずつ選べ。福沢については　23　に，西村については　24　に答えよ。

(2001倫理・追)

①　儒学は変化を好まず，古代に政治の模範を求め，世の中を停滞させる弊害を持つと批判した。しかし一方で，人心を野蛮から文明へと洗練発展させた歴史的功績については評価した。

②　海外に日本思想を説明する際，儒学などを背景に成立したと考えた武士道に着目した。そしてこの武士道精神は，キリスト教を受容する基盤ともなりうると主張した。

③　日本の急激な西洋化による道徳秩序の混乱を憂い，儒学と西洋哲学を折衷した国民道徳を作り出そうとした。そのため，道徳普及団体を組織し，学校教育にも影響力を持つに至った。

④　個人を超え，個人を律する儒学的な「天」という考えを否定し，自主自由の権利を主張した。そして国家・政府がそれを阻害した場合には，人民に抵抗する権利があるとした。

⑤　儒学は形式主義的かつ非人間的であると批判し，それを排することを主張した。そして儒学に影響されない思想を探るため，古代の文献研究を積極的に進めた。

問3 中江兆民 （オリジナル）

難易度★★

☑ 中江兆民に関する説明として最も適当なものを，次の①〜④のうちから一つ選べ。

① 抵抗権や主権在民（国民主権），一院制の議会などを盛り込んだ私擬憲法を発表した。

② 恢復的民権を育み拡大していくことで，恩賜的民権とするべきだと考えた。

③ 『一年有半』，『続一年有半』などを執筆し，徹底した唯物論を展開した。

④ 「アジアは一つ」とのべ，アジアの芸術や思想はもともと一つであると考えた。

問4 内村鑑三

難易度★★★

☑ 日露戦争の際に非戦論を唱えた人物に内村鑑三がいる。彼についての記述として最も適当なものを，次の①〜④のうちから一つ選べ。

(2005倫理・追)

① 国を愛するとは，平和を守って日ごろから勤勉に正しく生きることだと説いた。また，聖書の言葉に直接向き合うことを重視し，イエスと日本に自分の生涯をささげることを誓った。

② 日本の独立のためには科学技術の習得が必要だと考え，幕末に国禁を犯してアメリカに渡った。その地でキリスト教信仰を深め，帰国後は同志社を設立し，多くの人材を養成した。

③ キリスト教的人道主義・博愛主義から出発し，労働者の生活を改善し，社会の不公平を是正することなどを目指して活動した。やがて政党を結成するが，政府から弾圧された。

④ キリスト教が日本に定着するためには武士道精神が不可欠であると考え，武士道についての著作を著した。また，「太平洋のかけ橋」となることを目指し，国際社会で活躍した。

問5　新渡戸稲造

□ 台湾総督府の植民地官僚でもあった新渡戸稲造の説明として最も適当なものを，次の①〜④のうちから一つ選べ。　　　　　　（2003倫理・追）

① キリスト教に匹敵する精神文化として，日本に武士道の伝統を見いだし，それを世界に紹介した。

② キリスト教の影響を受けながら，学生時代には人道主義に傾倒し，後に大正デモクラシーの指導的役割を担った。

③ キリスト教の洗礼を受け，啓蒙思想の普及に努め，『西国立志篇』等の翻訳書を世に出した。

④ キリスト教の信仰に基づき，日露戦争に際しては，絶対平和主義を主張して，徹底した非戦論を唱えた。

問6　国粋主義の思想（オリジナル）

難易度★★★★

□ 国粋主義に関する説明として最も適当なものを，次の①〜④のうちから一つ選べ。

① 三宅雪嶺は，『日本人』を創刊し，平民主義を唱えた。

② 徳富蘇峰は，『国民之友』を創刊し，不敬事件で処罰された。

③ 陸羯南は，『日本』を創刊し，哲学者としてキリスト教を反国家的であると非難した。

④ 西村茂樹は，『日本道徳論』を著し，儒学と西洋思想を折衷した国民道徳を訴えた。

問7　夏目漱石

難易度★★★★

☑　個人主義は夏目漱石の理解によればどのようなものであったか。それを表す記述として最も適当なものを，次の①〜④のうちから一つ選べ。

(2008倫理・本)

① 真の利己心を発揮すれば，それが人類全体のためになるように人間はつくられている。そこにこそ人間の価値がある。

② 単なるエゴイズムは否定されるべきもので，自己の義務を自覚し，他人の自由をも認める者が，あるべき個人である。

③ 小なる自己が乗り越えられ，自己と世界が統一されることによって，独我論を超えた真の個人に到達することができる。

④ 古い思想や世間の常識をうち破り，宇宙・自然を我が身で直接感受することによって，自由な個人となることができる。

問8　様々な文豪の思想(オリジナル)

難易度★★★★

☑　様々な文豪に関する説明として最も適当なものを，次の①〜④のうちから一つ選べ。

① 武者小路実篤は，トルストイの人道主義に影響を受け，「新しき村」を建設した。

② 宮沢賢治は，浄土経の思想をもとに，文芸活動や農業改良活動にも取り組んだ。

③ 森鷗外は，現実に反する理想を主体的に静かに思い描く態度を，「諦念」とした。

④ 志賀直哉は，小説『或る女』の中で倫理的葛藤の中で生き続ける主人公の変遷を描いた。

必ず読もう！　完成講義　第5章

問9　西田幾多郎

☐　「純粋経験」の具体例として**適当でないもの**を，次の①～④のうちから一つ選べ。
(2006倫理・本)

①　コンサートに出かけたAさんは，長年憧れていた歌手の歌を今自分が生で聴いているのだと思い，改めて喜びをかみしめた。

②　数学の好きなBさんは，母親が用意してくれた夜食を食べることも忘れて，数学の問題を解くのに夢中になった。

③　天才画家と呼ばれるCさんは，風景画の制作に没頭したが，それはあたかも風景の方が彼を突き動かして描かせているかのようだった。

④　赤ん坊のDちゃんは，お腹が空いたのか甘えたかったのか分からないが，母親の胸に抱かれながら一心不乱に母乳を飲んでいた。

問10　和辻哲郎

☐　人間を「間柄的存在」と捉えた思想家に和辻哲郎がいる。彼の考えを説明した記述として最も適当なものを，次の①～④のうちから一つ選べ。
(2005倫理・本)

①　対なる男女は，それぞれ独立した個人が間柄によって定められた役割を担う共同存在である。その共同体は，嫉妬や裏切りという不合理な感情や行動を否定し，各々がその役割を果たすことで完成される機能的組織である。

②　対なる男女は，自他一体的な一つの共同存在である。その共同体は，不信や裏切りという個の背反の可能性を一切もたない純粋な自他和合であり，互いの深い愛情を確信した，私心をもたない男女の間柄的な関係に基づく。

③　対なる男女は，一つの共同体を形成しながら，またそれぞれが独立した個人でもある。その共同体は，それぞれの個が，互いに嫉妬や裏切りを容認しないという双務的契約を結ぶことによって築かれる信頼の共同体である。

④　対なる男女は，それぞれが独立した個人でありながら，また一つの共同存在でもある。その共同体は，不信や裏切りという個の背反の可能性を孕みながら，個がそうした己を否定して自他の合一を目指すところに成立する。

問11　柳田国男

難易度★★★

☑　日本の「家」意識に関する柳田国男の研究の記述として最も適当なものを，次の①～④のうちから一つ選べ。　　　　　　（2002倫理・追）

① 日本各地の村落社会に赴いて，「家」意識を支える祖先崇拝を調査した。

② アジアの「家」意識をアラビアとヨーロッパの家族意識と比較した。

③ 「家」意識は儒教とともに日本にもたらされたことを歴史的に解明した。

④ マルクス主義の立場から「家」意識を経済の発展段階のなかに位置づけた。

問12　総合問題

難易度★★★★

☑　近代日本の思想家たちが経験した出会いの説明として**適当でないも**のを，次の①～④のうちから一つ選べ。　　　　　　（2010倫理・本・改題）

① 柳宗悦は，朝鮮の日用雑器と出会い，日本の職人の工芸品にも同じ美を見いだして，それらを民芸と呼んだ。

② 鈴木大拙は，若いころに西田幾多郎と出会い，友人として切磋しつつ，禅思想の近代的研究に先べんをつけ，それを広く海外に紹介した。

③ 武者小路実篤は，学生時代にトルストイの思想に出会い，その人道主義に共感して，理想社会を目指して「新しき村」を建設した。

④ 折口信夫は，柳田国男に出会い，彼に学びつつ民俗学と国文学にまたがる研究を行い，日本の神の原像について柳田国男と同じ結論に達した。

共通テストの新傾向を探る!!

テーマ6 「和辻哲郎の『間柄的存在』の理解」

Question

☑ 次の文章は，和辻哲郎がヨーロッパ留学を終え，日本の伝統に注目しつつ，西洋思想と向き合う中で，人間をどのような存在として捉えていたのかを示すものである。この文章から読み取れる和辻の人間観と共通する観点を含む見方として最も適当なものを，下の①〜④のうちから一つ選べ。

> 倫理学を「人間」の学として規定しようとする試みの第一の意義は，倫理を単に個人意識の問題とする近世の誤謬から脱却することである。この誤謬は近世の個人主義的人間観に基づいている。（中略）個人主義は，人間存在の一つの契機に過ぎない個人を取って人間全体に代わらせようとした。この抽象性があらゆる誤謬のもととなるのである。
>
> （和辻哲郎『倫理学』より）

① 個的な人間存在はロゴスによる実践を行う者であり，人と動物や植物とを分けるのは，まさにロゴスに基づく卓越性としての道徳であるという見方。

② 人は生産によって特徴づけられ，生産は初めから社会的であるのだから，孤立的存在としての人がある発展段階において社会を作るのではなく，人が人になったときすでに社会的であるという見方。

③ 実践哲学の中心には善意志があるとし，自分の行為の原則が常に普遍性を持つように行為せよとする定言命法に従って自己の意志の自律をはかるという見方。

④ 人は自然状態においては互いに連絡を持たないアトムであって，しかもそれぞれが欲望を持つために闘争は必然であるとし，闘争による害悪を避けるために外的な全体性として国家が形成されるという見方。

現代社会の諸課題①

問1　生命倫理①

難易度★★★

クローンや遺伝子に関わる技術に関する記述として最も適当なものを，次の①～④のうちから一つ選べ。　（2012倫理・本・改題）

① 出生前診断によって，男女の判別や産み分けはまだできないが，胎児の障害の有無を知ることが部分的に可能になった。しかし，出生前診断が命の選別や新しい優生学につながるのではないかという批判もある。

② ヒトゲノムを解読しようとする試みは，1990年から進められ，2003年には解読の完了が宣言された。このことによって，今後の医療技術への発展に期待がかかる一方で生命倫理上の新たな問題が生じる可能性も指摘されている。

③ 1980年代後半，クローン羊ドリーが誕生し，ほ乳類の体細胞クローンの作成が可能であると知られるようになった。後の医療技術への発展に期待がかかる一方で生命倫理上の新たな問題が生じる可能性も指摘されている。

④ 遺伝子組み換え技術は，農薬や害虫に強い新しい品種の食物を作ることを可能にしている。既にいくつかの遺伝子組み換え作物が商品化され，その結果，安全性や環境への影響を疑問視する声はなくなった。

□　最近の医療技術の進歩に伴って生じている事態についての記述として**適当でないもの**を，次の①〜④のうちから一つ選べ。(2002倫理・追)

①　遺伝情報の解読により，将来かかりうる病気が予測できると期待されているが，就職や保険加入の際の新たな差別の恐れや，プライバシーの権利の保護をめぐる問題も生じている。

②　体外受精などの生殖技術の登場によって，不妊を治療の対象とみる捉え方が広まってきたが，同時に，この技術によって家族のあり方に今後根本的な変化が起きる可能性が生まれている。

③　幹細胞の研究によって，受精卵から作られる iPS 細胞や皮膚などの細胞から作られる ES 細胞などによる再生医療に期待がかかる一方，臓器や細胞，遺伝子など自由に譲渡・処分して良いのかの議論も生まれている。

④　抗生物質の発達により感染症は減少したが，院内感染の問題をきっかけに厳密な管理体制の必要性が認識され，医療機関における衛生上の管理規則や取扱い業務の体制が改められつつある。

問3　生命倫理③

難易度★★★

☑　生命倫理をめぐる日本の現状についての記述として最も適当なものを，次の①〜④のうちから一つ選べ。　　（2015倫理・追）

① リヴィング・ウィルとは，死の迎え方についての希望や意思を生前に表明する文書である。リヴィング・ウィルに基づいて，致死薬の投与などにより患者を直接死に導く安楽死が合法的に行われるようになった。

② 出生前診断とは，障害や遺伝病の有無などを受精卵や胎児の段階において診断する技術である。この技術の利用は，命の選別につながりかねず，病気や障害をもつ人への差別を助長しかねないとの懸念が示されている。

③ パターナリズムとは，人は自分の生命や身体の扱いについて自分で決定することができるという原則である。この原則に基づいて，医療の現場では，患者の同意を得たうえで治療を行うことが重視されるようになった。

④ 脳死とは，全脳が不可逆的に機能を停止した状態である。脳死は，心臓死と同様に死とみなされ，患者本人が臓器提供を承諾しているかどうかにかかわらず，誰もがその判定の対象とされている。

☑　次の**ア**〜**ウ**の事例は日本の臓器移植法（1997年成立，2009年改正）でどう扱われるだろうか。**ア**〜**ウ**の事例を**A**〜**D**に分類した場合の組合せとして正しいものを，下の①〜⑨のうちから一つ選べ。

（2012倫理・本）

ア　Eさんは，脳死状態になった場合には心臓を提供したいという意思表示を口頭でしていた。Eさんが14歳で脳死状態になったとき，両親はEさんの心臓の提供を病院に申し出た。

イ　Fさんは，脳死状態になった場合には肝臓を提供することをドナーカード（臓器提供意思表示カード）に記していた。Fさんが15歳で脳死状態になったとき，両親はFさんの肝臓の提供を病院に申し出た。

ウ　Gさんは，脳死状態になった場合には心臓と肝臓の提供を拒否することをドナーカードに記していた。Gさんが16歳で脳死状態になったとき，両親はGさんの心臓と肝臓の提供を病院に申し出た。

A　改正前の臓器移植法でも改正後の臓器移植法でも提供が認められる。

B　改正前の臓器移植法でも改正後の臓器移植法でも提供が認められない。

C　改正前の臓器移植法では提供が認められないが，改正後は認められる。

D　改正前の臓器移植法では提供が認められるが，改正後は認められない。

①	**ア**－**A**	**イ**－**B**	**ウ**－**C**
②	**ア**－**A**	**イ**－**C**	**ウ**－**B**
③	**ア**－**A**	**イ**－**C**	**ウ**－**D**
④	**ア**－**B**	**イ**－**A**	**ウ**－**C**
⑤	**ア**－**B**	**イ**－**A**	**ウ**－**D**
⑥	**ア**－**B**	**イ**－**C**	**ウ**－**A**
⑦	**ア**－**C**	**イ**－**A**	**ウ**－**B**
⑧	**ア**－**C**	**イ**－**A**	**ウ**－**D**
⑨	**ア**－**C**	**イ**－**B**	**ウ**－**A**

問5　環境倫理①

難易度★★★

☑　環境問題に関連して，次の**ア～エ**の記述が当てはまる人物の組合せとして最も適当なものを，下の①～⑥のうちから一つ選べ。

(2001倫理・本)

ア　工場廃液による汚染のために公害病に冒された人々を取材し，被害者に強い共感を示して公害問題の実態に迫った。

イ　生態学的な視点から，神社合祀令による神社の統廃合によって鎮守の森が破壊されることに反対した。

ウ　消費を中心とする社会を批判し，農民の立場に立って自然と協調しながら生きる世の中の確立を説いた。

エ　地元の鉱山の鉱毒によって農民が被害を受けている現実に直面して，鉱山の操業停止を求める運動を起こした。

	ア	**イ**	**ウ**	**エ**
①	田中正造	南方熊楠	安藤昌益	石牟礼道子
②	南方熊楠	安藤昌益	石牟礼道子	田中正造
③	安藤昌益	石牟礼道子	田中正造	南方熊楠
④	石牟礼道子	南方熊楠	安藤昌益	田中正造
⑤	田中正造	石牟礼道子	南方熊楠	安藤昌益
⑥	石牟礼道子	田中正造	安藤昌益	南方熊楠

問6　環境倫理②（オリジナル）

難易度★★★★★

☑　環境倫理に関連する人物の記述として最も適当なものを，次の①～④のうちから一つ選べ。

①　ピーター・シンガーは，土壌や植物，生物などを総称して「土地」とよび，人間が土地を支配するのではなく，「土地」を一つの存在としてとらえる「土地倫理」を主張した。

②　レオポルドは，機械のように残酷に扱われている工場畜産の惨状を目の当たりにして，動物に対して人間が優位であるとする「種差別」に反対する立場をとった。

③　ハンス・ヨナスは，自然には善を完成するという目的があり，優位な立場にある現在世代が，自然を守る義務，すなわち「未来倫理」があると考えた。

④　レイチェル・カーソンは『奪われし未来』の中で，DDT（有機塩素系農薬）などの使用による，生態系の破壊に警鐘を鳴らした。

問7　情報社会①

▢　情報技術の進展や情報機器の普及によって，新しいつながりが多数生まれる一方で，日本においても新たな問題や課題が生じている。こうした状況を記述した文章として**適当でないもの**を，次の①～④のうちから一つ選べ。

（2011倫理・本）

① 実際に会えなくても，趣味や関心などの共通項さえあれば自由にコミュニティを作れるようになった。その反面，バーチャルな世界に没頭し，身近にいる人々との結び付きが希薄になるという問題が生じている。

② マスメディアを介さずに，個々の情報源から直接情報を入手できる機会が増えた。それに伴い，情報の取捨選択や信憑性の判断が個々人に委ねられることになったため，メディアリテラシーの向上が課題となっている。

③ 多くのプログラマーが，共同で無料のソフトウェアを開発・配布する動きが広がった。その反面，有料のソフトウェアの違法な配布も容易となり，著作者の権利が侵害されるという問題が生じている。

④ 市民が意見を出し合い社会に働きかける場が，インターネット上にも広がった。それに伴い，こうした場では本名の公開を必須とする法律が制定されたことから，個人情報が流出しかねないという問題が生じている。

☑ メディアや情報について分析した人物に関する記述として最も適当なものを，次の①～④のうちから一つ選べ。

① リースマンは，現代人は確固とした自己の生き方の羅針盤を持つゆえに，他人の評価を気にし，他者からの承認を求める「他人指向型」なっている分析した。

② ボートリヤールは，ラジオやテレビなどの感覚的メディアの出現により，人々は，活字を離れた感覚的イメージに本物らしさを感じるようになっていると分析した。

③ ブーアスティンによれば，人々は再構成された「疑似イベント」を「本当らしい」と思い，それを基準に行動するようになっていると分析した。

④ マクルーハンは，現代人の消費は他人との「差異」を示すための消費となり，「記号」を消費するバーチャルな価値への消費となっていると分析した。

第 15 章

現代社会の諸課題②

問1　現代社会と家族・公共①　難易度★★

☑　日本では今日，社会保障制度の見直しが議論されている。その背景に関する記述として**適当でないもの**を，次の①〜④のうちから一つ選べ。

(2010倫理・本)

① 家族形態の多様化や女性の社会進出に伴い，家族機能の外部化が進んだ。

② 医療技術の発達に伴う死亡率の低下により，老年人口の比率が高まった。

③ 都市化や核家族化の進展により，地域社会の相互扶助機能が強まった。

④ 高度経済成長期を境にして，出生率が低下し，少子化が急速に進んだ。

問2　現代社会と家族・公共②　難易度★★★

☑　性別役割分業に含まれる問題点とその対応策の説明として**適当でないもの**を，次の①〜④のうちから一つ選べ。　(2003倫理・本)

① 企業で育児休業や介護休業を取るのは主に女性である。男女が平等に育児や介護にあたるためには，性別役割分業に関する従来の社会通念を超えない範囲で，仕事と家庭を両立させやすい制度を導入する必要がある。

② 多くの親は，息子には生活力のある行動的な人，娘には情緒豊かで温かい家庭人になることを期待する。親は，このような性差にとらわれた期待が子どもの才能や個性の発揮を阻害しかねないことを自覚する必要がある。

③ 多くの職場で女性の採用や管理職への登用があまり進んでいない。男女共同参画社会の形成理念に基づき，女性の働きやすい職場への環境整備および女性の採用・登用を推進する必要がある。

④ マスメディアには男女の役割に関するステレオタイプ化した描写や表現が多く，性別役割分業の再生産が懸念される。マスメディアは社会的責任を認識し，性別役割が固定化されない描写や表現をする必要がある。

問3　現代社会と家族・公共③
（オリジナル）

☐　現代の家族やその状況に関する用語の説明として最も適当なものを，次の①〜④のうちから一つ選べ。

① 性別役割分担による社会的・文化的性差を「ジェンダー」という。

② 共働きのため子どもがいない世帯を「ステップ・ファミリー」という。

③ 血縁関係のない父母・兄弟姉妹からなる世帯を「ディンクス」という。

④ 子ども達が結婚後も親と同居し続ける世帯を「パラサイト・シングル」という。

問4　現代社会と家族・公共④
（オリジナル）

☐　現代社会と家族・公共のあり方に関する記述として最も適当なものを，次の①〜④のうちから一つ選べ。

① 家族機能の外部化を徹底することで，孤独・孤立感から解放されながら自由を追求し，主体的に生きる必要がある。

② コミュニティ・オーガナイザーの整備などにより，自己責任型の社会を追求し，主体的に生きる必要がある。

③ 市民的公共性や，市民性に基づく主体的行動により，公的空間において主体的に生きる必要がある。

④ 社会の中で障害者もそうでない人も共存できる「コロニー主義」により，公的空間において主体的に生きる必要がある。

問5 異文化理解①

☑ 異文化理解についての記述として**適当でないもの**を，次の①～④の
うちから一つ選べ。 (2006倫理・本)

① 古代ギリシア人たちが異民族を「バルバロイ」と呼んで蔑んだよう
に，人は往々にして，自民族や自文化の価値観を絶対のものとみなし
た上で他の民族や文化について判断を下そうとする，エスノセントリ
ズムに陥りがちである。

② どの文化もそれぞれに固有の価値を備えており，互いの間に優劣の
差をつけることはできない，とする文化相対主義は，人が文化の多様
性を認め，寛容の精神に基づく異文化の理解へと歩を進める上で，一
定の役割を果たしうる。

③ パレスチナ生まれの思想家サイードは，近代において西洋の文化が
自らを東洋と区別し，東洋を非合理的で後進的とみなすことで西洋自
身のアイデンティティを形成した過程を指摘し，その思考様式をオリ
エンタリズムと呼んだ。

④ 一つの国家や社会の中で異なる複数の文化が互いに関わり合うこと
なく共存できるよう，その障害となる諸要素を社会政策によって除去
する必要がある，と考える多文化主義の立場は，それ以前の同化主義
への反省から生まれた。

問6 異文化理解②

☑ ステレオタイプについての説明として**適当でないもの**を，次の①～
④のうちから一つ選べ。 (2005倫理・本)

① ある集団についてのステレオタイプは，いったん作り出されると，
メディアなどを通じてひとり歩きすることが多い。

② ある集団に対して投影されたステレオタイプは，投影する側が心理
的に自らのうちにもつ否定的なイメージであることが少なくない。

③ ある集団についての型にはまったイメージでも，まったく根拠のな
い恣意的な蔑称や呼称などはステレオタイプからは除外される。

④ ある集団の「われわれ」意識が形成される過程で，ステレオタイプ
が他者との差異を強調するために使われることもある。

問7　異文化理解とサイードの思想

☑ 次の文章を読んで，その趣旨として**適当でないもの**を，以下の①〜④のうちから一つ選べ。

(2003倫理・本)

　東洋の諸民族は，後進的，退行的，非文明的，停滞的などと様々に呼ばれる他の人々とひとまとめにされて，生物学的に劣っているがゆえに道徳的・政治的に教化されるべきものと見なされてきた。それゆえ東洋人は，西洋社会の中で排除されているある種の劣等な人々，（中略）つまり，その共通の特徴を述べるとすれば，嘆かわしいほど異質なという表現がぴったりであるような人々と同列に扱われてきたのである。東洋人が東洋人として，ありのままに見られ，注目されることはまれであった。（中略）東洋人は従属人種の一員であったがゆえに，従属させられなければならなかった。　　　　　　（サイード『オリエンタリズム』）

① オリエンタリズムは，東洋の特殊性や独自性を強調する見解であるとされるが，実際には西洋寄りの観点から構成された東洋観である。

② オリエンタリズムにおいては，東洋は学問，芸術，商業における進歩の本流からはずれており，保守的で奇妙な世界として扱われてきた。

③ オリエンタリズムにおいては，古来，東洋文化は西洋文化と対比して客観的に研究され，東洋人は西洋の中の異質な他者と見なされてきた。

④ オリエンタリズムは，東洋を特定の見方で研究し，真実の姿とはかけ離れた異国情緒豊かなものとして表現してきた思潮である。

CONTENTS

第 2 編 政治・経済

☞ 各章の問題は『完成講義』の章立てに完全対応しています。

政治編

経済編

● 共通テストの新傾向を探る!!

グラフ・資料問題対策の決定版

第 1 章

民主政治の基本原理

1回目 2回目

問 1　主権

難易度★★★★★

☑　主権に関連する記述として最も適当なものを，次の①〜④のうちから一つ選べ。
(2001政経・追)

① ブラクトンやエドワード・コーク（クック）は，国王のもつ絶対的な支配権を擁護する議論を行った。

② アメリカ合衆国憲法が連邦制を採用したのは，各州にも対外的主権を与えるためであった。

③ フランスでは，主権という考え方は，ローマ教皇の権威と結びついて，キリスト教社会の連帯を強めるために主張された。

④ 絶対主義王権を擁護しようとした王権神授説は，国王の権力は神の意思以外の何ものにも拘束されないと主張した。

問 2　社会契約

難易度★★★★

☑　社会契約説に関連する記述として最も適当なものを，次の①〜④のうちから一つ選べ。
(2001政経・追)

① ホッブズは，君主は外交権を握るべきであるが，国内においては，国民の信託を得た代表が国政を担当すべきであると説いた。

② ロックによれば，政府が国民の生命や財産を侵害した場合，国民は政府に抵抗する権利をもっている。

③ アメリカ独立革命を目撃したモンテスキューは，一般人民を主権者とする社会契約論を唱えて，フランス革命に影響を与えた。

④ 「人民の人民による人民のための政治」というリンカーンの言葉は，ルソーの説く一般意思と同じように，間接民主制を否定している。

問3　法の支配

難易度★★

☑　民主政治に関連する記述として最も適当なものを，次の①～④のうちから一つ選べ。　　　　　　　　　　　　　　　　　　(2007政経・本)

①　コーク（クック）は，コモン・ローの伝統を重視し，国王といえども法に従わなくてはならないと主張した。

②　ボーダンは，国王の絶対的支配を否定し，権力分立に基づく国家権力の抑制の必要を説いた。

③　マグナ・カルタは，国民の平等な権利を認め，統治者が法に拘束される法の支配の思想を示した。

④　英米における法の支配は，ドイツで発達した法治主義と比べ，成文法重視の思想であった。

問4　近代国家と法

難易度★★★

☑　近代国家や，近代国家における法についての記述として**誤っている**ものを，次の①～④のうちから一つ選べ。　　　　　　　(2002政経・追)

①　近代国家の三要素とは，国民と主権と領域（領土・領空・領海）である。

②　近代国家において，効力を有する法規範は制定法に限られる。

③　近代国家においては，国家が武力組織を独占・使用することが認められている。

④　近代国家において，法は国家の強制力に裏付けられた規範として，道徳や慣習などの他の社会規範とは区別される。

問5　人権保障と国連

難易度★★★

☑ 国際的な人権保障を定めた文書についての記述として正しいものを，次の①〜④のうちから一つ選べ。　　　　　　　　　　(2007政経・本)

① 世界人権宣言は，個人の具体的な権利を規定し，国家を法的に拘束する文書である。

② 国際人権規約は，西欧諸国の意向を反映し，社会権の規定を除外した文書である。

③ 子どもの権利条約は，子どもの福祉と発達のための社会・生活条件の改善を主な目的として採択された。

④ 人種差別撤廃条約は，ジェノサイド（集団殺害）の禁止を主な目的として採択された。

問6　人権条約

難易度★★★★

☑ 人権条約を守らせる仕組みとして現実に存在するものを，次の①〜④のうちから一つ選べ。　　　　　　　　　　(2002政経・追)

① 締約国は，他の締約国の条約違反があると考える場合，人権裁判所などの条約の実施機関に対して審査を申し立てる。

② 締約国は，他の締約国の条約違反があると考える場合，アムネスティ・インターナショナルなどのNGO（非政府組織）に対して審査を申し立てる。

③ 条約違反があるかどうか，国際司法裁判所が定期的に調査し，違反がある場合にその締約国に対して違反行為の中止を命じる判決を出す。

④ 条約違反があるかどうか，国連の経済社会理事会が定期的に調査し，違反がある場合にその締約国に対して国連憲章に基づく強制的措置を発動する。

問7　民主主義と国民の政治参加

難易度★★

☑　民主主義においては，国民の政治参加とともに，異議申立てを自由に行う権利が認められることが不可欠の条件である。そのいずれかを推進する方策として最も適当なものを，次の①～④のうちから一つ選べ。

(2005政経・追)

① 政府に批判的な反対派には，出版物の刊行を許容しない。
② 選挙のみならず，日常活動においても複数政党制を許容しない。
③ 選挙における投票や立候補の権利を，女性にも認める。
④ 被選挙権を，財産と教養のある者のみに認める。

問8　マイノリティの権利保障

難易度★★★

☑　1990年代以降のマイノリティの権利保障に関する記述として最も適当なものを，次の①～④のうちから一つ選べ。　(2005政経・追・改題)

① 日本ではアイヌ民族を差別的に扱ってきた法律は廃止され，民族固有の文化や伝統を尊重する目的でアイヌ文化振興法が制定された。
② 日本では男女同数法が施行され，各政党は立候補者の人数を男女同数にすることを義務付けた。
③ 日本の最高裁判所の判決によれば，憲法は，永住資格を有する在日外国人にも地方参政権を保障している。
④ 障害者基本法の制定によって初めて，企業や国・地方自治体は，一定割合の障害者雇用が義務づけられた。

問9 イギリスとアメリカの 政治制度

☑ イギリスとアメリカにおける現在の政治制度についての記述として正しいものを，次の①〜④のうちから一つ選べ。 （2002政経・本・改題）

① イギリスでは，下院（庶民院）は上院（貴族院）に優越しており，下院議員は他の多くの西欧諸国と同様に，比例代表選挙により選ばれている。

② イギリスでは，終審裁判所である最高法院が下院に置かれていたが，2001年に独立した最高裁判所となった。

③ アメリカの大統領は，法案提出権をもっていないが，議会を通過した法案に対して拒否権を行使し，議会に送り返すことができる。

④ アメリカの大統領は，三選が禁止されており，一期6年で二期まで務めることができる。

問10 各国の政治制度

☑ 次の国名A〜Cとその国の政治制度に関する記述ア〜ウとの組合せとして正しいものを，下の①〜⑥のうちから一つ選べ。（2016政経・追）

A アメリカ　　　B イギリス　　　C フランス

ア 大統領と首相が併存する制度をとる。国民の直接選挙によって選出される大統領が，議会（下院）の解散権など広範な権限を有している。

イ 原則として議会（下院）で多数を占める政党の党首が首相に選ばれる。議会が内閣を信任しない場合，内閣は総辞職するか議会を解散する。

ウ 行政権を担当する大統領と立法権を担当する議会は，それぞれ強い独立性をもつ。大統領は議会の解散権や法案の提出権を有しない。

① A−ア　B−イ　C−ウ　　② A−ア　B−ウ　C−イ
③ A−イ　B−ア　C−ウ　　④ A−イ　B−ウ　C−ア
⑤ A−ウ　B−ア　C−イ　　⑥ A−ウ　B−イ　C−ア

第2章

日本国憲法の基本原理

問1　日本国憲法への歩み

難易度★★★

☑ 大日本帝国憲法（明治憲法）から日本国憲法への変化についての記述として**適当でないもの**を，次の①〜④のうちから一つ選べ。

（2002政経・本）

① 明治憲法で統治権を総攬（そうらん）するとされた天皇は，日本国憲法では日本国と日本国民統合の象徴とされた。

② 明治憲法では臣民の権利が法律の範囲内で与えられたが，日本国憲法では基本的人権が侵すことのできない永久の権利として保障された。

③ 明治憲法では皇族・華族・勅任議員からなる貴族院が置かれていたが，日本国憲法では公選の参議院が設けられた。

④ 明治憲法で規定されていた地方自治は，日本国憲法ではいっそう拡充され，地方特別法を制定する場合，事前に住民投票を行う制度が導入された。

問2　憲法改正

難易度★★★★

☑ 日本国憲法の定める憲法改正手続きについての記述として**誤っているもの**を，次の①〜④のうちから一つ選べ。 （2005政経・本）

① 憲法の改正は，各議院の総議員の3分の2以上の賛成で，国会が国民に発議する。

② 国民が国会の発議した憲法改正を承認するには，特別の国民投票または国会の定める選挙の際に行われる投票で，その過半数の賛成を必要とする。

③ 日本に居住する定住外国人は，引き続き3か月以上，同一の市町村に住所を有していれば，その市町村で憲法改正国民投票に参加できる。

④ 憲法改正について国民の承認が得られたときは，天皇は，国民の名において，直ちにこれを公布する。

問3　精神的自由

☑　精神的自由権に分類される，具体的な人権の保障内容についての記述として最も適当なものを，次の①～④のうちから一つ選べ。

（2004政経・本）

①　人が清浄な空気や良好な眺望など，よい環境を享受し，人間らしい生活を営むことを保障する。

②　個人が現に有している具体的な財産を保障し，またその財産を個人が自らの考えに従って使用したり収益したりすることを保障する。

③　刑事被告人に対して，いかなる場合にも，資格を有する弁護人を依頼することを保障する。

④　多数の人が共通の政治的意見をもって団体を結成し，それに加入し，団体として活動することを保障する。

問4　表現の自由

☑　表現の自由の保障にかなった考え方として最も適当なものを，次の①～④のうちから一つ選べ。

（2005政経・本）

①　警察は，デモ行進の許可を行う広い裁量権限を有するべきである。

②　定期刊行物の検閲は，行政機関が事前に丁寧に行うべきである。

③　行政機関は，名誉毀損的なビラの配布を事前に差し止めるべきではない。

④　議院での参考人質問のテレビ中継は，認めるべきではない。

第1章

第2章

第3章

第4章

第5章

第6章

第7章

問5　平等権

難易度★★★

☑　日本における平等に関する歴史についての記述として**誤っているも**
のを，次の①〜④のうちから一つ選べ。　　　　　　　　（2003政経・本）

① 　明治政府の下で，旧来の士農工商の身分制は廃止された。
② 　大日本帝国憲法（明治憲法）の下では，華族制度が存在していた。
③ 　1925年の普通選挙法で，女性の高額納税者にも選挙権が認められた。
④ 　日本国憲法の下で，栄典に伴う特権は廃止された。

問6　形式的平等と実質的平等

難易度★★★★

☑　平等について，形式的平等と実質的平等の考え方がある。前者は，
すべての国民を法的に一律に取り扱おうとする考え方である。また後
者は，各人が置かれている現実の状況に着眼して，合理的な区別によ
り社会的な格差を是正しようとする考え方である。実質的平等の考え
方に沿った政策の例として最も適当なものを，次の①〜④のうちから
一つ選べ。　　　　　　　　　　　　　　　　　　　　（2003政経・本）

① 　一定の年齢に達した国民に，国会議員などの公職の選挙に立候補す
る資格を認めること。
② 　公平な裁判所による迅速な裁判を受ける権利を，国民に対して等し
く認めること。
③ 　経済的事情によって就学が困難な者に対して，授業料を免除したり
奨学金を支給したりする制度を設けること。
④ 　高等学校や大学の入学者選抜試験において，志願者の人種や性別，
社会的身分を考慮しないこと。

問7　生存権

☑ 日本における生存権訴訟についての記述として最も適当なものを，次の①〜④のうちから一つ選べ。 (2001政経・本)

① 堀木訴訟とは，国の定める生活保護基準が低額にすぎることが，生存権保障に反するとして争われた事件である。

② 最高裁判所は，朝日訴訟において生存権をプログラム規定と解釈したが，堀木訴訟ではそれは具体的な権利を保障するものであると見解を変更した。

③ 最高裁判所は，憲法の生存権保障にこたえて具体的にどのような立法措置をとるかについて，立法府の裁量の余地は小さいと判断している。

④ 朝日訴訟において原告の主張は認められなかったが，この訴訟は社会保障制度を改善する一つの契機となった。

問8　プライバシーの権利

☑ 日本におけるプライバシーの保護の状況についての記述として**適当でないもの**を，次の①〜④のうちから一つ選べ。 (2005政経・本)

① 『宴のあと』事件において，裁判所は，プライバシーがその侵害に対して法的救済の与えられる権利であることを認めた。

② プライバシー権は，当初，自己情報コントロール権とされたが，近年では，私生活をみだりに公開されない権利として理解されている。

③ 電信・電話の秘密は，日本国憲法の定める通信の秘密に含まれると理解されている。

④ 事業者などの保有する個人情報について，本人による開示，訂正などの請求を認める法律が制定された。

問9 外国人の権利

☑ 日本における外国人の地位や権利をめぐる状況についての記述として正しいものを，次の①〜④のうちから一つ選べ。 (2004政経・追)

① 憲法は居住・移転の自由を保障しているので，公共の福祉に反しない限り，外国人が日本に移住する権利が広く認められている。

② 地方自治体の一部では，条例により，自治体に居住し永住資格をもつ外国人にも，市町村合併などの是非を問う住民投票における投票を認めている。

③ 国際化の流れを受け，国家公務員採用についての国籍条項が撤廃され，外交官などを除けば，外国人の公務就任が認められるようになった。

④ 労働力不足を補うため，国籍法の改正により，日本で外国人を両親として生まれた子が日本国籍を選択する権利が認められるようになった。

問10 情報公開法

☑ 1999年に制定された日本の情報公開法（行政機関の保有する情報の公開に関する法律）をめぐる状況についての記述として正しいものを，次の①〜④のうちから一つ選べ。 (2001政経・追)

① この法律の下で開示（公開）請求が拒否された請求者には，不服申立てや裁判による救済の道が開かれている。

② この法律の下で開示（公開）請求を行うことができるのは，日本国籍を保有し，所得税を納めている者に限られる。

③ この法律が制定されたことで，消費者の知る権利への意識も高まり，消費者保護基本法の制定が主張されるようになった。

④ この法律が制定され，プライバシーの侵害の危険が増大したため，地方自治体が個人情報保護条例を制定するようになった。

問11　日米安全保障条約

☐　日米安全保障条約に関する記述として**適当でないもの**を，次の①〜④のうちから一つ選べ。　　　　　　　　　　　　　　（2005現社・本・改題）

①　占領軍として駐留していたアメリカ軍は，日米安全保障条約によって，占領終了後も引き続き在日アメリカ軍として日本に駐留することになった。

②　現行の日米安全保障条約は，日本の領土と極東の安全を確保する目的でアメリカ軍が日本に駐留することを認めている。

③　現行の日米安全保障条約には集団的自衛権が明記されており，日本国外でアメリカ軍が攻撃された場合にも日本の自衛隊は共同して相手を攻撃することが義務づけられている。

④　日本は，日米安全保障条約では義務づけられてはいないが，「思いやり予算」としてアメリカ軍の駐留経費の一部を負担しており，それによって，駐留アメリカ軍人の住宅やスポーツ施設なども建設されている。

問12　日本の安全保障（オリジナル）

☐　1990年代以降の日本の安全保障についての記述として最も適当なものを，次の①〜④のうちから一つ選べ。

①　朝鮮半島有事などを想定して，日米ガイドラインが策定され，周辺有事の際に米軍の後方支援を行うことになった。

②　イラク戦争を受けて，イラクの人道復興支援のためにイラク復興支援特別措置法が制定され，自衛隊がイラクの非戦闘地域における多国籍軍等の後方支援も行った。

③　日本国内外での武力攻撃事態に対処するため，武力攻撃事態対処法が制定され，日本の有事体制が確立された。

④　湾岸戦争をきっかけに，テロ対策特別措置法が制定され，インド洋にイージス艦が派遣された。

テーマ1 「日本国憲法の国会の議決方式」

Question

　次のa～dは，「政治・経済」の授業で，「民主主義とは何か」について考えた際に，4人の生徒が自分なりにまとめた説明である。

（2018試行調査・政経）

（a、bは略）

c 　国政の重要な事項は国民全員に関わるものなので，主権者である国民が決めるのであれ，国民の代表者が決めるのであれ，全員またはできるだけ全員に近い人の賛成を得て決めるのが民主主義だ。

d 　国政の重要な事項は国民全員に関わるものであるが，主権者である国民が決めるのであれ，国民の代表者が決めるのであれ，全員の意見が一致することはありえないのだから，過半数の賛成によって決めるのが民主主義だ。

☑　生徒の説明c・dに関連して，日本国憲法が定めている国会の議決の方法の中にも，**過半数の賛成で足りる場合**と**過半数よりも多い特定の数の賛成を必要とする場合**とがある。**過半数の賛成で足りる場合**として正しいものを，次の①～④のうちから一つ選べ。

① 　国会が憲法改正を発議するため，各議院で議決を行う場合

② 　条約の締結に必要な国会の承認について，参議院で衆議院と異なった議決をしたときに，衆議院の議決をもって国会の議決とする場合

③ 　各議院で，議員の資格に関する争訟を裁判して，議員の議席を失わせる場合

④ 　衆議院で可決し，参議院でこれと異なった議決をした法律案について，再度，衆議院の議決だけで法律を成立させる場合

問1　任命人事

難易度★★

☑　日本国憲法が規定する統治についての記述として**適当でないもの**を，次の①～④のうちから一つ選べ。

(2007政経・本)

① 天皇は，内閣総理大臣を任命する。

② 内閣は，最高裁判所長官を指名する。

③ 裁判官は，独立して職権を行使することができる。

④ 国会は，国務大臣を弾劾することができる。

問2　日本の議会制

難易度★★★★

☑　日本の議会制についての記述として正しいものを，次の①～④のうちから一つ選べ。

(2004政経・追)

① 憲法は，議事手続などの院内の事項について，各議院が独自の規則を定めることができると規定している。

② 憲法は，衆議院または参議院が所属議員に対する辞職勧告決議案を可決した場合，当該議員は辞職しなければならないと規定している。

③ 憲法は，司法権の独立に配慮して，各議院は，刑事事件に発展する可能性のある汚職事件については国政調査権を行使できないと規定している。

④ 憲法は，衆議院が内閣の提出した予算を修正した場合，その修正に対して内閣総理大臣が拒否権を行使できると規定している。

問3　国家機関の関係

難易度★★★★★

☑ 日本における国家機関相互の抑制と均衡の仕組みと運用の記述として最も適当なものを，次の①〜④のうちから一つ選べ。（2006政経・本）

① 国会は，地方自治体の制定した条例の内容が法律に違反する場合，最高裁判所にその確認を求める権限を有する。

② 内閣は，衆議院で不信任の決議案が可決された場合でなくとも，自らの判断で衆議院の解散を決定することができる。

③ 最高裁判所は，違憲判決を下した法律が改廃されない場合，自ら国会に法律案を提出することができる。

④ 国会の両議院は，各々内部の運営に関する規則を制定できるが，衆議院と参議院の規則が異なる場合には衆議院規則の方が優位する。

問4　国会での手続き

難易度★★★

☑ 日本国憲法の定める国会の手続きについての記述として正しいものを，次の①〜④のうちから一つ選べ。　　　（2005政経・本）

① 参議院が衆議院の解散中にとった措置には，事後に，内閣の同意を必要とする。

② 衆議院で可決された予算を，参議院が否決した場合には，両院協議会が開かれなければならない。

③ 衆議院で可決された法律案を，参議院が否決した場合でも，国民投票にかけて承認が得られれば，法律となる。

④ 参議院が国政調査権を行使するためには，衆議院の同意を得なければならない。

必ず読もう！ 完成講義 第3章

問 5　国会議員の身分保障

難易度★★★

　日本国憲法は，国会議員が独立して職責を果たし，国会の審議の自律性を高めるために，国会議員の身分保障や特権について規定している。このような身分保障あるいは特権についての記述として正しいものを，次の①〜④のうちから一つ選べ。　(2002政経・本)

① 議院内の秩序を乱したことを理由に国会議員を除名する場合には，所属する議院において，出席議員の過半数による議決が必要である。

② 国会議員が国庫から受ける歳費については，その任期中に，減額することが禁止されている。

③ 国会議員は，法律の定める場合を除いては，その任期中において，逮捕されず，訴追されない。

④ 議院内で行った演説や討論あるいは表決について，国会議員は議院外で責任を問われない。

問 6　弾劾裁判所

難易度★★★★

　弾劾裁判所についての記述として正しいものを，次の①〜④のうちから一つ選べ。　(2001政経・本)

① 弾劾裁判所は，裁判官の罷免の訴追を行い，裁判する。

② 弾劾裁判所の訴追委員は，最高裁判所によって任命される。

③ 弾劾裁判所は，衆議院議員および参議院議員の中からそれぞれ選ばれた訴追委員によって組織される。

④ 簡易裁判所および家庭裁判所の裁判官は，弾劾裁判所の弾劾の対象とならない。

問7 国会と裁判所の関係

難易度★★★

☑ 日本国憲法の定める裁判所に対する国会のコントロールについての記述として正しいものを，次の①〜④のうちから一つ選べ。

(2005政経・追)

① 内閣による最高裁判所の裁判官の任命には，国会の承認が必要である。

② 下級裁判所の裁判官の任期は，法律で定めることができる。

③ 最高裁判所による規則の制定には，国会の承認が必要である。

④ 弾劾裁判所は，著しい非行のあった裁判官を罷免することができる。

問8 国会と内閣（行政各部）の関係

難易度★★★

☑ 日本の国会，内閣と行政各部との関係についての記述として**誤っているもの**を，次の①〜④のうちから一つ選べ。 (2003政経・追・改題)

① 行政に対する政治主導を実現するため，国会議員などから内閣により任命される副大臣や大臣政務官が行政各部に配置されている。

② 参議院は解散されることがないので，内閣総理大臣の政治的責任を問う問責決議を行うことも認められていない。

③ 国務大臣は，内閣に対する不信任決議案が衆議院で可決されても，直ちにその職を失うことはない。

④ 議院に議席を有しない国務大臣は，議院に出席し，議案について発言することはできるが，議案の表決に参加することはできない。

問9　内閣

☑　日本国憲法が定める内閣についての記述として正しいものを，次の①～④のうちから一つ選べ。
(2005政経・追)

① 国務大臣のうち，議院における発言が許されるのは，国会議員でもある国務大臣に限られる。

② 国務大臣のうち，在任中の訴追に内閣総理大臣の同意を必要とするのは，国会議員でもある国務大臣に限られる。

③ 内閣総理大臣が行う国務大臣の罷免には，国会の同意を必要としない。

④ 国務大臣に支払われる報酬は，在任中減額されることはない。

問10　内閣総理大臣が欠けた場合

☑　日本において，内閣総理大臣が欠けた場合に内閣が講じなければならない措置として正しいものを，次の①～④のうちから一つ選べ。
(2003政経・追)

① 内閣は衆議院の緊急集会を要請し，新たな内閣総理大臣の指名を求めなければならない。

② 内閣は直ちに閣議を開き，閣僚の互選により新たな内閣総理大臣を選任しなければならない。

③ 内閣は総辞職をし，新たな内閣総理大臣が任命されるまで引き続きその職務を行わなければならない。

④ 事前に指定されている副総理大臣が直ちに内閣総理大臣に就任し，新内閣への信任決議案を衆議院に速やかに提出しなければならない。

第4章

日本の統治機構②「裁判所」

問1　日本の司法制度

難易度★★★

日本の司法制度の原則A〜Cと，それを必要とする主な理由ア〜ウとの組合せとして正しいものを，以下の①〜⑥のうちから一つ選べ。

(2007政経・本)

A　裁判の公開　　　B　裁判官の身分保障　　　C　三審制
ア　司法権の独立　　イ　慎重な審理　　　　　ウ　公正な裁判

① A−ア　　　　B−イ　　　　C−ウ
② A−ア　　　　B−ウ　　　　C−イ
③ A−イ　　　　B−ア　　　　C−ウ
④ A−イ　　　　B−ウ　　　　C−ア
⑤ A−ウ　　　　B−ア　　　　C−イ
⑥ A−ウ　　　　B−イ　　　　C−ア

問2　司法権の独立

難易度★★

司法権の独立を侵害し，憲法違反となる例の記述として最も適当なものを，次の①〜④のうちから一つ選べ。

(2001政経・本)

① 内閣が裁判官を懲戒すること。
② 衆議院が，裁判所の判決で適用された法律の内容を検討すること。
③ 国会が法律で裁判官の定年年齢を定めること。
④ 新聞が判決を批判すること。

問3　裁判官の人事（オリジナル）

難易度★★★

☐　裁判官の人事についての記述として正しいものを，次の①〜④のうちから一つ選べ。

①　最高裁判所裁判官は，内閣の指名により天皇が認証する。

②　下級裁判所の判事は，内閣が作成した名簿により任命され，天皇が認証する。

③　下級裁判官の判事は任期10年であり，再任が拒否されることはない。

④　最高裁判所長官は，内閣の指名により天皇が任命する。

問4　裁判官の身分保障（オリジナル）

難易度★★★★

☐　裁判官の身分保障についての記述として正しいものを，次の①〜④のうちから一つ選べ。

①　国会の弾劾裁判で，心身の故障と判断された場合は罷免される。

②　任期満了により，再任されなかった裁判官は裁判官としての職務を継続できない。

③　すべての裁判官は国民審査を受け，罷免を可とする票が有効投票数の半数を上回った場合罷免される。

④　最高裁判所裁判官のみが，行政による懲戒は受けず，また在任中に報酬を減額されることはない。

問5　被疑者・被告人の権利

難易度★★★

☑　日本国憲法の定める被疑者や被告人の権利についての記述として正しいものを，次の①〜④のうちから一つ選べ。 (2003政経・追)

① 裁判官の発する，逮捕の理由となっている犯罪を明示した逮捕状がなければ，現行犯として逮捕されることはない。

② 殺人罪などの重大犯罪について起訴されているときでなければ，弁護人を依頼することはできない。

③ 無罪の確定判決を受けたときでも，裁判中の抑留や拘禁についての補償を，国に求めることはできない。

④ 無罪の判決が確定した行為について，再び刑事上の責任が問われることはない。

問6　日本の刑事裁判制度

難易度★★★★

☑　司法に関連する日本の制度や措置についての記述として**誤っている**ものを，次の①〜④のうちから一つ選べ。 (2003政経・追)

① 検察官の不起訴処分に不服のある被害者は，検察官に代わって，刑事責任追及のため，被疑者を起訴できる。

② 被害者が証人として出廷する場合，ついたてを設置するなどして，被告人や傍聴人から見えないようにする。

③ 被害者から裁判の傍聴の申出があったときは，裁判所は，一般の希望者より優先して傍聴させることができる。

④ 犯罪行為により重度の障害を受けた者に対し，一定の場合に，申請に応じて，国が障害給付金を支給する。

問7 日本の刑事裁判

☑ 日本の刑事裁判に関する記述として**適当でないもの**を，次の①〜④のうちから一つ選べ。 (2005政経・本)

① 大津事件は，明治政府の圧力に抗して，裁判所がロシア皇太子暗殺未遂犯を通常の殺人未遂罪で裁いた事件である。

② ロッキード事件は，航空機の選定をめぐり，元内閣総理大臣が刑法の収賄に関する罪などに問われた事件である。

③ 財田川事件は，強盗殺人罪で死刑判決を受けた人が度重なる再審請求をした結果，無罪が確定した事件である。

④ 恵庭事件は，被告人が刑法の器物損壊罪で起訴され，最高裁判所が統治行為論を展開した事件である。

問8 違憲審査権

☑ 違憲審査権についての日本国憲法の規定や最高裁判所の判断と合致するものを，次の①〜④のうちから一つ選べ。 (2003政経・追)

① 憲法は，国会議員が条約を違憲と考えて，その合憲性を裁判で争うときは，最高裁判所に直接提訴できると明文で定めている。

② 憲法は，条例によって権利を制限された住民が条例の合憲性を争う訴えを，国の裁判所が審査することはできないと明文で定めている。

③ 最高裁判所は，衆議院の解散によって地位を失った衆議院議員が解散の合憲性を争う訴えを，裁判所が審査できないと判断した。

④ 最高裁判所は，国会議員が法律を違憲と考えて，その合憲性を裁判で争うときは，最高裁判所に直接提訴することができると判断した。

問9　国民審査

☑　国民審査についての記述として**適当でないもの**を，次の①〜④のうちから一つ選べ。
（2001政経・本）

① 最高裁判所裁判官に対する最初の国民審査は，その任命後初めて行われる衆議院議員総選挙の際に実施される。

② ×の記号を記入しない投票は，投票者が罷免の意思をもたないものとみなされている。

③ ×の記号を記入した投票数が有権者の過半数である場合に，裁判官の罷免が成立する。

④ 国民審査は，憲法で保障されている国民による公務員の選定罷免権を具体化するものである。

問10　陪審制と参審制

☑　陪審制と参審制についての記述として**誤っているもの**を，次の①〜④のうちから一つ選べ。
（2004政経・本）

① 参審制では，参審員の候補者は地方公務員の中から選出される。

② 参審制では，参審員が職業裁判官とともに裁判の審理に参加する。

③ 陪審制では，陪審員は裁判官から独立して評決する。

④ 陪審制では，陪審員の候補者は市民の中から無作為に抽出される。

テーマ2 「日本の国会に関する問題」

Question

☐ 日本の国会に関する記述として**誤っているもの**を, 次の①～④のうちから一つ選べ。 (2018試行調査・政経)

① 国会の各議院は会計検査院に対し, 特定の事項について会計検査を行い, その結果を報告するよう求めることができる。

② 政府委員制度が廃止された後も, 中央省庁の局長などは, 衆議院や参議院の委員会に説明のため出席を求められている。

③ 一票の格差是正のため, 二つの都道府県を一つにした選挙区が, 衆議院の小選挙区と参議院の選挙区との両方に設けられている。

④ 国会の委員会は, 各議院の議決で特に付託された案件については, 閉会中でも審査することができる。

第5章

地方自治

問1 地方自治

難易度★★

☑ ブライスの言葉に,「地方自治は民主主義の学校である」というものがある。この言葉を説明した記述として最も適当なものを,次の①〜④のうちから一つ選べ。 (2002政経・追)

① 地域における問題を的確に処理できるのは,中央政府ではなく,それを最もよく知っている地方自治体である。

② 地方自治の強化によって,中央政府に強大な権力が集中するのを抑制することができる。

③ 地方自治によって,住民が身近な公共問題について考え,その解決に参加することにより,主権者としての自覚を高めることになる。

④ 専門分化した中央政府の各省庁による縦割り行政を,地方自治体が総合的に調整することができる。

問2 地方自治法

難易度★★★★

☑ 地方自治体としての意思決定ができない場合,地方自治法はこれを解決するために,いくつかの制度を用意している。これらの制度の説明として正しいものを,次の①〜④のうちから一つ選べ。

(2005政経・本)

① 地方議会は,首長の提出した予算案を否決することによって,首長を罷免することができる。

② 地方議会は,首長の行為が法律に違反しているという裁判所の判決を得ることによって,首長を罷免することができる。

③ 地方議会によって不信任の議決がなされた場合,首長は,地方議会を解散して,住民の意思を問うことができる。

④ 地方議会によって重要な議案が否決された場合,首長は,住民投票を実施して,住民の意思を問うことができる。

問3　直接請求制度

☑　日本の地方自治法が定める直接請求制度についての記述として最も適当なものを，次の①～④のうちから一つ選べ。　　　(2007政経・本)

① 議会の解散の請求は，選挙管理委員会に対して行われ，住民投票において過半数の同意があると，議会は解散する。

② 事務の監査の請求は，監査委員に対して行われ，議会に付議されて，議員の過半数の同意があると，監査委員による監査が行われる。

③ 条例の制定・改廃の請求は，首長に対して行われ，住民投票において過半数の同意があると，当該条例が制定・改廃される。

④ 首長の解職の請求は，選挙管理委員会に対して行われ，議会に付議されて，議員の過半数の同意があると，首長はその職を失う。

問4　直接請求制度

☑　有権者45,000人の地方自治体においてなされる直接請求についての記述として**誤っているもの**を，次の①～④のうちから一つ選べ。

(2002政経・追)

① 条例の制定・改廃を請求するためには，900人以上の有権者の署名が必要である。

② 条例の制定・改廃の請求があったとき，首長は住民投票に付さなければならない。

③ 地方議会の解散を請求するためには，15,000人以上の有権者の署名が必要である。

④ 地方議会の解散の請求があったとき，選挙管理委員会は住民投票に付さなければならない。

問5　地方自治制度

難易度★★★

☑ 日本の地方自治制度についての記述として正しいものを，次の①～④のうちから一つ選べ。

(2005政経・本)

① 地方議会が条例を制定すれば，その地方自治体内で起きた事件を裁く，独自の裁判所を設置することができる。

② 地方議会が条例を制定すれば，その地方自治体の首長の任期を，2年に短縮することができる。

③ 住民は，直接請求によって，首長の解職を求めることができる。

④ 住民は，住民投票によって，条例を制定し，また改廃することができる。

問6　住民投票

難易度★★★★

☑ これまで日本の地方自治体で実施された住民投票についての記述として**誤っているもの**を，次の①～④のうちから一つ選べ。

(2006政経・本)

① 住民投票条例の中には，永住外国人や未成年者に対して，投票資格を認めているものもある。

② 市町村合併の可否を問うために，当事者である地方自治体で，住民投票が行われた。

③ 住民投票条例の中には，投票の結果に対して，政策を直接決定する法的な拘束力を認めているものもある。

④ 産業廃棄物処理施設の設置をめぐって，環境問題などが提起され，住民投票が行われた。

問7 地方分権一括法

☑ 地方分権一括法によって行われた分権改革の内容として最も適当な
ものを，次の①～④のうちから一つ選べ。 （2005政経・追・改題）

① 地方自治体の自主財源を強化するために，所得税率を引き下げ，住
民税率を引き上げた。

② 機関委任事務制度が廃止され，地方自治体の自己決定権が拡充され
た。

③ 地方自治体の放漫な財政運営に歯止めをかけるために，地方債の発
行に対する国の関与が強化された。

④ 自主財源である地方交付税が増額された結果，地方自治体の地域格
差が是正された。

問8 地方分権

☑ 地方分権を推進する立場の意見とは**いえないもの**を，次の①～④の
うちから一つ選べ。 （2005政経・本）

① 住民が混乱しないためには，行政サービスが，居住する地方自治体
にかかわらず，全国で統一的に行われていることが望ましい。

② 住民のさまざまな要求を的確に把握し，必要なサービスを提供でき
るのは，地域に密着して行政を行っている，地方自治体である。

③ 事業にかかわる申請や福祉サービスの申込みは，できるだけ身近な
地方自治体の窓口で行える方が，便利である。

④ 行政サービスの無駄を排除するためには，サービスに関する決定と
その執行を，できるだけ身近な地方自治体で行うことが望ましい。

共通テストの新傾向を探る!!

テーマ3 「地方自治の知識を資料と共に考える問題」

Question

☑ 日本の地方自治体について，【資料1】中の X ・ Y と【資料
2】中の**A**・**B**とにはそれぞれ都道府県か市町村のいずれかが，【資料
3】中の**ア**・**イ**には道府県か市町村のいずれかが当てはまる。都道府県
と市町村の役割をふまえたうえで，都道府県または道府県が当てはまる
ものの組合せとして正しいものを，次ページの①～⑧のうちから一つ選
べ。

（2018試行調査・政経）

【資料1】　地方自治法（抜粋）

> 第2条　地方公共団体は，法人とする。
> 2　普通地方公共団体は，地域における事務及びその他の事務で法律又
> はこれに基づく政令により処理することとされるものを処理する。
> 3　 X は，基礎的な地方公共団体として，第5項において Y が
> 処理するものとされているものを除き，一般的に，前項の事務を処理
> するものとする。
> 4　 X は，前項の規定にかかわらず，次項に規定する事務のうち，
> その規模又は性質において一般の X が処理することが適当でない
> と認められるものについては，当該 X の規模及び能力に応じて，
> これを処理することができる。
> 5　 Y は， X を包括する広域の地方公共団体として，第2項の
> 事務で，広域にわたるもの， X に関する連絡調整に関するもの及
> びその規模又は性質において一般の X が処理することが適当でな
> いと認められるものを処理するものとする。

【資料2】 都道府県・市町村の部門別の職員数（2017年4月1日現在）（単位：人）

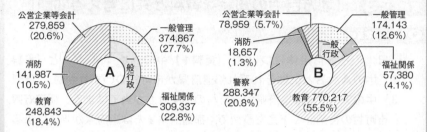

（注） 一般管理は総務，企画，税務，労働，農林水産，商工，土木などである。公営
企業等会計は，病院，上下水道，交通，国保事業，収益事業，介護保険事業など
である。市町村の職員には，一部事務組合等の職員が含まれる。

【資料3】 道府県税・市町村税の収入額の状況（2016年度決算）（単位：億円）

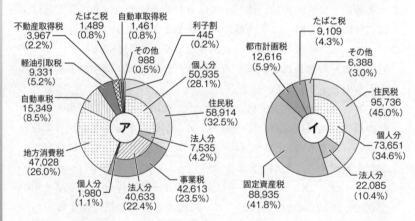

（注） 都道府県税ではなく道府県税と称するのは，都道府県の地方税の決算額から東
京都が徴収した市町村税相当額を除いた額を表しているためである。合計は，四
捨五入の関係で一致しない場合がある。

〔出典〕【資料2】・【資料3】とも総務省 Web ページにより作成。

① Ｘ－Ａ－ア ② Ｘ－Ａ－イ ③ Ｘ－Ｂ－ア ④ Ｘ－Ｂ－イ
⑤ Ｙ－Ａ－ア ⑥ Ｙ－Ａ－イ ⑦ Ｙ－Ｂ－ア ⑧ Ｙ－Ｂ－イ

第6章

日本政治の課題

問1　選挙制度

難易度★★★★

☐　議院内閣制を採用する国では，原則として議会の議席の多数を占める政党・政党集団により内閣が組織される。議員を選出する方法である選挙制度および日本の政党をめぐる制度についての記述として最も適当なものを，次の①〜④のうちから一つ選べ。　　　（2006政経・本）

① 　小選挙区制では，少数派の意見が反映されない結果となりやすい。
② 　比例代表制では，政党中心ではなく候補者中心の選挙となりやすい。
③ 　日本では，政党への企業・団体献金は，法律により禁止されている。
④ 　日本では，政党への助成金制度は，最高裁判所により違憲とされている。

問2　多数者支配型の政治

難易度★★★

☐　多数者支配型の政治についての記述として最も適当なものを，次の①〜④のうちから一つ選べ。　　　（2005政経・追）

① 　二大政党を中心として政治が運営されるため，第三党は存在しない。
② 　少数派の意見が考慮されない政治運営となる可能性がある。
③ 　多数者支配型の政治を実現する選挙制度は，比例代表制である。
④ 　多様な集団の代表による妥協と合意形成を柱とした運営が特徴である。

問3　国会議員の選挙制度

難易度★★★

☑　現在の日本における国会議員の選挙制度についての記述として**誤っ
ているもの**を，次の①〜④のうちから一つ選べ。　（2005政経・追）

① 候補者による有権者宅への戸別訪問が認められている。
② 以前は18時だった投票の締切時間が20時に延長されている。
③ 衆議院議員選挙では，ブロックごとに比例区と小選挙区との重複立
候補が認められている。
④ 参議院議員選挙では，選挙区制と非拘束名簿式比例代表制とが併用
されている。

問4　55年体制

難易度★★★

☑　55年体制に関連する記述として最も適当なものを，次の①〜④のう
ちから一つ選べ。　（2001政経・本）

① 55年体制が成立した当時は自民党と社会党による二大政党制であっ
たが，1950年代末には野党の多党化が進行した。
② 1970年代には，自民党と社会党の勢力がほぼ均衡する伯仲時代を迎
え，その状況は1980年代末まで続いた。
③ 自民党では，党内改革をめぐる不満はあったものの，国会議員が離
党して新党を結成した例はみられなかった。
④ ロッキード事件，リクルート事件など構造汚職と呼ばれる事件が起
こり，長期政権の下で進行した政・官・財の癒着が問題となった。

問5　90年代の政治

難易度★★★★★

☑ 1990年代の政治状況についての記述として**誤っているもの**を，次の①～④のうちから一つ選べ。　(2001政経・本)

① 1993年には，自民党は，その一部が新生党を結成するなど分裂し，衆議院議員総選挙で議席を大幅に減らして政権を失った。

② 1994年には，従来対立していた自民党と社会党が中心となって連立政権を組んだ。

③ 1996年には，自民党の勢力後退が進み，政党再編が行われた結果，新進党を中心とした非自民の連立政権が成立した。

④ 1999年には，自民党は自由党および公明党と連立政権を形成し，連立与党は衆参両院で過半数を確保した。

問6　新しい制度

難易度★★★★

☑ 1990年代以降日本で新たに導入された制度として**適当でないもの**を，次の①～④のうちから一つ選べ。　(2007政経・本)

① 指定管理者

② 独立行政法人

③ PFI（プライベート・ファイナンス・イニシアティブ）

④ 特殊法人

問7　現代民主政治の課題

☑ 官僚支配の弊害の防止が，現代民主政治の大きな課題となっている。官僚への統制を強化する主張とは**いえないもの**を，次の①〜④のうちから一つ選べ。 (2006政経・本)

① 内閣総理大臣が閣僚や省庁に対して強力なリーダーシップを発揮できるようにするため，首相公選制を導入すべきである。

② 国会は，行政を監督する責任を果たすため，国政調査権などの権限を用いて行政各部の活動をチェックすべきである。

③ 各議院は，テクノクラートのもつ専門知識を有効に活用するため，法律案の作成や審議への政府委員の参加機会を拡大すべきである。

④ 国民が直接行政を監視し，政策過程に参加するため，情報公開制度を活用したり，オンブズマン制度を設けたりすべきである。

問8　国民による行政の監視

☑ 国民が政府を監視する活動の例とは**いえないもの**を，次の①〜④のうちから一つ選べ。 (2005政経・本)

① 行政の活動を適切に理解するために，行政文書の公開を請求する。

② 世論調査に注目し，高い支持率がある政党の候補者に投票する。

③ 地方自治体の公金支出について，監査請求をする。

④ 政府の人権抑圧的な政策を批判するために，抗議活動をする。

問9　オンブズマン

難易度★★★

☑ 日本における法制度としてのオンブズマンについての記述として正しいものを，次の①〜④のうちから一つ選べ。　　　　　　(2005政経・本)

① オンブズマンは，衆議院と参議院に置かれている。

② オンブズマンの例として，会計検査院の検査官が挙げられる。

③ 最高裁判所には，知的財産オンブズマンが置かれている。

④ 地方自治体の中には，オンブズマンを置く例がある。

問10　マスメディア・世論

難易度★★★

☑ マスメディアや世論についての記述として**適当でないもの**を，次の①〜④のうちから一つ選べ。　　　　　　(2003政経・本)

① ファシズムの経験に示されているように，マスメディアが世論操作に利用される危険がある。

② 公正な報道を確保するために，日本国憲法の下で新聞，雑誌には各政党の主張を同じ量だけ紹介する法的義務が課されている。

③ 世論調査は十分な情報が提供されずに行われることがあるなど，政策決定に際して世論調査に頼ることには問題点もある。

④ 世論の形成のためには，多様な意見が広く知られる必要があり，日本国憲法の下で報道の自由など表現の自由が保障されている。

テーマ4 「行政を効率的に監視する方法についての思考問題」

Question

☑ 行政機能が拡大するにつれ，行政を効果的に統制（監視）することの重要性が増している。行政を統制する方法については，**行政内部からのもの，行政外部からのもの，法制度に基づくもの，法制度に基づかないもの**という基準で4分類する考え方がある。**表1**は，日本の国の行政を統制する方法の一例をそうした考え方に基づき分類したものであり，**A**～**D**にはいずれかの分類基準が入る。

表1にならって日本の地方自治体の行政を統制する方法の一例を分類した場合，**表2**中の ☐X☐ ～ ☐Z☐ に当てはまるものの組合せとして最も適当なものを，下の①～⑥のうちから一つ選べ。ただし，**表1**と**表2**の**A**～**D**には，それぞれ同じ分類基準が入るものとする。　　（2018試行調査・政経）

表1　日本の国の行政を統制する方法の一例

	A	B
C	国政調査による統制	圧力団体による統制
D	人事院による統制	同僚の反応による統制

表2　日本の地方自治体の行政を統制する方法の一例

	A	B
C	☐X☐ による統制	☐Y☐ による統制
D	☐Z☐ による統制	同僚の反応による統制

	X	Y	Z
①	監査委員	行政訴訟	新聞報道
②	監査委員	新聞報道	行政訴訟
③	行政訴訟	監査委員	新聞報道
④	行政訴訟	新聞報道	監査委員
⑤	新聞報道	監査委員	行政訴訟
⑥	新聞報道	行政訴訟	監査委員

第 7 章

国際政治とその動向

問1 主権国家

難易度★★★★

国際社会では，国家は対外的には独立性，対内的には最高権力を有するという国家主権の原則が認められている。この原則をめぐる記述として正しいものを，次の①〜④のうちから一つ選べ。(2003政経・本)

① 国連（国際連合）憲章は，武力行使を原則として禁じているが，自衛権の行使については主権国家に固有の権利として認めている。

② 主権国家の支配が及ぶ領空には宇宙空間も含まれ，人工衛星の通過には各国の承諾が必要とされている。

③ 国家主権の原則が確認されたのは，アメリカ大統領ウィルソンが国際連盟を提唱してからである。

④ 通貨の発行は国家主権に属するため，EU（欧州連合）の単一通貨ユーロ参加国も，ドイツ・マルクなどの各国通貨を発行し続けている。

問2 国際社会

難易度★★★★

国際社会についての記述として最も適当なものを，次の①〜④のうちから一つ選べ。(2001政経・追)

① グロティウスによれば，国家間関係においては，国家の行為を拘束する自然法は存在しない。

② 1648年のウェストファリア条約は，ヨーロッパ内において，対等な主権国家からなる国際社会を形成する端緒となった。

③ アメリカのウィルソン大統領の提唱により，国際連盟は国際法を統一的に立法する機関として発足した。

④ 国際連合は，そのすべての加盟国の主権平等の原則に基礎をおいているため，安全保障理事会の決議は，全会一致で採択される。

問3　国際機構

☑　20世紀に設立された国際機構として，国際連盟と国際連合がある。
これらについての記述として正しいものを，次の①～④のうちから一
つ選べ。　　　　　　　　　　　　　　　　　　　　　（2002政経・追）

① 侵略国に対する制裁として，国際連盟では武力制裁が規定されたが，
国際連合では経済制裁に限定された。

② 国際連盟でも国際連合でも，集団安全保障体制が十分に機能するよ
うに，総会では全会一致制が採用された。

③ 国際連盟の理事会では全会一致制が原則とされていたが，国際連合
の安全保障理事会では，五大国に拒否権を認めつつも多数決制を採用
した。

④ 国際連盟の時代には常設の国際裁判所はなかったが，国際連合には
国際紛争を解決するための常設の裁判所として国際司法裁判所が設立
された。

問4　東西冷戦

☑　東西冷戦に関連する記述として**誤っているもの**を，次の①～④のう
ちから一つ選べ。　　　　　　　　　　　　　　　　　（2004政経・追）

① 1945年にドイツが降伏した後，ソ連軍が進出していた東欧諸国は，
ソ連の勢力圏におかれることになった。

② チャーチルの「鉄のカーテン」演説に対して，スターリンがそれを
非難する見解を発表して，大国間の対立が深まっていった。

③ アメリカでは，トルーマン・ドクトリンが発表され，マーシャル国
務長官が，ヨーロッパの復興と経済自立の援助計画を打ち出した。

④ 1948年にベルリンをめぐる対立が生じ，翌49年には，冷戦の象徴と
なるベルリンの壁が構築され，東西ドイツが分裂する事態に至った。

問5　米ソ関係

難易度★★★★

☑ 第二次世界大戦以後の米ソ関係についての記述として正しいものを，次の①～④のうちから一つ選べ。　　　　　(2003政経・追)

① 1945年のポツダム会談以後，アメリカのニクソン大統領がソ連を訪問するまで，東西間で首脳会談は開かれなかった。

② 1960年代に，ベルリンの壁が構築されたことを発端として，東西ベルリンにおいて米ソ両軍による直接的な軍事衝突が発生した。

③ 1970年代初頭にソ連の支援を受けて南北ベトナムが統一されると，ソ連と対立するアメリカはベトナムでの軍事行動を本格化させていった。

④ アメリカは，ソ連の核戦力に対抗して，1980年代前半に，レーガン大統領の下でSDI（戦略防衛構想）を打ち出した。

問6　ヨーロッパの民主化（東欧革命）

難易度★★★

☑ 1980年代のヨーロッパで起こった民主化についての記述として**誤っているもの**を，次の①～④のうちから一つ選べ。　　　　　(2006政経・本)

① チェコスロバキアで，「プラハの春」と呼ばれる運動が起こり，共産党政権が崩壊した。

② ポーランドで，自主管理労組「連帯」が自由選挙で勝利したことで，非共産勢力主導の政権が成立した。

③ ソ連で，ゴルバチョフ共産党書記長が，ペレストロイカやグラスノスチを提唱し，国内改革を推進した。

④ 東ドイツで，反政府デモが各地で起こり，社会主義統一党の書記長が退陣して，改革派が政権を引き継いだ。

問7　冷戦下の外交

難易度★★★★★

☐　東西冷戦下の諸大国間の外交についての記述として最も適当なものを，次の①〜④のうちから一つ選べ。 (2004政経・本)

① 1950年の朝鮮戦争の際，ソ連と中国が国際連合の安全保障理事会において拒否権を行使したため，アメリカは単独で軍事行動に踏み切った。

② 1950年代半ばに「雪解け」と呼ばれる東西間の緊張緩和の動きが見られたが，同年代末からベルリンをめぐる対立などが激化し，緊張緩和は停滞した。

③ 1960年代末にソ連の勢力圏にあったチェコスロバキアで改革運動が発生した際，アメリカはその動きを支援するために，直接の軍事介入を行った。

④ 1972年にアメリカのニクソン大統領が中国との国交樹立を実現した結果，中国とソ連との関係が悪化し，中ソ国境紛争に発展した。

問8　非同盟主義

難易度★★★★

☐　第1回非同盟諸国首脳会議に関連する記述として正しいものを，次の①〜④のうちから一つ選べ。 (2002政経・本)

① この会議では，インドのネルー（ネール）首相の尽力によって，開発援助委員会（DAC）が設置された。

② この会議は，当時のユーゴスラビアの首都であったベオグラードで開催された。

③ この会議での議論をきっかけとして，コメコン（経済相互援助会議）が発足した。

④ この会議では，キューバ危機における米ソの行動を非難する決議が採択された。

問9　冷戦の終結

難易度★★

☑ 冷戦終結前後の出来事についての記述として正しいものを，次の①
〜④のうちから一つ選べ。　　　　　　　　　　　（2001政経・追）

① 1985年にソ連の指導者となったフルシチョフは，ペレストロイカと
呼ばれる国内改革に着手し，外交面では緊張緩和政策を推進した。

② 1989年には，ヨーロッパでの東西分断の象徴であった「ベルリンの
壁」が崩壊し，翌年には東西ドイツが統一された。

③ 1991年の湾岸戦争では，国連安全保障理事会の5常任理事国が国連
憲章に定められた多国籍軍を指揮した。

④ 1991年には，ワルシャワ条約機構が解体し，ソ連と東欧諸国は新た
に独立国家共同体を組織した。

問10　国際紛争

難易度★★★

☑ 冷戦後の国際紛争への対応の例として最も適当なものを，次の①〜
④のうちから一つ選べ。　　　　　　　　　　　（2006政経・本）

① 国連総会の決議により，常設の国連軍が設置された。

② 国連安全保障理事会の決議により，多国籍軍の軍事行動が容認され
た。

③ EU（欧州連合）により，加盟国の領域内での軍事行動が行われた。

④ ASEAN（東南アジア諸国連合）により，平和維持活動が行われた。

☑　今日の国際関係をめぐる記述として正しいものを，次の①〜④のうちから一つ選べ。　　　　　　　　　　　　　　　　　（2003政経・本）

① 国連は加盟各国の分担金によって運営されているが，経済的理由や政治的理由によって分担金を滞納している国がある。

② 核兵器や環境問題に関する多数国間条約は，人類の命運を左右する重要性をもつので，非締約国にも適用される。

③ 公海自由の原則は，グロティウスの時代から成文の条約という形で規定されてきたが，第二次世界大戦後，国際慣習法として確立された。

④ NGO は国際社会のあり方に無視できない影響を与えるので，規模の大きな NGO には，国連総会の討議や表決に参加する権利が与えられている。

☑　核軍縮・核軍備管理に関する条約についての記述として**誤っているもの**を，次の①〜④のうちから一つ選べ。　　　　　　　（2002政経・追）

① 部分的核実験禁止条約は，大気圏内，宇宙空間および水中における核実験を禁止した。

② 核拡散防止条約（NPT）は，核保有国を当時すでに核兵器を保有していた国に限定するものであり，1990年代半ばに無期限に延長された。

③ 中距離核戦力（INF）全廃条約は，米ソの間で初めて本格的な核兵器の削減に成功した条約である。

④ 包括的核実験禁止条約は，爆発を伴わない実験を含むあらゆる核実験の禁止を定めた。

問13 軍縮　　難易度★★★★

☑ 次の**ア〜ウ**は，第二次世界大戦後の軍備管理や軍縮への動きの中から三つの事例をあげたものである。これらの会議・条約について，開催または締結された年代の古い順に配列されているものを，次の①〜⑥のうちから一つ選べ。　　　　　　　　　　　　　　（2001政経・追）

ア 第1回国連軍縮特別総会
イ 中距離核戦力全廃条約
ウ 部分的核実験停止（禁止）条約

① アーイーウ　　　　　② アーウーイ
③ イーアーウ　　　　　④ イーウーア
⑤ ウーアーイ　　　　　⑥ ウーイーア

問14 国際紛争　　難易度★★★

☑ 国際紛争の事例についての記述として**誤っているもの**を，次の①〜④のうちから一つ選べ。　　　　　　　　　　　　　　（2005政経・追）

① 北アイルランドでは，イギリスからの独立を求めるカトリック系住民と，プロテスタント系住民との間で，対立や紛争が繰り返されてきた。
② チェチェンでは，宗教の違いからロシア連邦からの独立を求めて，ロシア軍との間で武力衝突が生じた。
③ イスラエルでは，パレスチナ帰属問題をめぐって，ユダヤ教徒とキリスト教徒との間で紛争が起きた。
④ 旧ユーゴスラビア連邦では，チトー大統領の死後，宗教や民族の違いによる紛争が生じ，連邦解体へと発展した。

問15　地域紛争

☐　次の地図は第二次世界大戦後に発生した，いくつかの地域紛争の位
置を記したものである。地図上の紛争地点 **A ～ D** で起きた紛争につい
ての記述として正しいものを，以下の①～④のうちから一つ選べ。

（2003政経・追）

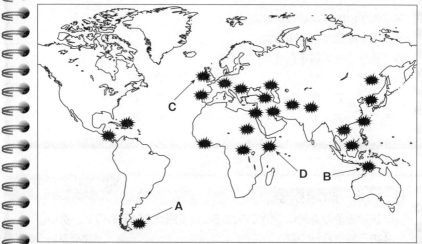

①　地点 **A** の紛争は，この地域の大国の一つが，植民地時代にフランス
に占領されたままの，近くの島の返還を求めて占領したことに始まる。

②　地点 **B** では，軍事介入していた隣国の核超大国が撤退した後，民族
や宗教の違いなどから内戦が激化した。

③　地点 **C** では，それまで国をもたなかった民族が第二次世界大戦後に
国家を建設し，４次にわたる戦争を経て和平が模索された。

④　地点 **D** の紛争では，国連の PKF（平和維持軍）が派遣されたが，
内戦の複雑な状況に巻き込まれ，事態の収拾に失敗した。

問16　世界の紛争や対立

難易度★★★

☑　世界における紛争や対立をめぐる1990年代以降の出来事についての記述として**誤っているもの**を，次の①〜④のうちから一つ選べ。

(2002政経・本)

① 1993年には，パレスチナ問題において，暫定自治の原則に関する合意が成立した。

② チェチェン問題では，独立を求めるチェチェン人勢力とイラク政府との間で和平協定が成立したが，その後，再び武力衝突が起こった。

③ コソボ紛争におけるNATO（北大西洋条約機構）軍の空爆をめぐって人道的介入の是非に関する議論が起こった。

④ 2000年には，大韓民国と朝鮮民主主義人民共和国との間で，最高首脳による初めての会談が開催された。

問17　地域紛争

難易度★★★★★

☑　次の表は「地域紛争名」と直接に軍事力を行使した主要な「紛争当事国名」の組合せを示したものである。両者の組合せとして**誤っているもの**を，次の①〜④のうちから一つ選べ。

(2004政経・本)

	地域紛争名	紛争当事国名
①	アフガニスタン侵攻（1979年）	アフガニスタン，イラン，中国
②	カシミール問題（1947年）	インド，パキスタン
③	湾岸戦争（1991年）	アメリカ，イギリス，イラク，クウェート，サウジアラビア
④	スエズ動乱（1956年）	イギリス，イスラエル，エジプト，フランス

(注)　それぞれの地域紛争名の後の西暦年は紛争の開始年である。

問18　強制と抑止

☑　強制と抑止は，外交において相手国に影響力を行使する際における二つの形態である。強制とは，「自国が望む行動を相手国にとらせること」であり，抑止とは，「自国が望まない行動を相手国がとらないようにすること」であると定義する。抑止の事例として最も適当なものを，次の①～④のうちから一つ選べ。　　　　（2004政経・本）

① ソ連がミサイルをキューバに搬入したのに対し，アメリカは海上封鎖を行い軍事侵攻の準備を進め，キューバからのミサイル撤去を実現させた。

② アルゼンチンがイギリス領有のフォークランド諸島を占領したのに対し，イギリスは軍事力を使って，アルゼンチン軍を撤退させた。

③ セルビアの自治州だったコソボで独立をめぐる対立が激化すると，紛争解決のためにNATO（北大西洋条約機構）は軍事介入を行い，停戦を実現させた。

④ アメリカとソ連の両国は，相手国が核兵器による先制攻撃を行わないよう，仮に攻撃されても反撃できるだけの十分な核兵器を保有した。

問19　人間の安全保障

☑　「人間の安全保障」の観点からは，脅威にさらされている個人一人一人の視点を重視する対外政策が推進される。このような対外政策の例として最も適当なものを，次の①～④のうちから一つ選べ。（2007政経・本）

① 国際空港や高速道路などの基盤整備のために，ODA（政府開発援助）を供与する。

② 地域の平和と安全を確保するために，地域的取決めの締結や地域的機構の設立を推進する。

③ 貧困対策，保健医療，難民・国内避難民支援などの分野におけるプロジェクトを支援するために，基金を設置する。

④ 国際法に違反した国家に対し，より迅速かつ柔軟に軍事的措置をとるために，国連（国際連合）安全保障理事会の機能を強化する。

問20　マイノリティと政治　難易度★★★★

☑　一つの国家内で複数の民族が共存を達成するための政策として，最近では多文化主義が考慮されるようになっている。その特徴として，少数民族のもつ独自の文化などの価値を認め，そのような差異を配慮することが平等のために必要だとする「承認の政治」の考え方が登場したことがあげられる。「承認の政治」の例として**適当でないもの**を，次の①～④のうちから一つ選べ。　　　　　(2003政経・本)

① 少数民族が独自の自治政府を設立し，一定の範囲で自分たちにかかわる事柄を決定する権利を認める。

② 少数言語を使用する個人が公用語を習得するのを援助し，一定の習得度に達した者に，参政権や市民権を与える。

③ 保護されている野生動物のうち，少数民族が伝統的に捕獲してきた種については，その民族に限って捕獲を認める。

④ 少数民族の子どもたちが通う公立学校で，少数民族の歴史や民間伝承などを教える授業を設ける。

問21　個人が有する権利や義務　難易度★★★★★

☑　国際社会の中で個人が有する権利や義務についての記述として**誤っているもの**を，次の①～④のうちから一つ選べ。　　　　　(2003政経・本)

① 第二次世界大戦中に受けた被害の補償を求めて，日本の旧植民地支配地域などの人々から，日本政府に対する訴えが提起されている。

② ビキニ環礁での核実験で被災した個人の訴えを受けて，国際司法裁判所は核実験を行った国に対して，損害賠償をするよう命じた。

③ 人権関係の条約には，人権を侵害された被害者が国際機関や国際裁判所に訴えることを認めるものがある。

④ 旧ユーゴスラビアの紛争に関して，残虐行為を行った責任者を処罰するために，特別の国際刑事裁判所が設置された。

問22　難民問題

☑　国際紛争の結果として難民問題が生じている。難民問題に関連する記述として**誤っているもの**を，次の①～④のうちから一つ選べ。

（2002政経・本）

① 難民問題に対処するため国連によって設置された機関として，UNHCR（国連難民高等弁務官事務所）がある。

② 「難民の地位に関する条約」で難民と定義される者の中には，生活苦などの経済的理由で母国を離れた人々が含まれる。

③ 「国境なき医師団」などのNGO（非政府組織）が，難民の国際的救援に貢献している。

④ 日本への難民の受け入れについては，「出入国管理及び難民認定法」にその規定がある。

共通テストの新傾向を探る!!

テーマ5 「核兵器に関する条約について（時事問題）」

Question

☐ 核兵器に関する条約についての記述として正しいものを，次の①〜④のうちから一つ選べ。 （2018試行調査・政経）

① 核兵器拡散防止条約は，すべての締約国による核兵器の保有を禁止している。

② 部分的核実験禁止条約は，地下核実験を禁止している。

③ 包括的核実験禁止条約は，核爆発を伴わない未臨界実験を含む，すべての核実験を禁止している。

④ 核兵器禁止条約は，核兵器の使用のほか，核兵器を使用するとの威嚇を禁止している。

問1　経済思想

難易度★★

次の文章中の　A　～　C　に入る人名の組合わせとして最も適当なものを次の①～⑥のうちから一つ選べ。　　　　　　　　　（2004政経・追）

18世紀後半にイギリスで確立した資本主義経済に理論的根拠を与えたのは　A　である。さらに19世紀初めには　B　が比較生産費説によって自由貿易の利点を唱えた。この思想には後発国の反発が強く，同時代のリストは国内産業保護の観点から，保護貿易を主張した。また，資本主義が生んだ貧困や失業などの矛盾を批判する社会主義思想が生まれた。とくにマルクスは19世紀の資本主義を批判する経済思想を体系化した。

20世紀に入り，1929年に端を発する世界恐慌によって人々は，自由主義の弊害に関心をよせ，　C　は政府が積極的に経済に介入する修正資本主義を提唱し，のちに先進国の経済政策の基礎となった。

① A ケインズ　　　B リカード　　　　C アダム・スミス
② A ケインズ　　　B アダム・スミス　C リカード
③ A リカード　　　B ケインズ　　　　C アダム・スミス
④ A リカード　　　B アダム・スミス　C ケインズ
⑤ A アダム・スミス　B ケインズ　　　C リカード
⑥ A アダム・スミス　B リカード　　　C ケインズ

第8章

第9章

第10章

第11章

第12章

第13章

必ず読もう！ 完成講義 第8章

問2　ケインズ理論

難易度★★

☑　ケインズの考えに沿った景気対策についての記述として最も適当なものを，次の①～④のうちから一つ選べ。　（2003政経・追・改題）

①　深刻な不況は総需要と総供給の不均衡によって生じるので，政府の介入を避け，市場の調整メカニズムを重視して不均衡を是正すべきである。

②　不況の原因は企業の生産コストが高すぎることにあるから，賃金の引下げによって，有効需要を拡大すべきである。

③　マネーストック（通貨供給量）を管理することによって，物価を安定させておけば，特別な景気対策は不要である。

④　不況期には，一時的に財政赤字が拡大して国債発行が増えても，有効需要の創出に努めるべきである。

問3　修正資本主義

難易度★★★

☑　修正資本主義的政策およびその批判をめぐる記述として**誤っている**ものを，次の①～④のうちから一つ選べ。　（2004政経・追）

①　イギリスでは，大きな政府による社会保障支出の増大と下方硬直的な賃金に批判が高まり，1970年代末に保守党のサッチャー政権が成立した。

②　1970年代には，インフレーションと景気の停滞が並存するというスタグフレーションが，先進諸国において広くみられた。

③　アメリカでは，1960年代末から1970年代にかけて裁量的な財政・金融政策への批判が高まり，マネタリストの主張がその後の政策に影響を与えた。

④　アメリカのレーガン政権は，規制緩和を中心とした一連の経済の自由化政策を行い，これにより1980年代後半には連邦財政が黒字化した。

問4　社会主義経済

☑ 20世紀末に生じた社会主義諸国の市場経済化をめぐる記述として正しいものを，次の①〜④のうちから一つ選べ。　(2003政経・追)

① 中国では，改革・開放政策への転換以降，急速に貿易が拡大し，1990年代後半に大幅な貿易収支黒字を実現した。

② 1990年代の東欧諸国は，コメコン（経済相互援助会議）のもとで地域的経済協力を進めながら市場経済化を推進した。

③ 1990年代後半に，北朝鮮は「ドイモイ（刷新）」政策をスローガンに掲げて，集権的管理体制の是正に乗り出した。

④ ロシアでは，1990年代末，プーチン大統領が，共産党一党支配を維持したまま市場経済化を進めた。

問5　経済主体

次の図は企業・家計・政府の相互関係を示したものである。図中の矢印**A〜C**とその説明**ア〜ウ**との組合せとして正しいものを，下の①〜⑥のうちから一つ選べ。　(2006政経・本)

ア 労働力・資本・土地といった生産要素を供給する。
イ 公共財や公共サービスを提供する。
ウ 租税を支払い，財やサービスを販売する。

①	A—ア	B—イ	C—ウ
②	A—ア	B—ウ	C—イ
③	A—イ	B—ア	C—ウ
④	A—イ	B—ウ	C—ア
⑤	A—ウ	B—ア	C—イ
⑥	A—ウ	B—イ	C—ア

第8章

第9章

第10章

第11章

第12章

第13章

必ず読もう！　完成講義　第8章

問6　公共財

難易度★★

☑　国・地方自治体によって提供される財・サービスに，公共財と呼ばれるものがある。公共財とは，多くの人が同時に消費でき，かつ，代金を支払わない人をその消費から排除することが難しいという性質をもつ財・サービスを指す。公共財の性質をもつ財・サービス提供の例として最も適当なものを，次の①〜④のうちから一つ選べ。（2007政経・本）

① 街路樹の管理　　　　　　② 住宅の提供

③ 電力の供給　　　　　　　④ 怪我の治療

問7　関税政策と需給曲線

難易度★★★

☑　次の図は，国内で自給していた財について，その均衡価格以下の国際価格で輸入が可能になったときに，生産量や輸入量などがどのように変化するかを示している。まず，国内で自給していたときには，価格 P_0，数量 Q_0 で均衡していた。次に，国際価格 P_1 で無関税かつ無制限の輸入が可能になった結果，国内価格が P_1，国内需要量が Q_1 に変化した。この新たな均衡点に達したときの国内生産量，輸入量の組み合わせとして正しいものを，以下の表の①〜④のうちから一つ選べ。（2005政経・本）

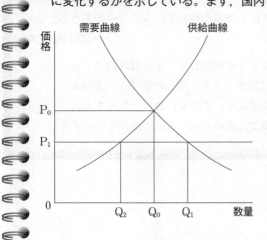

	国内生産量	輸　入　量
①	0	Q_1
②	Q_2	$Q_1 - Q_2$
③	Q_0	$Q_1 - Q_0$
④	Q_1	0

問8　市場

☑ 独占や寡占が進展した市場についての記述として**適当でないもの**を，次の①〜④のうちから一つ選べ。　(2005政経・本)

① 価格競争よりも，デザインや宣伝などの非価格競争が重視されるようになることがある。

② 技術の進歩や生産の合理化などによって生産費が下落しても，価格が下がりにくくなる。

③ 企業の市場占有率（マーケットシェア）が流動的で，市場占有率第一位の企業が頻繁に変わりやすくなる。

④ 有力な企業がプライスリーダー（価格先導者）として価格を決定し，他の企業がそれに従うことがある。

問9　非価格競争

☑ 非価格競争の例として最も適当なものを，次の①〜④のうちから一つ選べ。　(2007政経・本)

① 同業他社との間でカルテルを締結して，生産量の割当てを行う。

② 人気タレントをCMに出演させて，製品の販売拡大を図る。

③ 他社と同じ性能をもつ製品を，より安い値段で発売する。

④ 政府の決めた公定価格で，決められた規格の商品を販売する。

問10 多国籍企業の進出

☑ 世界経済の一体化とともに，企業の活動範囲も世界規模で拡大した。企業が外国に進出する理由として**適当でないもの**を，次の①～④のうちから一つ選べ。 (2007政経・本)

① 進出先の国における法人税率の引上げ

② 進出先の市場における販路の拡大

③ 進出先における低賃金労働力の利用

④ 進出先の政府が提供する経済特区の利用

問11 株式会社

☑ 株式会社についての記述として最も適当なものを，次の①～④のうちから一つ選べ。 (2005政経・本)

① 株式会社は，経営に参加する無限責任社員で構成されており，有限責任社員はいない。

② 株式会社の最高議決機関は，株主総会である。

③ 株主総会では，所有株数にかかわらず，株主に対して一人一票の議決権が与えられる。

④ 株式会社では，監査役が日常の経営の主な決定を行う。

共通テストの新傾向を探る!!

テーマ6 「需要の価格弾力性［発展学習］」

Question

▢ 次の文章と図について，　X　・　Y　に当てはまる語句の組合せとして最も適当なものを，下の①～④のうちから一つ選べ。(2018試行調査・政経)

　まず，需要曲線のシフトについて説明します。図1を見てください。Dは当初の需要曲線，Sは供給曲線です。需要曲線がその財の価格以外の要因により移動することを需要曲線のシフトといいます。ある財の人気が高まり，この財の需要が増えた場合，図1のDが　X　にシフトします。

　次に，需要曲線の傾きについて説明します。需要曲線の傾きは，価格の変動によって，財の需要量がどれほど変化したかを示します。たとえば，生活必需品の場合，価格が高くなってもそれほど需要量は減らないし，逆に安くなっても需要量が急激に増えることにはなりません。一方，贅沢品の場合，価格の変化に応じて需要量は大きく変化することになります。図2を見てください。D_3かD_4のどちらかが生活必需品であり，もう一方が贅沢品であるとすると，生活必需品を示す曲線は，　Y　です。

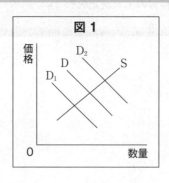

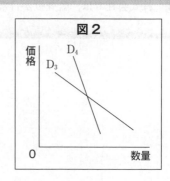

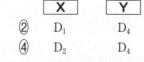

		X	Y			X	Y
①		D_1	D_3	②		D_1	D_4
③		D_2	D_3	④		D_2	D_4

国民所得と経済成長

第8章

第9章

第10章

第11章

第12章

第13章

必ず読もう！ 完成講義 第9章

問1 経済指標（オリジナル）

難易度★★★

国民経済における指標の説明として正しいものを，次の①〜④のうちから一つ選べ。

① 国富はある時点での残高で示されるストックの指標であり，対外純資産と国内の金融資産を計上する。

② 国民所得は一定期間の付加価値の合計などから算出されるが，生産面，分配面，支出面からみると，景気過熱期には支出が多くなるので支出面からみた支出国民所得が最も大きな値をとる。

③ 国富は実物資産などの合計であり，その大きさが国民所得に影響することはない。

④ 分配面からみた国民所得の内訳では，現在雇用者報酬の値が最も大きい。

問2 GDP

難易度★★★★

GDPについての記述として正しいものを，次の①〜④のうちから一つ選べ。

(2004政経・本)

① GDPとは，国内で活動する経済主体が供給した財やサービスの総額から，中間生産物の価額を差し引いたものである。

② GDPとは，ある国の国民が一定期間に生み出した最終生産物の価額を合計したものである。

③ GDPとは，ある国の一定期間におけるGNPに，同じ期間における海外からの純所得を加えたものである。

④ GDPとは，NNP（国民純生産）に，機械設備や建物など固定資本の減価償却分を加えたものである。

問3 付加価値

▢ 農場がりんごをジュースメーカーに売り，ジュースメーカーが販売会社にジュースを売り，販売会社が消費者にジュースを最終的に売るとしよう。次の表の数値例をもとにし，減価償却をゼロとした場合に，このりんごジュースの生産・販売の過程で，農場，ジュースメーカー，および販売会社において生み出された付加価値の合計として正しいものを，下の①～④のうちから一つ選べ。　　　　　　（2003政経・本）

	収　　入		支　　出		損　　益	
農　　場	りんご売上	100	肥料代 賃金	10 50	利潤	40
ジュース メーカー	ジュース売上	200	りんご仕入代 容器代 賃金	100 10 50	利潤	40
販売会社	ジュース売上	300	ジュース仕入代 運送会社への支払 賃金	200 10 50	利潤	40

① 120　　　② 270　　　③ 300　　　④ 600

第8章

第9章

第10章

第11章

第12章

第13章

問4　国民経済計算

☑　次の表は，ある年度の国内総生産（GDP）と国内総支出に関する統計表である。この表からわかる国民純生産（NNP）と経常海外余剰との組み合わせとして正しいものを，下の表の①～⑧のうちから一つ選べ。

（2002政経・追）

国 内 総 生 産		国 内 総 支 出	
雇用者所得	282	民間最終消費支出	305
営業余剰	90	政府最終消費支出	51
固定資本減耗	83	国内総固定資本形成	132
間接税	44	在庫品増加	−1
（控除）補助金	3	財貨・サービスの輸出	54
統計上の誤差	1	（控除）財貨・サービスの輸入	44
（合計）国内総生産	497	（合計）国内総支出	497

［参考］　海外からの要素所得	28
海外への要素所得	21

（注）　数値は名目値で，単位は兆円である。（控除）とある項目は合計する際に差し引くものである。

（資料）　経済企画庁編『国民経済計算年報』（平成12年版）により作成。

	国 民 純 生 産	経 常 海 外 余 剰
①	373兆円	黒　字
②	373兆円	赤　字
③	380兆円	黒　字
④	380兆円	赤　字
⑤	414兆円	黒　字
⑥	414兆円	赤　字
⑦	421兆円	黒　字
⑧	421兆円	赤　字

問5　国民所得

☑　国民所得を算出する上での「生産」とは**言えないもの**を，次の①～
④のうちから一つ選べ。

（2007政経・本）

①　慈善団体に雇われて事務を行う。
②　自分の家で自分が食べる料理を作る。
③　高等学校の先生が授業を行う。
④　税務署員が署内で税務相談に応じる。

問6　NNW とグリーン GDP（オリジナル）

☑　NNW とグリーン GDP に関する説明として正しいものを，次の①
～④のうちから一つ選べ。

①　NNW は福祉項目を NNP に付加し，非福祉項目などを控除するた
　め，非福祉項目よりも福祉項目が高い国ほど NNP よりも NNW の値
　は大きくなる。
②　グリーン GDP（EDP）は，国内の生産活動における環境破壊による
　生活の質の低下分を加えて GDP を算出する。
③　NNW には NNP や GDP に含まれていない家事労働が含まれている
　ので，NNW の値は NNP や GDP よりも大きな値となる。
④　労働時間の短縮により GDP が減少すると，NNW も必ず減少する。

第8章

第9章

第10章

第11章

第12章

第13章

問7 景気循環

☑ 景気循環と経済活動の変化との関係を，模式的に示す図として最も適当なものを，次の①〜④のうちから一つ選べ。 (2005政経・本)

①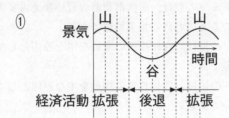

②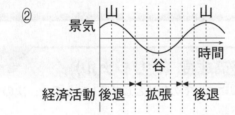

③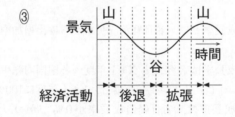

④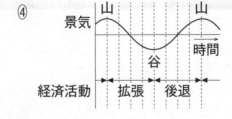

問8　景気循環の類型

☑　景気循環の類型についての記述として正しいものを，次の①〜④の
うちから一つ選べ。

（2001政経・本）

① コンドラチェフの波は，耐久消費財の買い換え需要の変動を主な原
　　因として起こるといわれる景気循環である。

② クズネッツの波は，在庫投資の変動を主な原因として起こるといわ
　　れる景気循環である。

③ ジュグラーの波は，設備投資の変動を主な原因として起こるといわ
　　れる景気循環である。

④ キチンの波は，住宅の建て替えなどの建設投資の変動を主な原因と
　　して起こるといわれる景気循環である。

問9　経済成長（オリジナル）

☑　経済成長率についての記述として正しいものを，次の①〜④のうち
から一つ選べ。

① インフレ時には，名目経済成長率より実質経済成長率の値の方が大
　　きくなる。

② 実質経済成長率とは，名目経済成長率から輸出増加率を差し引いた
　　ものである。

③ 名目経済成長率はX年度とX+1年度の各国国内総生産の値が同一
　　でかつ100％のインフレが生じた場合，X+1年度に100％となる。

④ 実質経済成長率は，名目経済成長率が0％でかつ，5％のデフレ
　　が生じた場合，名目経済成長率よりも値が大きくなる。

共通テストの新傾向を探る!!

テーマ7 「三面等価の原則」

Question

☑ 次の図は，2014年の日本経済を三面から捉えたものである。たとえ
ば，図中の**ウ**は　**X**　から見た　**Y**　を示す。**X**・**Y**に当ては
まるものの組合せとして正しいものを，下の①～⑥のうちから一つ選べ。

(2018試行調査・政経)

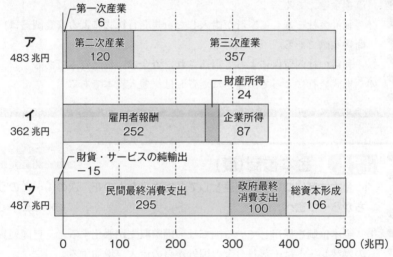

(注) 図の数値の単位は兆円。合計は，四捨五入の関係で一致しない場合がある。
〔出典〕 内閣府 Web ページにより作成。

	X	Y
①	生産面	国内総生産（GDP）
②	生産面	国民所得（NI）
③	分配面	国内総生産（GDP）
④	分配面	国民所得（NI）
⑤	支出面	国内総生産（GDP）
⑥	支出面	国民所得（NI）

第 10 章

金融・財政

問1　資金調達

難易度★★★

□　企業の資金調達の方法についての記述として正しいものを，次の①
〜④のうちから一つ選べ。　　　　　　　　　　　　　　（2006政経・本）

① 同じ企業集団に属するメインバンクからの借入れによる資金調達は，
直接金融である。

② 証券会社を通して家計が購入した新規発行株式による資金調達は，
間接金融である。

③ 利益の社内留保によって調達された資金は，自己資本である。

④ 株式発行によって調達された資金は，他人資本である。

問2　金本位制（度）

難易度★★★

□　金本位制についての記述として最も適当なものを，次の①〜④のう
ちから一つ選べ。　　　　　　　　　　　　　　　　　（2004政経・追）

① 金本位制を採用している国では，国際収支が悪化すると，自国通貨
の為替レートは下落し，金の国外からの流入が増加する。

② 金本位制を採用している国では，中央銀行は自己の裁量によって自
由に通貨の発行量を調節することができる。

③ 金本位制は，金貨との兌換が約束されていない不換紙幣を発行する
システムであり，管理通貨制よりもデフレーションが起こりやすい。

④ 金本位制は，通貨価値の安定性が保たれるシステムであり，管理通
貨制よりもインフレーションが起こりにくい。

第8章

第9章

第10章

第11章

第12章

第13章

問3　銀行の信用創造

難易度★★★

☑　銀行の信用創造に関連して，次の表のように，銀行Aが，5,000万円の預金を受け入れ，支払準備率を10パーセントとして企業に貸し出すとする。さらにこの資金は，取り引きを経た後，銀行Bに預金される。銀行の支払準備率をすべて10パーセントで一定とすると，この過程が次々と繰り返された場合，信用創造で作り出された銀行全体の貸し出し金の増加額として正しいものを，以下の①〜④のうちから一つ選べ。

(2005政経・本)

銀行	預　金	支払準備金	貸出金
A	5,000万円	500万円	4,500万円
B	4,500万円	450万円	4,050万円
C	4,050万円	405万円	3,645万円
⋮	⋮	⋮	⋮

① 　2億5,000万円 　　　　　② 　3億5,000万円

③ 　4億5,000万円 　　　　　④ 　5億5,000万円

問4　中央銀行の役割

難易度★★★

☑　日本銀行が果たしている中央銀行としての役割についての記述として**誤っているもの**を，次の①〜④のうちから一つ選べ。

(2003政経・追・改題)

① 　日本銀行は，金融機関への貸し出しはもとより，金融機関以外の企業と家計にも直接に貸し出しを行っている。

② 　日本銀行は，景気の動向に応じて，政策金利を操作している。

③ 　日本銀行は，金融機関との間で国債などの有価証券の売買を行っている。

④ 　日本銀行は，日本銀行における口座を通じて銀行間の決済サービスを提供している。

問5　金融政策

☑　日本の金融全般に関連する記述として最も適当なものを，次の①〜④のうちから一つ選べ。　　　　　　　　　　　　　　　　（2002政経・本・改題）

①　日本銀行の「政府の銀行」としての役割は，市中銀行からの預金の受け入れや，市中銀行に対する貸し出しを行うことである。

②　最初の預金が1億円，支払準備率が5パーセントで，銀行からの貸出しがすべて再預金される場合，50億円の信用創造ができる。

③　銀行は，間接金融を行っている点では保険会社と同じであるが，要求払い預金を受け入れているという点で保険会社と異なる。

④　日本銀行の金融政策のうち，政策金利の引き上げ，および買いオペレーションは，いずれも市中銀行の貸し出しを抑制する効果がある。

問6　金融の自由化・金融ビッグバン

☑　日本における金融の自由化・国際化についての記述として**誤っているもの**を，次の①〜④のうちから一つ選べ。　　　　　　　　（2005政経・本）

①　アメリカを中心とする外国の銀行が日本へ進出するとともに，大手銀行どうしの合併など，金融業界の再編も進んだ。

②　投資家による自由な資金運用の促進を目的として，銀行と証券の業務分野が二分化された。

③　市中銀行が，預金金利を自由に設定できるようになった。

④　金融機関以外の一般企業が，銀行業などに参入するようになった。

問7　財政政策（オリジナル）

難易度★★★★

☑ 財政の機能に関する説明として最も適当なものを，次の①〜④のうちから一つ選べ。

① 民間企業が提供しない公共財を租税や国債を財源にして提供する。

② 裁量的財政政策によって累進課税や社会保障支出の増減により経済の安定化を図る。

③ 所得の再分配機能は主として間接税に強く働く。

④ 法人税は所得税よりも所得の再分配機能が期待できる税である。

問8　所得の再分配

難易度★★★★

☑ 国民の所得分配の不平等を是正するために政府がとりうる政策の例として**適当でないもの**を，次の①〜④のうちから一つ選べ。

(2001政経・本)

① 消費税の導入　　　　③ 所得税における累進税率の採用

② 雇用保険の整備　　　④ 生活困窮者に対する生活保護の充実

問9　課税の公平性

☑　課税の公平性には，「より高い負担能力をもつ者は，より高い負担をすべきである」という垂直的公平と，「同じ負担能力をもつ者は，同じ負担をすべきである」という水平的公平とが考えられる。この考え方に基づく課税の公平性についての記述として最も適当なものを，次の①〜④のうちから一つ選べ。　　　　　　　　　　　（2002政経・追）

①　全国民にそれぞれ同じ金額を納めさせる税を導入することは，垂直的公平に寄与する。

②　法人の所得に対して課税する法人税について，中小法人に法人税の軽減税率を適用することは，水平的公平に寄与する。

③　個人の所得に対して課税する所得税について，累進課税制度を採用することは，垂直的公平に寄与する。

④　給与のほか利子など異なる種類の所得がある場合，その合計にではなく，それぞれ分離して異なる税率で課税することは，水平的公平に寄与する。

問10　租税の構造

☑　税制と税収構造に関する記述として**適当でないもの**を，次の①〜④のうちから一つ選べ。　　　　　　　　　　　（2006政経・本）

①　税率一定の付加価値税は，累進所得税と比べ，ビルト・イン・スタビライザー機能が比較的大きいという特徴をもっている。

②　累進所得税は，税率一定の付加価値税と比べ，税負担の垂直的公平が達成されるという特徴をもっている。

③　日本の所得税では，給与所得者，自営業者，農業従事者の間で所得捕捉率に差があり，税負担の不公平の一因とされてきた。

④　シャウプ勧告では，直接税を中心に据えた税体系が提唱され，その後の日本の税制に大きな影響を与えた。

問11　日本の予算

難易度★★★★

☑ わが国の予算についての記述として正しいものを，次の①〜④のうちから一つ選べ。　(2002政経・追・改題)

① 一般会計予算は国会の議決を要するが，特別会計予算は国会の議決の対象になっていない。

② 第二の予算と呼ばれる財政投融資計画は，国会の議決の対象になっていない。

③ 国債発行には市中消化の原則があり，財政法の規定により，日銀が政府から直接国債を引き受けることになっている。

④ 建設国債の発行には，財政法の規定に対する例外を定める特例法の制定を必要としない。

問12　国債

難易度★★★

☑ 日本では，財政規律を重視する立場から，国債を発行し，消化する場合に制約を課してきた。日本の国債発行ならびに消化に対する制度的制約についての記述として最も適当なものを，次の①〜④のうちから一つ選べ。　(2006政経・本)

① 銀行資金が国債購入に充当されることで，民間投資にまわらなくなるのを防ぐため，発行される建設国債を直接購入するのは日本銀行に限られている。

② 国債発行については，赤字国債発行の原則があり，建設国債を発行する場合には，発行年度ごとに法律を制定することが義務付けられている。

③ 建設国債の発行は，公共事業などの投資的経費の財源を調達する場合に限って，国会で議決された金額の範囲内で認められている。

④ 人件費などの経常経費の財源を調達する赤字国債の発行は，財政運営の円滑化を図るという観点から，日本銀行引き受けの範囲内で認められている。

問13　財政収支

☐　次の表は，日本における国の一般会計の歳出と歳入との推移を示したものである。この表から読みとれる内容として正しいものを，下の①～④のうちから一つ選べ。　(2017政経・本)

(単位：兆円)

	1980年度	1990年度	2000年度	2010年度
歳　出	43	66	85	92
うち公債費	5	14	22	21
歳　入	43	66	85	92
うち公債金	14	6	33	44

(注)　数値は当初予算で，小数点以下を四捨五入している。また，公債費とは国債の元利払いを指し，公債金とは国債発行による収入を指す。

(資料)　財務省 Web ページより作成。

① 1980年度の公債依存度は20パーセント以下である。

② 1990年度の基礎的財政収支（プライマリーバランス）は黒字である。

③ 2000年度の基礎的財政収支（プライマリーバランス）は黒字である。

④ 2010年度の公債依存度は20パーセント以下である。

第11章

日本経済とその諸問題

問1　戦後復興期

難易度★★

☑ 日本の戦後復興期にとられた政策についての記述として最も適当なものを，次の①～④のうちから一つ選べ。 （2005政経・追・改題）

① 傾斜生産方式が採用され，石炭・鉄鋼などの重要産業に，生産資源が重点的に配分された。

② 農地改革の一環として，米の生産過剰に対処するために，他の作物への転作が奨励された。

③ 厳しい不況を克服するため，マーシャル・プランに基づき，マネーストックの増加を図った。

④ 財閥解体を進めるため，持株会社方式の強化を通じて，巨大企業の分割や企業集団の再編を行った。

問2　高度成長と経済政策

難易度★★★★

☑ 高度経済成長期以降，日本において実施された経済政策のうち，所得分配の不平等の是正を目的とした政策とは**いえないもの**を，次の①～④のうちから一つ選べ。 （2003政経・本）

① 労働の分野で，低賃金労働者について賃金の最低額を保障する最低賃金法が制定されたこと。

② 農業の分野で，食糧管理制度の下に，政府による米の買上価格が売渡価格を上回る水準に引き上げられたこと。

③ 中小企業行政の分野で，中小企業基本法の制定をはじめとして，中小企業に対する各種の支援制度が整備されたこと。

④ 金融行政の分野で，業務分野に関する規制をはじめとして，金融機関に対する競争制限的な規制が行われたこと。

問3　バブル経済

難易度★★★

☑　バブル経済に関連する記述として最も適当なものを，次の①～④の
うちから一つ選べ。 （2005政経・本）

①　バブル経済とともに，自動車や家電製品など生活関連の耐久消費財
の価格が急激に上昇するという「狂乱物価」と呼ばれる現象が生じた。

②　バブル経済の崩壊後，1990年代前半で，大規模な金融機関の経営破
綻は終息した。

③　1980年代後半以降の金融緩和によって増大したマネーサプライが，
土地や株式などの資産の購入に向けられ，不良債権問題の原因となっ
た。

④　太平洋沿岸に石油化学コンビナートが建設され，好景気が続く反面，
環境汚染などの諸問題も深刻化した。

問4　中小企業問題

難易度★★★★

☑　1990年代の中小企業の状況についての記述として**適当でないもの**を，
次の①～④のうちから一つ選べ。 （2002政経・追）

①　中核企業のリストラや退出が生じた企業城下町では，関連下請企業
のみならず，商業やサービス業などさまざまな業種の中小企業が打撃
を被った。

②　製造業では中小企業のリストラが進み，従業者数300人未満の事業
所の総従業者数は，製造業全体の総従業者数の6割を下回るように
なった。

③　1990年代半ばまで続いた大幅な円高とアジア諸国の安価な製品の流
入を背景に，国内・国外の製品市場で中小企業は激しい競争にさらさ
れた。

④　大企業を中心とした従来の系列関係が緩むなかで，取引先の範囲を
系列外に拡大する中小企業がみられた。

問5　農業問題・日本農業の動向　難易度★★★★

☑ 日本の農業を取り巻く環境に関連する記述として**誤っているもの**を，次の①〜④のうちから一つ選べ。　(2001政経・本・改題)

① 1999年に日本では，コメの輸入について関税化し，順次関税率を引き下げていくことが決定されている。

② 食料安全保障論に基づき政府は2025年までにカロリーベースの自給率を45パーセントに引き上げるとしている。

③ 日本の食料自給率は1960年代半ばをピークに下がり続け，現在ではカロリーベースで約30％となっている。

④ 1980年代後半に至って，日米間で懸案となっていた日本による牛肉・オレンジの輸入自由化が合意された。

問6　消費者問題・消費者保護制度　難易度★★★

☑ 消費者が不利益を被るのを防止するために，日本で現在（2017年現在）実施されている制度についての記述として**適当でないもの**を，次の①〜④のうちから一つ選べ。　(2006政経・本・改題)

① 訪問販売などで，消費者が購入申込みをして代金を支払った後でも，一定期間内なら契約を解除できるクーリング・オフ制度がある。

② 製造物の欠陥により消費者が損害を被った場合，製造業者が消費者に対して責任を負うPL法（製造物責任法）が制定されている。

③ 米の価格を安定させるため，政府が消費者米価を決定する食糧管理制度が実施されている。

④ 消費者への情報提供などを目的として，国民生活センターや消費生活センターが設立されている。

問 7　公害問題

難易度★★★★

☑ 公害や環境問題に対する国の取り組みについての記述として正しいものを，次の①～④のうちから一つ選べ。 （2002政経・追）

① 1967年に，公害対策基本法の成立とともに，環境庁が自然環境の保全の総合的推進を任務として設立された。
② 行政改革の一環として中央省庁が再編され，環境行政の強化のために環境庁は環境省となった。
③ 1993年の環境基本法の制定とともに，大気や水質の環境基準を設定する制度が廃止された。
④ 環境影響評価法（環境アセスメント法）が制定され，その開発が環境に及ぼした影響を評価する制度が整った。

問 8　公害問題・PPP の原則

難易度★★★★

☑ 「汚染者負担の原則（PPP）」に関する記述として適当でないものを，次の①～④のうちから一つ選べ。 （2003現社・本）

① 汚染者負担の原則は，先進国での公害の激化を背景にして，1970年代に OECD が提唱したものである。
② 汚染者負担の原則は，企業が汚染を発生させた場合には，汚染企業が被害を補償し，行政が公害防止費用を負担するという考え方である。
③ 汚染者負担の原則は，汚染物質の排出だけではなく，自然環境の利用や使用済製品の再商品化にかかわる費用負担にも適用される。
④ 汚染者負担の原則は，環境利用に伴う社会的費用を商品の価格に含め，企業を環境に配慮した経済活動へと誘導する手法として用いられる。

第8章

第9章

第10章

第11章

第12章

第13章

必ず読もう！ 完成講義 第11章

問9　公害問題・循環型社会

難易度★★★★

☑ 循環型社会形成推進基本法（2001年施行）に関する記述として最も適当なものを，次の①〜④のうちから一つ選べ。　　（2006現社・本）

① この法律は，天然資源の消費を抑制し，環境への負荷をできる限り低減する社会の実現を目指している。

② この法律では，排出者責任や拡大生産者責任の考え方について触れていない。

③ この法律を基本的枠組みとする家電リサイクル法は，使用済み家電製品を，製造業者が直接消費者より引き取り，再商品化するよう定めている。

④ この法律を基本的枠組みとするゼロ・エミッション法は，家庭内の廃棄物について規制しており，企業の生産システムについては規制していない。

問10　戦後日本経済総合

難易度★★★

☑ 「高度経済成長」の下で生じた社会問題を背景として制定された法律とは言えないものを，次の①〜④のうちから一つ選べ。

（2015政経・追）

① 独占禁止法

② 大気汚染防止法

③ 中小企業基本法

④ 農業基本法

共通テストの新傾向を探る!!

テーマ8 「戦後日本経済［年代問題］」

Question

☑ 「高度経済成長後の日本経済の動き」に関連して，次の**ア〜ウ**は，高度経済成長後の日本の出来事についてまとめたものである。これらを古いものから順に並べたとき，正しいものを，下の①〜⑥のうちから一つ選べ。 （2018試行調査・政経）

ア

企業などによる株式や土地への投資により資産バブルが発生し，日経平均株価が過去最高を記録した。

イ

アメリカのサブプライムローン問題などをきっかけとする世界金融危機の中で，日本経済は急激に悪化した。

ウ

金融機関が大量の不良債権を抱え，「貸し渋り」や大手金融機関の倒産が起こり，日本経済が低迷したこの時期は，「失われた10年」と呼ばれた。

① ア → イ → ウ
② ア → ウ → イ
③ イ → ア → ウ
④ イ → ウ → ア
⑤ ウ → ア → イ
⑥ ウ → イ → ア

第8章

第9章

第10章

第11章

第12章

第13章

第12章

労働問題・社会保障

問1　労働三法（オリジナル）　　難易度★★★★

☑　日本の労働をとりまく制度についての記述として正しいものを，次の①～④のうちから一つ選べ。

① 労働組合法により具体的最低賃金について規定されている。

② 労働組合法により，使用者委員と公益委員からなる労働委員会が争議の調整を行うことになっている。

③ 労働関係調整法によって，労働争議における民事上または刑事上の免責が規定されている。

④ 労働基準法が1997年に改正されたことにより，女性の深夜・祝日・時間外労働が自由化された。

問2　女子雇用の動向　　難易度★★★

☑　女子雇用に関連して，日本でも，いくつかの法律が制定されている。その内容についての記述として正しいものを，次の①～④のうちから一つ選べ。　　　　　　　　　　　　　　　　　　　　（2005政経・追）

① 男女雇用機会均等法は，女性の時間外・休日労働を禁止している。

② 男女雇用機会均等法は，女性労働者へのセクシュアルハラスメントの防止義務を事業主に課している。

③ 育児・介護休業法は，育児・介護休業期間における給与の支払いを事業主に義務づけている。

④ 育児・介護休業法は，その適用対象から男性を除外している。

問3　日本的経営

☑　日本的雇用慣行についての記述として最も適当なものを，次の①〜④のうちから一つ選べ。　　　　　　　　　　　　　　　　（2005政経・追）

①　終身雇用制の下では，本人の意に反する解雇を行うことはない。

②　年功序列型賃金の下では，同一年齢の従業員には同一賃金が支給される。

③　労働組合が主として企業別に組織されているため，企業利益の維持・拡大を前提とした労使協調が労働運動の基調となりやすい。

④　官僚の民間企業への天下りが多いため，従業員が昇進して管理職になるケースは少ない。

問4　日本の労働問題

☑　日本に見られる労働問題についての記述として誤っているものを，次の①〜④のうちから一つ選べ。　　　　　　　　　　　　　　（2016政経・本）

①　フルタイムで働いても最低生活水準を維持する収入を得られない，ワーキングプアと呼ばれる人々が存在している。

②　不法就労の状態にある外国人労働者は，労働基準法の適用から除外されている。

③　過剰な労働による過労死や過労自殺が，労働災害と認定される事例が生じている。

④　非正規労働者にも，待遇改善を求めて労働組合を結成する権利が認められている。

問 5　世界各国の社会保障制度の歴史　　難易度★★

□　世界各国の社会保障制度の歴史ついての記述として正しいものを，次の①～④のうちから一つ選べ。　　　　　　　　　（2009政経・本）

①　イギリスでは，世界で初めて社会保険制度が設けられた。

②　ドイツでは，「ゆりかごから墓場まで」をスローガンに社会保障制度が整備された。

③　アメリカでは，ニューディール政策の一環として社会保障法が制定された。

④　日本では，国民年金法によって社会保険制度が初めて設けられた。

問 6　社会保障・ベバリッジ報告　　難易度★★★★

□　ベバリッジ報告についての記述として正しいものを，次の①～④のうちから一つ選べ。　　　　　　　　　　　　　　（2004政経・追）

①　ベバリッジ報告では，社会保険の適用は，一定の所得以下の労働者に限定されねばならないとされた。

②　ベバリッジ報告では，最低限の生活保障を超える備えは，各人の自発的な行動に委ねられるべきであるとされた。

③　ベバリッジ報告では，社会保険の原則として，所得に比例した拠出によって給付が決められる能力主義を採用すべきであるとされた。

④　ベバリッジ報告では，社会保険ではなく，国民扶助（公的扶助）が社会保障の主要な手段であるとされた。

問7　日本の社会保障制度

☑　日本の社会保障制度の一つである社会保険についての記述として正しいものを，次の①〜④のうちから一つ選べ。　　　　　　　　　（2004政経・本）

① 自営業者・農業者などについても医療保険料の負担を公平にするために，国は国民健康保険を一元的に運営している。

② 1986年から国民年金は，財源方式を積立方式から賦課方式に転換するため20歳以上の全国民が加入する基礎年金へと改められた。

③ 公務員などは，共済年金を運営する共済組合に加入しているが，医療保険については健康保険組合に加入している。

④ 70歳以上の高齢者は，介護保険の一部である老人保健制度の適用を受けている。

問8　介護保険法

☑　日本の介護保険法についての記述として**適当でないもの**を，次の①〜④のうちから一つ選べ。　　　　　　　　　　　　　　　（2002政経・本）

① 介護保険法では，保険料は40歳以上の国民から徴収される。

② 介護保険法に定められた，訪問介護などの在宅サービス事業は，指定を受けた民間企業も行うことができる。

③ 介護保険法では，65歳以上の高齢者の保険料は全国一律である。

④ 介護保険法に定められた介護サービスを利用するためには，申請の上，認定を受ける必要がある。

共通テストの新傾向を探る!!

第8章

第9章

第10章

第11章

第12章

第13章

テーマ9 「少子高齢化［資料読解問題］」

Question

☑ 「少子高齢化と日本の将来」に関連して，次の会話文を読み， X ・ Y に当てはまるものの組合せとして最も適当なものを，下の①〜④ のうちから一つ選べ。 (2018試行調査・政経)

生徒G：**図1**には，日本の人口の推移が描かれていて，たとえば2010年と 2060年を比べると，2060年の老年人口は増えると予想されていま す。**図2**を見ると，総人口に占める老年人口の割合が増えるのも わかります。

生徒A：質問ですが，**図1**では，その50年間で，生産年齢人口は確かに 減っていますが，**図2**の X の割合を見ると，総人口に占める 生産年齢人口の割合はそんなに減っていないですよね。これは， 社会を支える働き手の負担はそれほど大きくは変わらないと考え てよいのですか。

生徒G：どうかなあ。**図3**の Y の指数を見ると，これは生産年齢人口 100人に対して老年人口が何人になるのかを読みとれる指標ですが， 同じ期間に，大幅に上昇しています。予想されるこうした状況が， 将来，働き手の扶養負担が大きく増えて本当に大丈夫なのかと いった不安にもつながっているようです。

生徒B：どちらの指標も元は同じ統計から計算されているのですよね。そ れなのにどの指標を使うかで将来のイメージが大きく違ってくる のは不思議ですね。

	X	Y
①	ア	a
②	ア	b
③	イ	a
④	イ	b

〔出典〕 次ページ図1〜3は，2010年までは 総務省「国勢調査人口」，2020年以 降は国立社会保障・人口問題研究所 「将来推計人口」（中位推計）により 作成。

図1　日本の年少人口，生産年齢人口，老年人口の推移

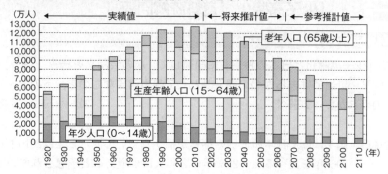

図2　日本の年少人口，生産年齢人口，老年人口の割合の推移

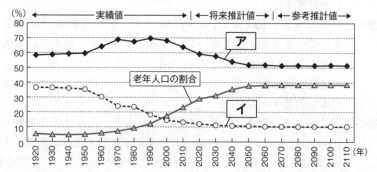

図3　日本の年少従属人口指数，老年従属人口指数，従属人口指数の推移

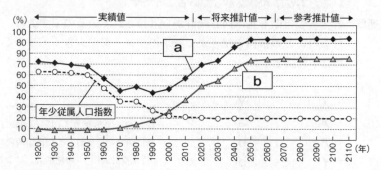

（注）　年少従属人口指数は，生産年齢人口100に対する年少人口の比。

　　　老年従属人口指数は，生産年齢人口100に対する老年人口の比。

　　　従属人口指数は，生産年齢人口100に対する年少人口と老年人口を合わせた比。

第13章

国際経済と人類の諸課題

問1　国際復興開発銀行

難易度★★★★

☐　国際復興開発銀行についての記述として最も適当なものを，次の①〜④のうちから一つ選べ。

(2005政経・本)

① 第二次世界大戦前，アメリカのウォール街の株価暴落に端を発した世界恐慌に対処し，世界経済を復興させるために設立された。

② 第二次世界大戦後，IMF（国際通貨基金），GATT（関税と貿易に関する一般協定）とともに，世界経済の復興や発展に尽力した。

③ 国際連合（国連）の専門機関ではないが，国連の指導の下で発展途上国の開発のための融資を行っている。

④ 当初は活動の重点を発展途上国の開発援助においていたが，現在では先進国の失業対策においている。

問2　国際通貨体制

難易度★★★

☐　国際通貨体制についての記述として**誤っているもの**を，次の①〜④のうちから一つ選べ。

(2001政経・追)

① ドルを基軸通貨とするIMF（国際通貨基金）体制は，1944年のブレトンウッズ協定に基づいて成立した。

② 円やマルクは，1971年のスミソニアン協定に基づいて，ドルに対して切り上げられた。

③ 1973年2月には，ドル危機を背景にして主要国は変動相場制へと切り替え日本も変動相場制へ移行した。

④ 1985年のプラザ合意において，協調してドル安を是正することが合意された。

問3 為替メカニズム①

☑ 円高の進行によって，日本企業の海外への事業展開は拡大した。その理由として最も適当なものを，次の①～④のうちから一つ選べ。

(2007政経・本)

① 海外へ投資する際にかかるコストが低下した。
② 海外からの輸入が減少した。
③ 海外へ輸出する際にかかるコストが低下した。
④ 海外からの投資が増加した。

問4 為替メカニズム②

☑ ドルに対する円の為替相場を上昇させる要因として最も適当なものを，次の①～④のうちから一つ選べ。

(2006政経・本)

① 日本からアメリカへの輸出が増加する。
② アメリカの短期金利が上昇する。
③ 日本銀行が外国為替市場で円を売り介入を行う。
④ 投資家が将来のドル高を予想して投機を行う。

問5　為替メカニズム③

難易度★★★★★

☑ ドル相場の大幅な下落に関連する記述として**誤っているもの**を，次の①〜④のうちから一つ選べ。 (2005政経・本)

① アメリカ経済にとって，ドル安の進行は，輸入品の価格を引き下げる要因となるため，物価下落要因となる。

② ドル安の進行は，アメリカ企業の輸出競争力を強める要因となる。

③ 1ドル＝150円から1ドル＝100円への変化は，円高ドル安である。

④ アメリカの経常赤字が大幅に増大していても，経常赤字を上回る海外からの資本流入があれば，ドル安が進行するとは限らない。

問6　国際収支（オリジナル）

難易度★★★★★

☑ 次の表は，2016年における日本の国際収支を示したものである。この表から計算した経常収支として正しいものを，以下の①〜④のうちから一つ選べ。

貿易収支	5.6
サービス収支	−1.1
第一次所得収支	18.0
第二次所得収支	−2.1
資本移転等収支	−0.7
金融収支	29.0
誤差脱漏	9.3

(注) 単位は兆円。

① 4.5兆円の黒字　　② 4.9兆円の黒字

③ 20.4兆円の黒字　　④ 22.5兆円の黒字

問7　比較生産費説

次の表は，A，B各国で，工業製品と農産品をそれぞれ1単位生産するのに必要な労働者数をあらわす。これらの生産には労働しか用いられないとする。また，各国内の労働者は，この二つの産業で全員雇用されるとする。この表から読みとれる内容について，下の文章中の　ア　，　イ　に入る語句の組合せとして正しいものを，下の①〜④のうちから一つ選べ。

（2011政経・政経・本）

	工業製品	農産品
A 国	2人	4人
B 国	12人	6人

　いずれの産業においても A 国は B 国よりも労働生産性が　ア　。ここで農産品の生産を A 国が1単位減らし B 国が1単位増やすとする。すると生産量の両国の合計は，農産品では変わらないが工業製品については　イ　増える。

① 　ア　高い　　イ　1.5単位　　　② 　ア　低い　　イ　1.5単位

③ 　ア　高い　　イ　0.5単位　　　④ 　ア　低い　　イ　0.5単位

問8　国際貿易

国際貿易に関連する記述として最も適当なものを，次の①〜④のうちから一つ選べ。

（2002政経・本）

① 　貿易の自由化を促進する手段の一つとして，非関税障壁が設けられることがある。

② 　世界的にみると，国際的な資本取引の総額は，貿易取引の総額より大きくなっている。

③ 　発展途上国にみられる輸出加工区は，外国企業の進出を制限し，自国企業独自の輸出活動を促進することを目的に設置されている。

④ 　一国の輸入品の価格に対して輸出品の価格が上昇すると，その国の交易条件は悪化する。

問9　政府開発援助（ODA）

難易度★★★★

☑ 2000年代の政府開発援助（ODA）についての記述として最も適当なものを，次の①〜④のうちから一つ選べ。　(2002政経・本・改題)

① 日本のODAに占める無償援助（贈与）の割合は，開発援助委員会（DAC）諸国の平均水準であった。

② 日本のODAの対国民総所得（GNI）比は，DAC諸国の中でもアメリカに次いで第2位の高い水準であった。

③ 日本政府は政府開発援助大綱を発表し，その中でODAを通じて人間の安全保障への取り組みを強化するという方針を表明した。

④ 日本のODAの有償援助の主要財源は，都市銀行など民間銀行からの借入れであった。

問10　自由貿易とグローバリズム

難易度★★★★

☑ 自由貿易の推進についての記述として**誤っているもの**を，次の①〜④のうちから一つ選べ。（改題）　(2002政経・追)

① GATT（関税および貿易に関する一般協定）を発展的に継承する形で，WTO（世界貿易機関）を設立することになった。

② アメリカとEUとの間で，農産物に対する輸出補助金政策をめぐって対立があった。

③ ウルグアイ・ラウンドでは，サービス貿易分野の協定についても合意が成立した。

④ ウルグアイ・ラウンドは，関税引下げのために行われた最初の多角的貿易交渉となった。

問11　南北問題（オリジナル）

☑　南北問題や世界経済の動向についての記述として正しいものを，次の①〜④のうちから一つ選べ。

① 南北問題の背景には，モノカルチャー経済に依存することによる，人口の減少によって労働力が不足したことがあげられる。

② 1970年代のオイルショックをきっかけに，南北問題を解決するための第一回 UNCTAD が開催された。

③ 1980年代から南米などで債務危機が起こったが，これは IMF による構造調整プログラムに起因しているといわれている。

④ 1990年代に入るとアラブ諸国を中心に資源ナショナリズムが高揚し，国連で NIEO 宣言が採択された結果，アラブ諸国とアメリカの対立が深まった。

問12　地域的経済統合（オリジナル）

難易度★★

☑　地域的経済統合についての記述として正しいものを，次の①〜④のうちから一つ選べ。

① 1960年代にシンガポールを中心にして ASEAN が結成された。

② 1990年代にメキシコを中心にして MERCOSUR が結成された。

③ 1980年代にオーストラリアの提唱により APEC が開催された。

④ 1990年代にアメリカとカナダによって NAFTA が結成された。

問13　地域経済統合（欧州）

難易度★★★

☑ ヨーロッパにおける地域的経済統合の歩みについての記述として**適当でないもの**を，次の①〜④のうちから一つ選べ。　（2006政経・本）

① ECSC（欧州石炭鉄鋼共同体）において，石炭と鉄鋼に関する単一市場の形成が目指された。

② EEC（欧州経済共同体）において，いくつかの例外を除いて，域外共通関税が撤廃された。

③ EC（欧州共同体）において，いくつかの例外を除いて，域内の非関税障壁が撤廃された。

④ EU（欧州連合）において，共通通貨ユーロが導入され，域内の通貨統合に向けて大きく前進した。

問14　地域経済統合

難易度★★★★

☑ 地域経済に関連する記述として正しいものを，次の①〜④のうちから一つ選べ。　（2002政経・追）

① 欧州連合条約（マーストリヒト条約）によって，EFTA（欧州自由貿易連合）が EC（欧州共同体）を吸収することになった。

② 中国は，台湾がすでに加盟していた APEC には加盟せず，WTO（世界貿易機関）への加盟を目指した。

③ アメリカとカナダの自由貿易協定に続き，メキシコを加えた 3 か国によって NAFTA（北米自由貿易協定）が発足した。

④ ASEAN（東南アジア諸国連合）は，インドシナ半島の緊張緩和をうけ，東南アジア諸国による自由貿易協定に基づいて設立された。

難易度★★★

☑　ユーロに関連する記述として正しいものを，次の①～④のうちから
一つ選べ。　　　　　　　　　　　　　　　　　　　　　（2001政経・追）

① ユーロを採用した EU 加盟国では，共通の金融政策が実施される。

② ユーロを採用した EU 加盟国は，ユーロ導入時に所得税の税率を統
一した。

③ ドイツ連邦銀行が欧州中央銀行となり，ユーロの発行を担うことに
なった。

④ ユーロは，EU 以外の地域との取引に用いることはできない。

問16　アジア経済

難易度★★★★

☑　アジアの経済発展に関連する記述として**適当でないもの**を，次の①
～④のうちから一つ選べ。　　　　　　　　　　　　　　（2005政経・本）

① 2000年代初めに，中国は WTO（世界貿易機関）に加盟し，輸入関
税率の引き下げ，非関税障壁の撤廃などの措置をとることになった。

② 1990年代後半に，アジア NIES の中で，台湾が OECD（経済協力開
発機構）に加盟した。

③ 1980年代末に，日本，アメリカ，オーストラリアを含む環太平洋諸
国・地域は，APEC（アジア太平洋経済協力会議）を結成した。

④ 1970年代に，東南アジア諸国の一部の国では，開発独裁と呼ばれる
体制の下で，政府の強力なリーダーシップにより経済開発が推し進め
られた。

問17　京都議定書

難易度★★★

☑ 京都議定書についての記述として**誤っているもの**を，次の①～④のうちから一つ選べ。 (2002政経・追)

① 日本とアメリカは温室効果ガスの排出削減の具体的な数値目標義務を負ったが，EU（欧州連合）は強く反発し，義務を負わなかった。

② 発展途上国は，温室効果ガスの排出削減の具体的な数値目標義務を負わなかった。

③ 森林と農地はともに温室効果ガスの吸収源として認められた。

④ 温室効果ガスの排出権の売買が先進国間で認められた。

問18　環境政策

難易度★★★★★

☑ 地球環境保護のための取り組みについての記述として最も適当なものを，次の①～④のうちから一つ選べ。 (2006政経・本)

① 気候変動枠組条約によって，企業間で窒素酸化物の排出許容枠を売買する排出権取引が認められた。

② ISO（国際標準化機構）によって，組織が環境に配慮した運営を行っていることを認証するための規格が作られた。

③ 日本では，ゼロ・エミッションの考え方に基づいて，自動車の発する騒音を一定水準に抑えることがメーカーに義務づけられている。

④ 日本では，ナショナル・トラストの考え方に基づいて，自然の景観を維持するために国立公園内の工場建設が規制されている。

☑　世界的にみると，発展途上国における「飢餓」という問題がある。アフリカ諸国における飢餓の発生要因についての記述として**適当でないものを**，次の①〜④のうちから一つ選べ。　　　　　（2004政経・追）

① 　国民一人当たりの所得が低く，外国から食料を輸入する経済的余裕がほとんどない。

② 　戦争や紛争によって，難民が大量に発生したり，農作業に従事する労働力が不足したりすることがある。

③ 　一人当たりの耕地面積が縮小し，それを補う単位面積当たりの農産物収穫量の伸びがみられない。

④ 　モノカルチャー経済から脱却したため，生存のための食料生産に振り向けられる資源が少ない。

共通テストの新傾向を探る!!

テーマ10　「国際収支〔知識資料読解問題〕」

Question

☑　日本の国際収支についての以下のメモに関して述べた文として正しいものを，下の**a～c**からすべて選び，その組合せとして正しいものを，下の①～⑦のうちから一つ選べ。

（2018試行調査・政経）

日本の国際収支（2016年）	（億円）
貿易・サービス収支	43,888
貿易収支	55,176
サービス収支	−11,288
第一次所得収支	188,183
第二次所得収支	−21,456
資本移転等収支	−7,433
金融収支	282,764
直接投資	145,293
証券投資	296,496
外貨準備	−5,780
誤差脱漏	79,583

出典：財務省「国際収支状況」により作成。

a　経常収支は，黒字である。

b　経常収支，資本移転等収支，金融収支，誤差脱漏の額を合計すると，0になる。

c　第一次所得収支には，対外証券投資からの収益が含まれている。

① **a**　　② **b**　　③ **c**　　④ **a**と**b**
⑤ **a**と**c**　　⑥ **b**と**c**　　⑦ **a**と**b**と**c**

あとがき 「未来を変える君達に」

本当によく頑張った！

かつて高校時代の恩師に「一周解き終えた問題集は何冊ありますか？」と問われたとき。一冊もないことに気が付いた自分は，ブルブルと震えが止まらなかったことを覚えています。

「そうか。読むために解くのではなく，解くために読むんだ。」それから問題演習を並行しながら，受験というマラソンを走っていきました。

「解きながら暗記する」，**「解きながら理解する」**，**「解きながら傾向と解法を探る」**これが問題演習の醍醐味です。後はこの問題編で判明した弱点を，**メインの講義編を読む事で定着をはかってください**。必ず時期を夏まで，秋まで，直前までと分けて「3周する」ことを約束してください。最後に，未来を変える君達に次の言葉を贈ります。

「目標が　その日その日を　支配する　後藤静香」
「過去は変えられないかもしれない。しかし君の未来は変えられる。
畠山創」

【主な参考文献】
『倫理用語集』（山川出版），『倫理思想辞典』（山川出版），『哲学・思想事典』（岩波書店），『倫理資料集』（山川出版），『政治・経済用語集』（山川出版），『政治学事典』（弘文堂），『現代政治学小辞典』（有斐閣），『経済辞典』（有斐閣），『現代経済学事典』（岩波書店），『2022／2023日本国勢図会』（矢野恒太記念会），『2021／2022世界国勢図会』（矢野恒太記念会），「各種検定教科書」など

出題予想資料ベスト30

　共通テストの政経では，資料を提示し，その理解を問う出題が予想されます。そこで的中が狙えそうな資料30を厳選して掲載しました。さらにその資料で狙われそうな出題ポイントを明示しておきましたので，直前期に目を通しておきましょう。

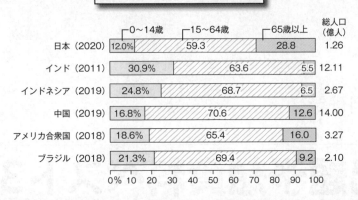

■ 年齢構成の国際比較 ■

	0〜14歳	15〜64歳	65歳以上	総人口(億人)
日本 (2020)	12.0%	59.3	28.8	1.26
インド (2011)	30.9%	63.6	5.5	12.11
インドネシア (2019)	24.8%	68.7	6.5	2.67
中国 (2019)	16.8%	70.6	12.6	14.00
アメリカ合衆国 (2018)	18.6%	65.4	16.0	3.27
ブラジル (2018)	21.3%	69.4	9.2	2.10

→→→　出題のポイント！

●日本の**高齢化**，インドの**0〜14歳**の多さと65歳以上が**5.5%**ほどである点。

■ 各国の年齢階級別人口構成 ■

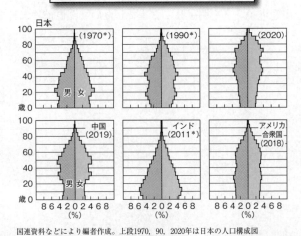

国連資料などにより編者作成。上段1970, 90, 2020年は日本の人口構成図

→→→　出題のポイント！

●人口構成図は一般的に，**富士山型→釣り鐘型→つぼ型**へと発展移行する。

●国が発展するほど**若年齢層の割合は低下**し，逆に**高年齢層は比率を高める**のが特徴。日本は近年，**逆ひょうたん型**となっている。

●インドの**ピラミッド型**，日本の**高齢化率の高さ**，中国は1980年代の**一人っ子政策**との関係に着目。

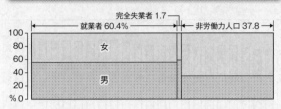

■ 労働力と非労働力の割合（2021年平均）■

完全失業者 1.7

就業者 60.4%　　　　　　非労働力人口 37.8

総務省統計局「労働力調査」による。15歳以上人口。非労働力人口には不詳を含む。

→→→　出題のポイント！

●労働力の**約4割以上**が女性。

■ 完全失業率と有効求人倍率の推移（年次平均）■

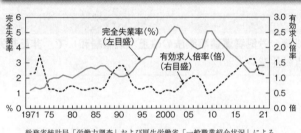

総務省統計局「労働力調査」および厚生労働省「一般職業紹介状況」による。
2011年の完全失業率は，岩手，宮城，福島県を含む推計。

→→→　出題のポイント！

●バブル崩壊後の**完全失業率の上昇**と**有効求人倍率の低下**に注意。

■ 年齢階級別完全失業率の推移（年平均）■

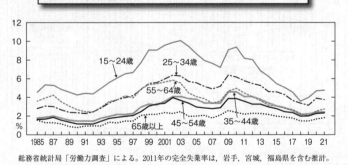

総務省統計局「労働力調査」による。2011年の完全失業率は，岩手，宮城，福島県を含む推計。

→→→　出題のポイント！

●15〜24歳はアルバイトなどが多く，**完全失業率が高い**。

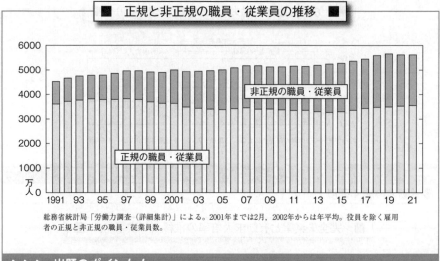

総務省統計局「労働力調査（詳細集計）」による。2001年までは2月，2002年からは年平均。役員を除く雇用者の正規と非正規の職員・従業員数。

→→→　出題のポイント！

●1990年代以降の**労働者派遣事業法の改正（規制緩和）**で，**非正規労働者が増加**している点に注意。

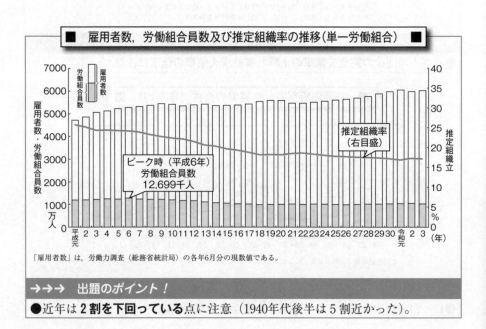

「雇用者数」は，労働力調査（総務省統計局）の各年6月分の現数値である。

→→→　出題のポイント！

●近年は**2割を下回っている**点に注意（1940年代後半は5割近かった）。

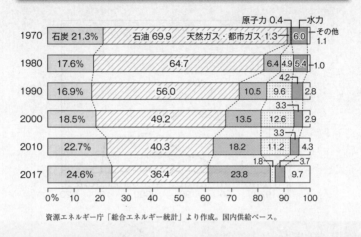

■ 日本の一次エネルギー供給割合の推移（会計年度）■

年	石炭	石油	天然ガス・都市ガス	原子力	水力	その他
1970	石炭 21.3%	石油 69.9	天然ガス・都市ガス 1.3	原子力 0.4	6.0	1.1
1980	17.6%	64.7	6.4	4.9	5.4	1.0
1990	16.9%	56.0	10.5	9.6	4.2	2.8
2000	18.5%	49.2	13.5	12.6	3.3	2.9
2010	22.7%	40.3	18.2	11.2	3.3	4.3
2017	24.6%	36.4	23.8	1.8	3.7	9.7

資源エネルギー庁「総合エネルギー統計」より作成。国内供給ベース。

→→→ 出題のポイント！

●1970年代の**オイルショック**以降，**原子力の供給割合の伸び率が高い**点に注意。

●2011年3月の**東日本大震災**以降は，**原子力政策の見直しで割合が縮小**。

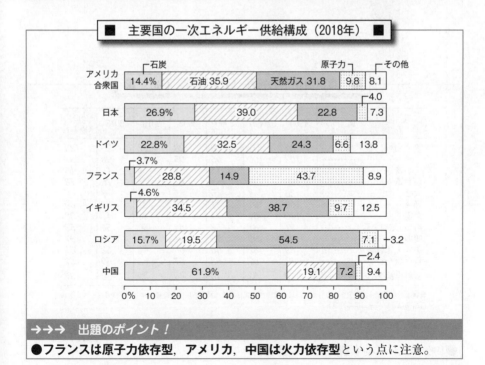

■ 主要国の一次エネルギー供給構成（2018年）■

国	石炭	石油	天然ガス	原子力	その他
アメリカ合衆国	14.4%	石油 35.9	天然ガス 31.8	9.8	8.1
日本	26.9%	39.0	22.8	4.0	7.3
ドイツ	22.8%	32.5	24.3	6.6	13.8
フランス	3.7%	28.8	14.9	43.7	8.9
イギリス	4.6%	34.5	38.7	9.7	12.5
ロシア	15.7%	19.5	54.5	7.1	3.2
中国	61.9%	19.1	7.2	2.4	9.4

→→→ 出題のポイント！

●**フランスは原子力依存型**，**アメリカ，中国は火力依存型**という点に注意。

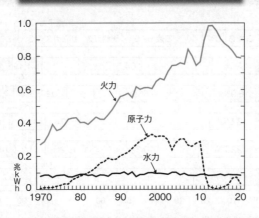

■ 発電電力量の推移（会計年度）■

→→→　出題のポイント！

●**オイル・ショック以降**の変化，また**2011年の原発事故**を受けての変化に注意。

■ 食料自給率の推移（会計年度）（％）■

	1960	1980	2000	2005	2010	2015	2020 （概算）
穀物（食用＋飼料用）……	*82*	*33*	*28*	*28*	*27*	*29*	*28*
米……………………	*102*	*100*	*95*	*95*	*97*	*98*	*97*
小麦…………………	*39*	*10*	*11*	*14*	*9*	*15*	*15*
いも類………………	*100*	*96*	*83*	*81*	*76*	*76*	*73*
大豆…………………	*28*	*4*	*5*	*5*	*6*	*7*	*6*
野菜…………………	*100*	*97*	*81*	*79*	*81*	*80*	*80*
果実…………………	*100*	*81*	*44*	*41*	*38*	*41*	*38*
肉類（鯨肉を除く）………	*91*	*81*	*52*	*54*	*56*	*54*	*53*
鶏卵…………………	*101*	*98*	*95*	*94*	*96*	*96*	*97*
牛乳・乳製品………	*89*	*82*	*68*	*68*	*67*	*62*	*61*
魚介類（食用）…………	*111*	*97*	*53*	*57*	*62*	*59*	*57*
食料自給率…………	*79*	*53*	*40*	*40*	*39*	*39*	*37*

農林水産省「食料需給表」より作成。品目別は国内消費仕向量に対する国内生産量の割合で，重量ベース。食料自給率はカロリー（供給熱量）ベース。

→→→　出題のポイント！

●1960年代には約**8割**→現在**4割以下**。

■ 各国の食料自給率（2018年，日本は2020年度）（％）■

	日本	アメリカ合衆国	イギリス	ドイツ	フランス	イタリア
穀物……………………………	28	128	82	101	176	63
食用穀物…………… 1)	63	156	79	115	169	73
うち小麦	15	152	83	124	183	62
粗粒穀物…………… 2)	1	124	88	83	187	54
豆類…………………………	8	191	45	11	77	43
野菜類………………………	80	86	43	42	72	149
果実類………………………	38	67	13	37	65	109
肉類…………………………	53	114	77	122	103	74
卵類…………………………	97	103	93	71	99	98
牛乳・乳製品………… 3)	61	102	88	106	104	85
魚介類……………… 4)	55	65	65	27	29	17
食料自給率………… 5)	37	132	65	86	125	60

農林水産省「食料需給表」より作成。重量ベース。1) 米（玄米で換算），小麦，ライ麦など。2) 大麦，オート麦，とうもろこしなど。3) 生乳換算（バター含む）。4) 飼肥料を含む魚介類全体の自給率。5) カロリー（供給熱量）ベース。

→→→ 出題のポイント！

●**アメリカとフランスの食料自給率が100を超えている**点に注意。

■ 事業所規模別構成比（2019年）■

事業所数	中小規模事業所（従業者299人以下）99.0	
	└ 大規模事業所（従業者300人以上）1.0%	
従業者数	32.7%	67.3
製造品出荷額等	52.6%	47.4

0 %　10　20　30　40　50　60　70　80　90　100

事業所数，従業者数は2020年6月1日現在。従業者300人以上の事業所を大規模事業所とした。

→→→ 出題のポイント！

●**事業所の99%，従業員では約7割が中小企業**で占める。

●中小企業の**出荷率は5割に満たず**，大企業と中小企業の**二重構造**の関係に注意。

	2017	2018	2019	2020	2021
経常収支	227 779	195 047	192 513	156 739	154 877
貿易・サービス収支	42 206	1 052	− 9 318	− 8 733	− 25 615
貿易収支 1)	49 113	11 265	1 503	27 779	16 701
輸出	772 535	812 263	757 753	672 629	822 837
輸入	723 422	800 998	756 250	644 851	806 136
サービス収支	− 6 907	− 10 213	− 10 821	− 36 552	− 42 316
第一次所得収支	206 843	214 026	215 531	191 209	204 781
第二次所得収支	− 21 271	− 20 031	− 13 700	− 25 697	− 24 289
資本移転等収支	− 2 800	− 2 105	− 4 131	− 2 072	− 4 197
金融収支	188 113	201 361	248 624	138 073	107 527
直接投資	174 118	149 093	238 591	90 720	134 043
証券投資	− 56 513	100 528	93 666	43 916	− 220 234
金融派生商品	34 523	1 293	3 700	7 999	24 141
その他投資	9 467	− 76 127	− 115 372	− 16 541	100 677
外貨準備	26 518	26 628	28 039	11 980	68 899
誤差脱漏	− 36 866	8 419	60 242	− 16 594	− 43 153

財務省「国際収支状況」（2022年4月15日閲覧）より作成。2014年1月分から国際収支統計は「国際収支マニュアル第6版」に準拠する。符号表示は，金融収支のプラスは純資産の増加，マイナスは純資産の減少を示す。1) 貿易統計の輸出がF.O.B（輸出国での船積み価格），輸入がC.I.F（船積み価格に仕向地までの運賃，保険料を含む）であるのに対し，国際収支統計は輸出入ともにF.O.Bであることなどから，両者間で差が生じる。

→→→　出題のポイント！

●第1次所得収支の黒字が最も大きい。

■　主な貿易相手国（2020年）■

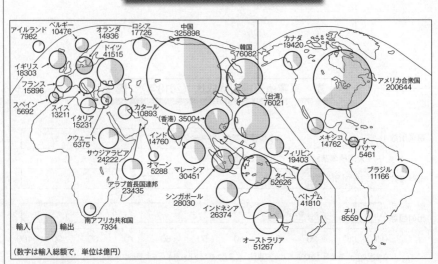

財務省，「貿易統計」より作成。日本との輸出入合計が5000億円以上の相手国。

→→→　出題のポイント！

●現在日本の輸入相手国1位は中国。輸出相手国1位はアメリカ。

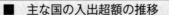

■ 主な国の入出超額の推移 ■

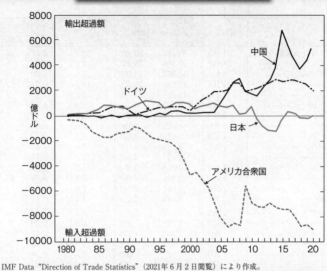

IMF Data "Direction of Trade Statistics"（2021年6月2日閲覧）により作成。

→→→ **出題のポイント！**

●中国が WTO（世界貿易機関）に加盟した2001年以降の**中国の輸出急増**と，**アメリカの輸入急増**に注目。

■ 主要国における女性の年齢階級別労働力率 ■

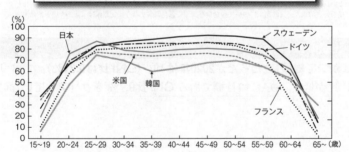

(備考)　1．日本は総務省「労働力調査（基本集計）」（令和3（2021）年），その他の国は ILO "ILOSTAT"
　　　　より作成。韓国，米国は令和3（2021）年の値。フランス，ドイツ，スウェーデンは令和2
　　　　（2020）年の値。
　　　　2．労働力率は，「労働力人口（就業者＋完全失業者）」／「15歳以上人口」×100。
　　　　3．米国の15〜19歳の値は，16〜19歳の値。

→→→ **出題のポイント！**

●韓国については M 字，日本については M 字からやや他の先進国の特徴である
　台形型に近づいている。

■ DAC（開発援助委員会）加盟国の ODA（政府開発援助）実績（単位 百万ドル）■

	2018	2019	2020	〃（%）	GNI比（%）	順位
アメリカ合衆国………	34 152	33 492	35 475	22.0	0.17	24
ドイツ………………	24 977	24 198	28 405	17.6	0.73	5
イギリス……………	19 410	19 377	18 560	11.5	0.70	6
日本…………………	14 164	15 588	16 266	10.1	0.31	12
フランス……………	12 136	12 211	14 139	8.8	0.53	8
スウェーデン………	6 001	5 205	6 348	3.9	1.14	1
オランダ……………	5 659	5 292	5 359	3.3	0.59	7
イタリア……………	5 190	4 373	4 186	2.6	0.22	20
カナダ………………	4 679	4 725	5 031	3.1	0.31	13
ノルウェー…………	4 258	4 298	4 198	2.6	1.11	2
スイス………………	3 101	3 099	3 560	2.2	0.48	9
オーストラリア……	3 149	2 888	2 563	1.6	0.19	21
スペイン……………	2 890	2 944	2 969	1.8	0.24	19
デンマーク…………	2 590	2 554	2 649	1.6	0.73	4
韓国…………………	2 358	2 463	2 249	1.4	0.14	27
ベルギー……………	2 312	2 175	2 290	1.4	0.47	10
オーストリア………	1 170	1 230	1 268	0.8	0.29	15
フィンランド………	984	1 131	1 275	0.8	0.47	11
アイルランド………	934	973	972	0.6	0.31	14
ポーランド…………	766	777	803	0.5	0.14	25
ニュージーランド…	556	555	531	0.3	0.27	17
ルクセンブルグ……	473	472	450	0.3	1.02	3
ポルトガル…………	411	410	385	0.2	0.17	23
ハンガリー…………	285	312	411	0.3	0.27	18
ギリシャ……………	290	368	238	0.1	0.13	29
チェコ………………	305	309	300	0.2	0.13	28
スロバキア…………	138	116	140	0.1	0.14	26
スロベニア…………	84	88	90	0.1	0.17	22
アイスランド………	74	61	62	0.0	0.29	16
DAC加盟国計……	153 496	151 684	161 172	100.0	0.32	—

OECD Stat（2021年5月19日閲覧）により作成。贈与相当額計上方式による金額。卒業国向けは含まない。GNI（国民総所得）比は2020年。DAC（開発援助委員会）は，OECDの下部組織で，主として援助の量的拡大，質的向上について援助供与国間の意見調整を行う。加盟国は上記29か国と欧州連合。

→→→ 出題のポイント！

●日本は**かつて総額1位**だったが**2020年は4位（GNI比は0.31%）**。アメリカと同様GNI比が低く，DACの目標である**GNI比0.7%をクリアしていない。**

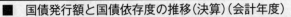

■ 国債発行額と国債依存度の推移（決算）（会計年度） ■

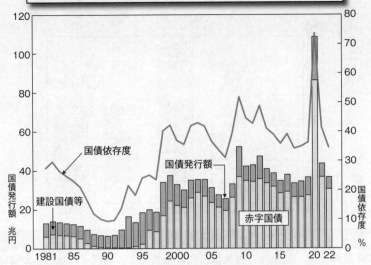

財務省資料により作成。実績ベース。国債発行額は，収入金ベース。2020年度までは実績，2021年度は国債
発行計画（当初）の値。

→→→　出題のポイント！

●1990年代以降の伸び率に注意。

●1990年代後半以降は建設国債よりも赤字国債の残高の方が多い。

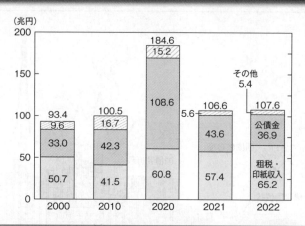

■ 一般会計歳入の主要科目割合の推移（会計年度）■

→→→ 出題のポイント！

●**2010年度頃**では，**公債金**（国債依存度に相当）と，**租税・印紙収入がほぼ同じ割合である**ことに注意。

●2020年度は**新型コロナウイルス感染症**対策で**3度の補正予算**が組まれた。

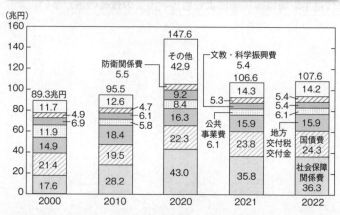

■ 一般会計歳出の主要経費別割合の推移（会計年度）■

財務省「財政統計」などより作成。決算。2021年度以降は当初予算。地方交付税交付金には地方特例交付金を含む。

→→→ 出題のポイント！

●**社会保障関係費**は**3割強**。**高齢化**の進展と**年金財源**の関係に注意。

●**社会保障関係費**と**国債費**を合わせると歳出の**5割**を上回る。

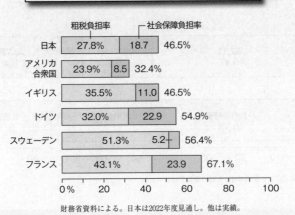

■ 国民負担率の国際比較（2019年）■

財務省資料による。日本は2022年度見通し。他は実績。

→→→　出題のポイント！

●スウェーデン，フランスの高さ，アメリカの低さに注意。日本は4割強。

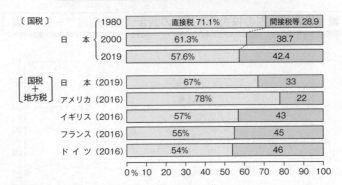

■ 直間比率の国際比較（会計年度）■

財務省資料による。日本は国税が当初予算。国税＋地方税は予算。
国税プラス地方税の直間比率　税収に占める地方税の比率がそれほど高くないヨーロッパ（イギリス6％，ドイツ14％，フランス21％，いずれも2016年度）では，国税のみの直間比率（イギリス55.6：44.4，ドイツ48.6：51.4，フランス42.4：57.6，いずれも2017年度）と，国税プラス地方税の直間比率に大きな開きはない。一方，ヨーロッパに比べて税収に占める地方税の比率が高い日本，アメリカ合衆国（日本38％・2019年度，アメリカ45％・2016年度）の国税のみの直間比率（日本57.6：42.4・2019年度，アメリカ合衆国93.5：6.5・2016年度）と，国税プラス地方税の直間比率とは開きがある。

→→→　出題のポイント！

●消費税導入後より，間接税の比率が上昇していることに注意。
●また1949年のシャウプ勧告により直接税中心が目指されていたことも再確認。
　アメリカは現在も直接税中心。

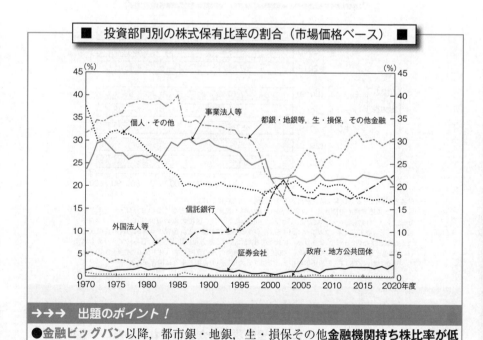

■ 地方財政の歳入・歳出の構成（2022年）■

歳入	地方税 45.4% / 地方交付税 20.0 / 国庫支出金 16.6 / 地方債 8.4 / その他 9.6	
歳出	一般行政経費 45.7% / 給与関係経費 21.9 / 投資的経費 13.3 / 公債費 12.7 / その他 6.4	

総務省「2022年度地方財政計画の概要」による。

→→→　出題のポイント！

● 自主財源に当たる地方税が4割強程度であること。

● 三位一体の改革とその後の変化も再確認。

■ 投資部門別の株式保有比率の割合（市場価格ベース）■

事業法人等
個人・その他
都銀・地銀等，生・損保，その他金融
信託銀行
外国法人等
証券会社
政府・地方公共団体

→→→　出題のポイント！

● 金融ビッグバン以降，都市銀・地銀，生・損保その他金融機関持ち株比率が低下している一方で，外国人のそれは上昇している。

	2000年末	2005年末	2010年末	2015年末	2019年9月末	2020年8月末
人口普及率（%）‥	*37.1*	*70.8*	*78.2*	*83.0*	*89.8*	*83.4*
利用者数（万人）‥	4 708	8 529	9 462	10 046	…	…

総務省「通信利用動向調査」により作成。調査対象は6歳以上。ただし2000年末は15～79歳。

→→→ 出題のポイント！

●利用者の伸び率に注意。現在1億人，約8割が利用している。

●**サイバー犯罪やサイバー攻撃の増加**。

■ 実質経済成長率の推移 ■

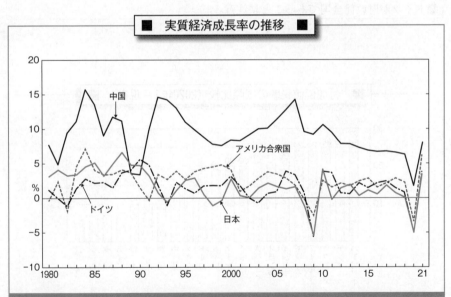

→→→ 出題のポイント！

●近年減速はしているものの，**中国が約10%の成長を遂げてきた**点。

●1991年の**バブル崩壊**との関係や、1997年の**アジア通貨危機**の影響にも注意。

●2008年は**リーマン・ショック**の影響で，**軒並み成長率が低下している**点に注意。

●2020年以降は**新型コロナウイルス感染症**により各国の経済成長率が低迷したが，その後持ち直している。

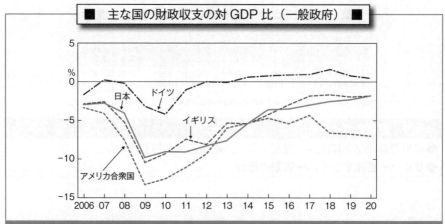

■ 主な国の財政収支の対 GDP 比（一般政府） ■

→→→ 出題のポイント！

●日本とアメリカの**財政収支**（ほぼ**プライマリーバランス**に相当）は**赤字幅が大きい**。

●2008年の**リーマン・ショック**以降，各国で赤字幅が大きくなった点に注意。

●ドイツが財政健全国であることに注意。

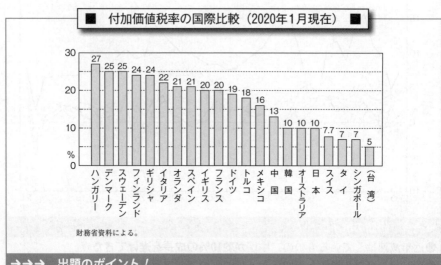

■ 付加価値税率の国際比較 （2020年1月現在） ■

財務省資料による。

→→→ 出題のポイント！

●**日本が低い**点（消費税は2014年4月から8% に，2019年10月に10% に引き上げ）
と**ハンガリー・デンマーク・スウェーデンなどが高い**点に注意。

●**スイスは日本よりも税率が低い。**

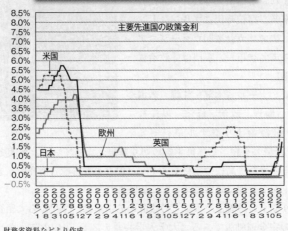

■ 各国の政策金利の推移（年利） ■

主要先進国の政策金利

米国
欧州
英国
日本

財務省資料などより作成。

→→→ 出題のポイント！

●2008年の**リーマン・ショック**以降各国は利下げへ。その後日本以外は利上げの
動きがあった。

●2019年末以降，**新型コロナウイルス感染症**への対応で各国が利下げ。

●2021年以降，「米国」，「英国」，「欧州（ユーロ圏）」は**利上げへと転じた**。

●一方，日本は**金融緩和を維持したため円安が加速した**。

〈著者紹介〉畠山　創

　北海道稚内生まれ。早稲田大学教育学部社会科社会科学専修卒業。高校時代にプリンストン大学に短期留学。アメリカ合衆国ヴァージニア州フェアファクス市名誉市民。専門は「政治哲学（正義論の変遷）」。

　現在，代々木ゼミナール（本部・札幌・名古屋）公民科講師（倫理，政治・経済，現代社会）。唯一政治・経済のオリジナル単科ゼミ「畠山創の政治・経済」を担当し，毎年締め切り講座となっている。名実ともに公民科のトップ講師である。また，高校の教員セミナー（代ゼミ教育総合研究所）も担当し，これら授業はサテラインで全国に映像授業として放映されている。

　とにかくわかりやすい講義と，入試での抜群の的中率は，学生から大絶賛を受けている。

　著書には本書の完全連動版である『大学入学共通テスト 畠山のスッキリわかる倫理，政治・経済完成講義』（代々木ライブラリー）や，28万部以上のベストセラーとなっている『畠山のスパッとわかる政治・経済爽快講義』（栄光），一般書『哲学バトル』，『考える力が身につく哲学入門』（共に KADOKAWA）などがあり，数ヶ国語に翻訳され，国内外の人々に愛読されている。予備校の講義以外にも，学生の要請による大学での講演や，医師会での講演活動など幅広く活動し，哲学することの大切さを訴えかけている。

大学入学共通テスト
畠山のスッキリ解ける倫理，政治・経済完成問題集

著　者　畠山　創
発行者　高宮英郎
発行所　株式会社日本入試センター　代々木ライブラリー
　　　　〒151-0053　東京都渋谷区代々木1-27-1
本文組版　株式会社新後閑
印刷所　上毛印刷株式会社　Ⓟ3

●この書籍の編集内容および落丁・乱丁についてのお問い合わせは下記までお願いいたします
〒151-0053　東京都渋谷区代々木1-38-9
☎03-3370-7409（平日9：00〜17：00）
代々木ライブラリー営業部
無断複製を禁ず　ISBN978-4-86346-751-4　　　Printed in Japan

SAPIX YOZEMI GROUP

畠山の
スッキリ解ける

倫理、政治・経済
完成問題集
解答・解説

代々木ゼミナール講師
畠山 創

代々木ライブラリー

CONTENTS

第1章

青年期の課題

正解への **攻略ルート** ➡

1. **青年期**を表す用語と人名を一致させる
2. **エリクソン**の**自我同一性**とその拡散の具体的理解する
3. **フロイト**の**防衛機制**の種類と具体例を一致させる
4. **マズロー**の**欲求の五段階**の順番を覚える

問1 **青年期を表す用語**

正解は②

後半部の「**境界人**」は**レヴィン**の指摘です。

各選択肢のキーワードを確認しておきましょう。

①「**自我同一性**」…自己が自己であることの一貫した確信。主体的側面と社会的側面の一致。

②「**第二の誕生**」…自我・性を持った人間としての誕生。

③「**生きがい**」…使命感から生きがいは生まれます。

④「**非暴力**」…非暴力は精神的抵抗の現れです。この分野よりも，現代のヒューマニストの分野での出題が多いです。

倫政では，複数分野を横断的に出題する傾向がありますので，早めに全範囲を一周しましょう。

問2 **青年期の特徴**

正解は③

①「**モラトリアム**」は，**エリクソン**の指摘で，「境界人」は，子どもなのか，大人なのかの立ち位置が不安定な状況をさす**レヴィン**の用語です。

②「時代や社会にかかわらず」は不適切。また**青年期の年齢には幅があります**。

③正しい。**ホリングワース**の指摘です。

④当然，**個人差**がありますが，第二次性徴の開始時期は低くなる傾向があります。

問3 防衛機制

正解は⑥

　ともかくここは，具体例の種類が多いところです。やはり講義を読みながら整理する方法が望ましいでしょう。

　Aは，自分の思いとは逆の行動を取っています（**反動形成**）。

　Bは，自分勝手な根拠なき理由付けをしています（**合理化**）。

　Cは，諦めきれない本能的欲望を，文化的・社会的価値に置き換えています（**昇華**）。

　エの「**代償**」は，別の似た欲求で満足することです。

○試験前に*確認*を!!　→→→　**フロイトの防衛機制**

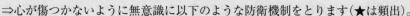

⇒心が傷つかないように無意識に以下のような防衛機制をとります（★は頻出）。

種類	内容
抑圧	その経験を無意識に押さえつける ex）過酷な過去の記憶が無い（失われた時）
反動形成★	その欲求と逆の行動をとる　ex）好きな子をいじめる
合理化★	もっともらしい理由をつける ex）どうせあの葡萄はすっぱいさ（狐とすっぱい葡萄），他人のせいにする
代償（補償）	別の似た欲求で満足する　ex）水泳できないからサッカーしよう
昇華★	本能的な欲求（性欲）を社会的・文化的価値あるものに置き換える。ex）失恋の悩み→美術部で活躍する
逃避	その状況から無意識に逃避する　ex）学校にいきたくない→おなかが痛い
退行	前の発達段階に戻ってしまう　ex）甘え言葉になる，古いアルバムに見入る
投射（投影）	自分の認めがたい感情を，相手が持っていると思い込む。ex）自分が嫌いな相手に対して「きっとあいつは俺を嫌っているに違いない」と思い込むことなど
同一視★	他人のすぐれた部分を自分のものと思い込む ex）アニメなどのヒーローに憧れ，「自分がヒーローになった」と空想することなど

問4　アイデンティティ

正解は②

　「アイデンティティ」とは，**自己が自己であることの一貫した確信**のことです。そして，自分が選んだり，思ったりしている自己像と，周囲が承認している自己像とが一致することです。よって②が正解です。

　①自己が**別のものと同一化**してしまっています。

　③**集団に自己が埋没**してしまえば，主体的側面の自己が失われます。

　④**アイデンティティはその都度変わるものではなく，「一貫した確信」**です。

問5　アイデンティティの拡散

正解は①

　ここでは，**アイデンティティの「確立」ではなく，「拡散」について問われています**。基本的な用語ほど，こうした設問要求を捉え間違えやすいので注意しましょう。

　①は，七五三や成人式などの**社会的承認作業**となります。つまりアイデンティティを確立するための「**社会的側面**」となります。

　②〜⑤は，アイデンティティの拡散となります。特に④の，「**モラトリアム人間**」は，エリクソンではなく**小此木啓吾**の指摘であることに注意しましょう。また，⑤はアメリカの心理学者**カイリー**によるもので，大人になることを拒否する男性の特徴です。

問6　性格についての分析

正解は③

　シュプランガーの6つの性格類型についての説明ですが，やや難しい。消去法で正解にたどりつけるかがポイントです。この手の問題については，単純にキーワードだけに頼らず，周辺情報もしっかりと確認しましょう。

　①**ハヴィガースト**は，**青年期の発達課題**を次のように挙げました。

・同年齢の男女との洗練された関係	・男女の身体の成長と構造の理解
・親からの心理的な独立	・経済的な自立についての自信
・職業選択の準備	・結婚と家庭生活の準備

第1章
第2章
第3章
第4章
第5章
第6章
第7章
第8章

・市民としての知識と資質の育成　　・社会的に責任ある行動

・自己の価値観や世界観の形成

　「他人指向型」は**リースマン**の用語で，現代社会の特質の分野での出題が目立ちます。これは**自己の行動が，他人に同調するよう行なわれる現代人**の特徴のことです。リースマンの主著は『**孤独な群衆**』。

　②**内向型**と**外向型**の性格分析は，**ユング**によるものです。

　④**オルポート**の「**成熟した人間**」は，次の６つです。

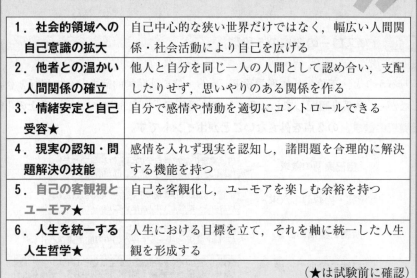

○試験前に*確認*を!!　→→→　　オルポートの成熟した人間

1．社会的領域への自己意識の拡大	自己中心的な狭い世界だけではなく，幅広い人間関係・社会活動により自己を広げる
2．他者との温かい人間関係の確立	他人と自分を同じ一人の人間として認め合い，支配したりせず，思いやりのある関係を作る
3．情緒安定と自己受容★	自分で感情や情動を適切にコントロールできる
4．現実の認知・問題解決の技能	感情を入れず現実を認知し，諸問題を合理的に解決する機能を持つ
5．自己の客観視とユーモア★	自己を客観化し，ユーモアを楽しむ余裕を持つ
6．人生を統一する人生哲学★	人生における目標を立て，それを軸に統一した人生観を形成する

（★は試験前に確認）

　特にハヴィガーストの，青年期の発達課題と混同する受験生が多いので注意しましょう。

　また，近年数冊の教科書に登場してきた用語に「**特定５因子論（ビッグファイブ）**」があります。これはゴールドバーグが提唱し，「**外向性**」，「**情緒安定性**」，「**責任感と誠実性**」，「**他者との調和性**」，「**知的関心の開放性**」の５つの因子から，いくつかの性格タイプに分類を行うもので，オルポートの説とは異なります。

正解は15…⑥, 16…①, 17…②

ここはキーワードを正確に見つけて正解していきましょう。

①「**生理的よりも上位の欲求**」と「**精神的欲求**」から, **マズロー**です。

②「**個人的無意識**」と「**集合的無意識**」から, **ユング**です。

③8つにライフサイクルを分けたのは, **エリクソン**です。ちなみに6つにライフサイクルを分けたのは, **ハヴィガースト**です。

④「**第二の誕生**」は, お馴染みの**ルソー**です。

⑤「**自己中心的**」な世界からの脱却（**脱中心化**）は, **ピアジェ**です。

⑥「**子ども**」と「**大人**」の立ち位置の不安定は, **レヴィン**の「**マージナルマン**」です。

問8 マズローの欲求の5段階

正解は①

しっかりと, 下位の「生理的欲求」から上位の「精神的欲求」への移行を意識しながら, **順番を暗記しましょう**。特に**一番下の**「生理的欲求」と, **一番上の**「自己実現の欲求」の2点を外さないことがポイントです。

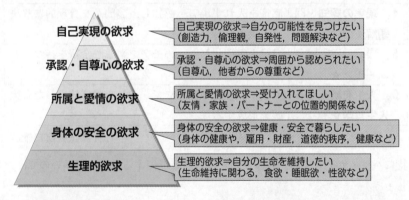

C は所属と愛情の欲求なのでア, E は自己実現の欲求なのでウとなります。よって①が正解です。

第1章
第2章
第3章
第4章
第5章
第6章
第7章
第8章

第2章

古代ギリシア思想

正解への 攻略ルート ➡

① 思想分野は，誤りを簡潔に指摘できるように心がける

② タレス，ピタゴラス，ヘラクレイトス，デモクリトスらのアルケーを考える

③ ソクラテスの立場は，対等な知の探求者，「無知の知」に基づく

④ プラトンの本質の捉え方＝「外部のイデア」，アリストテレスの本質の捉え方＝「内部の形相」を対比する

⑤ アリストテレスの「中庸」と，ブッダの「中道」を区別する

⑥ エピクロス派の「アタラクシア」と，ストア派の「アパテイア」を対比して理解する

問1 **自然哲学者（オリジナル）**

正解は②

「**数**」や「**厳格な教団を設立**」から，**ピタゴラス**の思想です。

①永遠に変化してやまない「**火**」は，**ヘラクレイトス**の思想です。

③「**目的として運動**」は，**アリストテレス**の思想（目的論的自然観）です。

④正しくは，**分割**「**不可能**」な**アトム**です。

◯試験前に*確認*を!! →→→ 主な自然哲学者

人物	アルケーについて
タレス	「水」，日食も予言
ピタゴラス	「数」 音階や現象界の調和（ハルモニア）が数の比に基づいている ⇒厳格な禁欲生活を送る「ピタゴラス教団」をつくるものの，後に弾圧される

ヘラクレイトス	⇒変化・生成の象徴としての「**火**」 ⇒「**万物は流転する**」
デモクリトス	分割できない「**アトム(原子)**」が「**ケノン**」という空間の中で離合集散 ⇒「死」は人間が原子へと回帰するだけのものと考える 後にエピクロス派の開祖であるエピクロスも，デモクリトスの影響を受けた「原子論」を展開する

問2 ソフィスト

正解は③

③をプロタゴラスと即答するのは難しいかもしれませんが，他の選択肢のキーワードから人物を特定し，消去法で正解にたどりつけます。

①「**禁欲主義**」から，**ストア派**です。

②「**無知の知**」から，**ソクラテス**です。

④は「**数**」から，**ピタゴラス**です。

問3 ソクラテス

正解は④

「**問答法**」から判断できるでしょう。ソクラテスはつねに「**対等な知の探究者**」であるということを忘れないようにしましょう。

①「誇りとし」以下が不適切です。

②「追放」ではなく，「死刑」となりました。

③「アカデメイア」はプラトンが作った学園です。

問4 ソクラテスの問答法

正解は②

少し難解ですが，ソクラテスはつねに「**対等な知の探究者**」であるということと，「**無知の知**」の意味から正解を導きましょう。

②正しい。徳についての無知を自覚しています。

①・④は，ソクラテスを一方的に見下した立場であり，逆に③は，ソクラテスを一方的に称賛した立場となっていて，いずれも「対等な知の探究者」と矛盾します。

問5 プラトンのイデア論

正解は②

　まず，イデアは感覚を手掛かりにして（例えばノートに描かれた三角形を見て），**知性（理性）がイデアを把握**する。またイデアはイデア界という，**個物の外部に存在**にする。この2点から考えていきましょう。

　①と③は，イデアを個物の内部においている点が，④は，感覚がイデアを捉えているといっている点が不適切です。よって②が正解です。

問6 プラトンの思想

正解は②

　①**生まれる前に，魂はイデア界でイデアを目撃**しているので不適切です。

　②正しい。

　③「国家全体の正義」ではなく，知恵，勇気，節制という**3つの徳がそれぞれ発揮されることで，その調和として正義の徳が生まれます**。よって不適切です。

　④「抑制し合う」のではなく，「**発揮し合う**」とすれば正文となります。

問7 アリストテレス

正解は②

　「**形相（エイドス）**」から，判断できるでしょう。

　①「美そのもの」から，プラトンの説明です。

　③「原子の形態と配列」から，デモクリトスの原子論です。

　④「永遠の火」から，ヘラクレイトスの説明です。

　キーワード的に解ける問題なので，スッキリと正解しましょう。

問8 アリストテレスの中庸

正解は②

　中庸は，**過不足を避ける「生活」を繰り返す「習性（習慣づけ）」によって身につきます。**

　①徳の習得において知的訓練の重視は，「**知性的徳**」です。

　③ソクラテスの「無知の知」的な説明となっています。

　④前半部分がブッダの「中道」，後半部分がエピクロスの説明になっています。

正解は②

　簡単な問題なのでスッキリと正解しましょう。また，選択肢がどの正義について述べているかも明確にしましょう。アリストテレスの正義概念は次のようなものです。

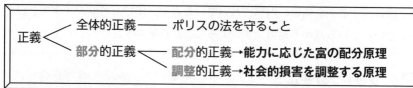

正義 ─┬─ 全体的正義 ── ポリスの法を守ること
　　　└─ 部分的正義 ─┬─ 配分的正義→能力に応じた富の配分原理
　　　　　　　　　　 └─ 調整的正義→社会的損害を調整する原理

　①配分的正義の説明です。

　③アリストテレスの正義ではなく，アリストテレスの徳についての説明です。取り違えに注意しましょう。

　④全体的正義の説明です。

問10　ストア派

正解は③

　①「隠れて生きよ」的なエピクロス派の説明となっています。

　②人間の「理性」との決別は不適切です。正しくは「感情」から離れることです。

　④ストア派は理性を中心とするので，不適切です。後半部の「自然」の用い方が「理性」に相当していないことに気がつきましょう。

○試験前に*確認*を!!　→→→　エピクロス派とストア派

エピクロス派	対比	ストア派
エピクロス	開　祖	ゼノン
「隠れて生きよ」	生　活	宇宙法則としての，理性の重視 「自然に(理性に)従って生きよ」
「アタラクシア」 ⇒動揺・不安のない	境　地	「アパテイア」 ⇒情念の消去
「精神的**快楽**」主義	主　義	「**禁欲**」主義

第1章

第2章

第3章

第4章

第5章

第6章

第7章

第8章

第3章

キリスト教思想，
イスラーム教

正解への **攻略ルート** ➡

① **ユダヤ教，イエス，パウロ，アウグスティヌス，トマス・アクィナス**の5人の思想を明確に区別する

② イエスは「愛の神」と「信仰の内面化」を強調した点を解答根拠に考える

③ パウロは，十字架の死の意味付けと信仰義認説を，解答根拠に考える

④ アウグスティヌスは，予定説の展開と，プラトン哲学の影響を理解する

⑤ トマス・アクィナスは，信仰と理性の調和と，アリストテレス哲学の影響を理解する

⑥ **イスラーム教**は，六信五行と，他の一神教への寛容性を持つことを理解する

問1　旧約聖書

正解は①

　まず，『旧約聖書』の内容と「ユダヤ教について問うている」と考えましょう。ユダヤ教には「選民思想」がありました。よって，①「人類全体への平等な愛」が不適切です。

問2　十戒とクルアーン

正解は④

　まずは2つを比較することと，2つの思想の共通点や相違点から，現代文的に解答を探しましょう。

①「許容していない」ので不適切です。

②イスラーム教の神は「超越者」なので不適切です。

③クルアーンの十の戒律には，安息日はありません。

正解は②

「罪を赦す神の愛」は，イエスの説いた**アガペー**です。

○試験前に*確認*を!!　→→→　ユダヤ教・イエス・原始キリスト教

ユダヤ教	・民族のみの救済，「怒りの神」と「選民思想」の強調 ・律法主義へと堕落，終末思想とメシア思想
イエス	・律法主義への批判，心のなかの信仰重視，「神の愛」強調 ・処刑後3日後に復活したとされる
原始キリスト教	・パウロによる「十字架の死」の意味付け ・パウロの信仰義認説→ルターなどに影響
中世	・アウグスティヌスは原罪継続を主張→「恩寵」による救済を説く（教父哲学）★プラトンの影響あり ・トマス・アクィナスは「神学を証明する手段」として哲学を捉えた★アリストテレスの影響あり

①**アウグスティヌスの予定説**です。

③**アウグスティヌス**の「**恩寵説**」と「**自由意志の否定**」です。

④**ユダヤ教**の形式的律法主義（**パリサイ派**）です。

正解は④

　パウロは，人類全員が罪を背負っている存在であり，イエスの死を神の「**人類への愛の究極のあらわれ**」と解釈していました。人類の罪を息子であるイエスにすべて贖<ruby>贖<rt>あがな</rt></ruby>わせることで，罪を消し去った，つまり「<ruby>贖罪<rt>しょくざい</rt></ruby>」したと考えたのです。

　①「政治的指導者」ではなく「神の子」です。

　②①同様に，「預言者」ではなく「神の子」です。

　③「教説を知る」のではなく，「贖罪を信じる」とすれば正文となります。

問5　アウグスティヌス

正解は②

　やや難しい問題です。しかし，「**恩寵説**」と「**原罪説**」の理解を求めていると
わかれば，正解にたどりつけるでしょう。

　①「自ら原罪を克服する」ことは，自由意志の肯定となってしまい不適切です。

　②正しい。アウグスティヌスの**恩寵説**と**自由意志の否定**の説明です。

　③「ロゴスに従って生きる」ことは，ストア派の「自然に従って生きる」の内
容なので不適切です。

　④「律法遵守による救済」は，パリサイ派などの考え方です。

問6　トマス・アクィナス

正解は②

　「**信仰と理性の調和**」という，**トマス・アクィナス**の思想の特徴を思い出せば，
「信仰と理性の区別」，「両者の統合」から，正解にたどりつけます。

　①正しくは，「基礎付けられる」です。

　③大陸合理論の哲学者**スピノザ**の説明です。「**永遠の相**」がキーワードです。

　④アウグスティヌス，もしくはそれを継承した近代の**カルヴァン**などの**予定説**
です。

問7　クルアーン

正解は①

　少々細かい知識なので，選択肢ごとに解説していきます。また初めて問題を解
く時は，必ず講義を読みながら，文章を追って理解していきましょう。

　①正しい。なお，**天使ガブリエルを通じて啓示を受けた**ことをおさえておきま
しょう。

　②**預言の意味が「予言」になっている**ことに気が付いたでしょうか。よって不
適切です。預言とは「神の啓示を預かること」です。

　③アッラーは人々の前に現れ，見えるものではありません。

　④共同で執筆したのではありません。

問8　ムハンマド

正解は①

　しっかり理解していないと，間違えるかもしれません。**イスラーム教では，他の一神教を兄弟として認めている**点と，当時の部族の掟とは相容れなかった点を取り違えないようにしましょう。

　②「認めている」ので不適切です。

　③メッカの**カーバ神殿**は，イスラーム教独自のものです。現在のサウジアラビアにあり，イスラーム教の聖地の一つとなっています。

　④ムハンマドは救い主「神」ではなく，あくまでも「預言者」なので不適切です。

問9　イスラーム教

正解は①

　イスラーム教では，**神の啓示をそのまま記した聖典**『**クルアーン**』とともに，それをベースに導き出された**イスラーム法**「**シャリーア**」も重要視され，宗教的儀式から日常生活に至るまで規定され重要視されています。よって①は不適切です。

　②・③・④の選択肢も重要です。特に③の内容には注意しましょう。

問10　クルアーン

正解は④

　①「神の命令に従い行動することではない」は誤りです。「**神への絶対帰依**」が「**イスラーム**」です。

　②「病人でも」は誤りです。

　③「**敬虔**」とは信仰の行為を具体的に表すことなので誤りです。

　③と④が「（信仰を）具体的行為に表すことではない」と「具体的行為に表すことである」という対比的な文章になっていることがヒントの一つになっています。

第4章

古代インド思想と仏教の展開

正解への 攻略ルート →

① バラモン教，ジャイナ教，ブッダ（原始仏教・初期仏教），部派仏教（上座部と大衆部）の思想の違いを区別する

② ブッダは，中心思想の「諸法無我」と「縁起」から解答根拠を考える

③ 四法印，四諦説，四苦八苦，慈悲，八聖道については内容を暗記する

④ 上座部の「阿羅漢」，大衆部の「菩薩」を対比する

⑤ ブッダの「八正道」と，大乗仏教の「六波羅蜜」を区別する

問1　ブッダの思想

正解は④

　ブッダは「**諸法無我**」を説き，**根源的実体を否定**していることに注意しましょう。

　①「天の国」は，ブッダの思想ではなく，西洋（一神教）の信仰です。

　②儒家思想の**礼重視**の考え方です。

　③「不殺生」と「無所有」は**ジャイナ教**の，「創造神」は，西洋（一神教）の信仰です。

　④「**無常・無我の真理**」と「**執着を捨てて**」から，ブッダの教えと判断できます。

問2　ブッダの思想（四諦説）

正解は④

　細かい知識を問う問題です。しっかり暗記が出来ているか，確認しましょう。

　①「**苦諦**」とは，**この世は苦であると知る段階**です。

　②「**集諦**」とは，**苦の原因が煩悩（執着など）にあると知る段階**です。

　③「煩悩が自然と無くなる」のではなく，**煩悩を断つことで涅槃に至るという方法を知る段階**です。よく出題されるので注意しましょう。

●涅槃へといたる4つの段階，4つの真理

1. 苦諦 →この世はすべて苦(四苦八苦)であると知る段階(**現実の認識**)
2. 集諦(じったい) →苦の原因は煩悩であると知る段階(**原因の認知**)
3. 滅諦 →煩悩を絶つことによって涅槃へ入れるということを知る段階
　　　(**方法の認知**)
4. 道諦 →涅槃に至るには中道の実践，具体的には八正道を実践するとい
　　　うことを知る段階(**実践・目的の認知**)

問3　ブッダの思想（総合）

正解は④

ここでも「**諸法無我**」が理解できているかを問うています。

①「四諦」は，真理へと至る4つの過程のことで，苦の原因ではありません。

②「自己の固有の本質が不変である」とありますが，ブッタは個人の**実体**（**アートマン**）は認めていません。「**諸法無我**」を理解しましょう。

③苦の根本原因は「業」ではなく，物事に永遠不滅の実体はないという真理を知らず（**無明**），物事に執着する心（**煩悩**）です。

問4　ブッダの思想（資料読解）

正解は④

ブッダは，現世の行為によって，現世そして，来世，バラモンにも賤しい者にもなると説いています。

①「生まれのみで決定される」は，不適切です。

②「来世での境遇に影響を与えない」は，不適切です。

③「現世での行為により影響されることもない」は，不適切です。

問5　ブッダの思想（資料読解）

正解は②

これは難問です。ここでブッダが言いたいことは，「この世に死なない人などいない」，つまり「**生老病死**」というこの世の「**法（ダルマ）**」です。死なない人な

どこの世におらず（③・④は不適切），人間は死に行く生き物である。そうした
ことに執着せず，涅槃に入ることを説いています。①の「前世で犯した悪い行い
の報い」は，**バラモン教**の「**因果応報**」の考え方なので不適切となり，よって②
が正解です。授業や資料集などで多くのエピソードや具体例に触れておきましょ
う。

問6　大乗仏教

正解は①

　　菩薩とは一切衆生の救済を求める「求道者」です。仏ではないので注意しましょう。

　　②悟っている（真理に目覚めている）ので不適切です。

　　③悟る前のブッダの姿ではありません。ブッダは元々王子です。

　　④「修行を完成した聖者」ではなく，「求道者」です。

問7　古代インド思想総合①

正解は④

　　『法句経』は**『経集（スッタニパータ）』**と並ぶ，原始仏教における最古の仏典
です。

　　①はバラモン教の聖典**『ヴェーダ』**の説明です。

　　②と③は大乗仏教に関連する選択肢となっています。

○試験前に*確認*を !!　→→→　　竜樹・無着・世親

　　1．**ナーガールジュナ**（竜樹）**『中論』**
　⇒「**空**」の思想⇒すべては因果によって生まれ実体・我はないとする思想
　　　　　　「**色即是空**」「**空即是色**」⇒般若心経（竜樹の思想）
　⇒「**一切衆生悉有仏性**」⇒生きているものにはすべて仏となる可能性がある
　　2．**アサンガ**（無着）**『摂大乗論』**など
　　3．**ヴァスヴァンドゥー**（世親）無着の，**『唯識二十論』**
　⇒2・3は「**唯識論**」

正解は①

　基本問題ですが，宗教を横断的に出題しているので選択肢ごとに解説します。こうした出題形式は，頻出なので，普段から横断型の学習を意識しましょう。

　①正しい。これは**竜樹**の「**空**」の思想の説明です。

　②大乗仏教の「**一切衆生悉有仏性**」の説明です。

　③バラモン教（ウパニシャッド哲学）の思想の説明なので，大乗仏教の「世親」は不適切です。

　④大乗仏教における無着や世親の「唯識論」の説明なので，「ジャイナ教」は不適切です。

正解は③

　少し細かい知識が要求されているので，間違った人は講義編で必ず確認してください。

　①「**アートマン**」は観念ではなく「**実体**」です。ウパニシャッド哲学では「**梵我一如**」を説きます。ちなみにブッダは「**個の実体（アートマン）**」を否定しました。

　②「**六師外道**」は，バラモン教から見て批判されたのではなく，**後の仏教から見て批判されたものです**（ブッダは六師外道に含まず）。少し難しい知識です。

　③正しい。

　④**バラモン教**は**多神教**です。この意味から「唯一なる神」は間違いとなります。

畠山のワンポイントアドバイス!!

どの思想なのか？　に注意

　例えば，「利他行」・「アートマン」・「中道」は，「バラモン教」・「ブッダ」・「部派仏教」のいずれの用語なのか即答できますか？　古代インド思想では，このような**各思想の用語をしっかりと区別・分類**しておくことが大切です。例えば，「八正道」はブッダの修行のあり方，「六波羅蜜」は大乗仏教の修行のあり方，などのように迷いやすい用語も，しっかり**各思想別にフォルダ化**されていれば恐れることはありません。

第5章
古代中国思想と その展開

正解への **攻略ルート** ➡

1 **儒家**と**道家**，**孟子**と**荀子**，**朱子学**と**陽明学**の対比で解答根拠を考える

2 孔子の「**徳治主義**」と孟子の「**王道政治**」，荀子の「**礼治主義**」と法家の「**法治主義**」について区別する

3 墨家の「**兼愛**」と孟子の「**別愛**」を対比で理解する

4 朱子学は「**形式・客観性の重視**」，陽明学は「**内なる理の発揮・主体性の重視**」の対比で解答根拠を考える

問1　孔子

正解は①

　儒家と**道家**は対比的に理解しましょう。**作為的な儒家**と，**不作為・自然のままに委ねる道家**の思想が分かれば，簡単に正解にたどりつけるはずです。

　②前半は**朱子**の「**性即理**」，後半は**王陽明**の「**心即理**」です。

　③「差別的な愛だと批判し，自他の区別なく平等に愛すること」は，**墨子**の「**兼愛**」です。

　④「人間を処罰して矯正する礼や法を道とした」は，**荀子**の「**礼治主義**」や，法家の「**法治主義**」です。

問2　孟子

正解は②

　長めの選択文なので少し難しく感じますが，文中に「×」の箇所が一つでもあれば，その選択肢は不適切となります。シンプルに解いていきましょう。

　①「そのまま発揮する」は，王陽明です。正しくは「教育・拡大する」です。

　③「四端が不完全な形」ではなく，正しくは「四端が完全な形」。四端は放っておくと消えていくので，孟子はその教育・拡大を重視しました。

　④**惻隠**や**辞譲**は，「**四徳**」ではなく，「**四端**」です。

四端	性質	四徳
惻隠の心	他人の不幸を見過ごすことが出来ない	仁
羞悪の心	自他の不善を恥じ憎む	義
辞譲の心	自ら謙って，他人に譲る	礼
是非の心	善・悪，正・不正を正しく判断する	智

問3　墨家

正解は③

　キーワードの解釈で解答できるので，選択肢ごとに解説します。

　①「自他の区別を一切たてない」は，**近親愛を重視する**「**仁**」に反します。また，「他者のために利する」は，**大乗仏教の菩薩的なあり方**です。

　②「まず女性や子どもに向かう」は，「仁」の特徴ではありません。また，墨子の「**兼愛**」は，すべての人に対する「**平等な愛**」です。

　③正しい。儒教の「仁」と墨家の「兼愛」の違いに注意しましょう。

　④「単なる気持ちだけ」ではなく，礼として行為へとつながるのが「仁」です。

問4　朱子学と陽明学

正解は②

　「**朱子学**」の理気二元論と客観性の重視，「**陽明学**」の理気一元論と主体性の重視が，対比できているかがポイントとなります。正確な理解が必要な問題です。

　①「死物の条理である天理」とは，**理を批判的に捉えている**ので誤りです。また，「身近な日常の人倫の重視」は，江戸期の**伊藤仁斎**です。

　②正しい。「**居敬窮理**」のあり方の説明です。意味から用語に置き換えられるかがポイントです。

　③「心の理である良知を十分に発揮させること」は，**王陽明**の「**致良知**」です。

　④**万物を生成し秩序づける宇宙の根源**を「孝」としたのは江戸期の**中江藤樹**です。朱子は「孝」ではなく「**理**」としています。

○試験前に*確認*を!! →→→ 　朱子学と陽明学

朱子学	対比	陽明学
南宋の**朱子**（朱熹）	大成者	明代の**王陽明**
理気二元論	原　理	**理一元論**
心に理が宿っている（**性即理**）が，気に邪魔される	思　想	心の働きがそのまま理である（**心即理**）
「**居敬窮理**」と「**格物致知**」という	行　為	心にある理をそのまま発揮する「**致良知**」

問5　中国思想総合①

正解は③

　この問5と次の問6は，倫政で多く見られるの出題のされ方です。中国思想は個別に出題するよりも，**思想を横断的に出題する傾向が強い**ので，試験前に必ず確認しましょう。

　③社会の統合原理として「**法を重視**」したのは法家です。

　①・②・④の荀子・荘子・孔子の説明は，そのまま覚えてしまいましょう。

問6　中国思想総合②

正解は②

　「自他を区別せず広く平等に愛する」は，墨家の「**兼愛**」の思想です。

　①「上古の（聖人の）道よりも」の部分が不適切です。「**上古の道**」は周の封建**秩序**と読み換えましょう。すなわち儒家が理想としていた社会です。

　③「現実の政治や社会の分野には関心を示さず」の部分が不適切です。道家の老子は「**小国寡民**」という小さな自給自足の共同体を理想としていました。

　④法家は「人民本位の政治」の実現を説いたわけではありません。

正解は③

　最近では，こうした源流思想全般の横断的な知識を問う問題が出題される傾向が見られ，試行調査でも同様でした。日頃から思想間の関係性や相違を意識した整理も心がけましょう。

　①ソクラテスの徳について理解しているのかがポイントです。**ソクラテスは魂の善さを重視した**のであり，金銭的欲求を満たすことを重視したのではありません。

　②**イスラーム教では利子を得ることは禁止**されており，「**無利子銀行**」が運営されています。

　③正しい。モーセの十戒については講義編で確認しておきましょう。

　④ブッダの修行方法は苦行ではなく，**快楽と苦行をさける実践である**「**中道**」です。

畠山のワンポイントアドバイス!!

横断的な理解をしよう

　倫理の「源流思想」では，例えば，選択肢①がソクラテス，②が孔子，③がイエス，④がムハンマド，のように，**分野を横断して思想が問われる傾向**があります。普段から「愛」や「正義」，「人間観」などの**各思想家の捉え方を比較・対照**しながら学習するようにしましょう。

第6章

西洋近代思想①

正解への **攻略ルート** ➡

1. 理解すべき人物と，暗記すべき人物を明確に区別する
2. 理解すべき人物は，**ルター，カルヴァン，デカルト，ベーコン**である
3. ルターの「**信仰義認説**」と「**聖書中心主義**」，カルヴァンの「**予定説**」とマックス・ウェーバーの指摘（カルヴィニズムの資本主義への影響）を理解する
4. **スピノザ，ライブニッツ，バークリー，ヒューム**は特に重要なので，キーワードから解答根拠を考える

問1 近代の始まり

正解は③

近代も，最初の分野は比較的キーワードで解くことが可能です。ただし，そうでない箇所もあるので，解説と講義編でおさえていきましょう。

①「**地動説**」を唱えたのは，**コペルニクス**です。

②「太陽系のような世界が無数にある」と説いたのは，**ブルーノ**です。この考え方を**汎神論的宇宙論**といいます。

③正しい。「自然には数量的な法則性」を「**機械論的自然観（世界観）**」と読み換えることができれば簡単です。

④「**帰納法**」は，**ベーコン**です。**デカルト**は「**演繹法**」です。

問2 ルネサンス期の文学・芸術

正解は①

見慣れない人物や用語が出てきた場合は，他の知っている人物や用語から判断していきましょう。

①**ボッカッチオ**の作品は『**デカメロン**』であることは基本事項です。ちなみに『**カンツォニエーレ**』は，**ペトラルカ**の作品です。

②正しい。

③**アルベルティ**は，少し見慣れない人物ですが，建築や音楽など多くの分野で才能を発揮した「**万能人**」です。

④のダンテの『**神曲**』は，当時は珍しくラテン語ではなく，**トスカナ語という方言でかつ口語体で書かれていました**。特にルネサンスの先駆的な文学なので，必ず内容を講義編で復習しましょう。

問3　ピコ・デラ・ミランドラ

正解は④

この問題は，選択肢ごとに人物が特定できれば解ける問題です。

①**パスカル**です。この文章から「**人間は考える葦である**」を想起できるかがポイントです。

②**ルソー**の『**社会契約論**』に見られる自由の考え方です。

③**ルター**の説く「**キリスト者の自由**」の考え方です。

④正しい。「**自由意志**」はピコ・デラ・ミランドラのキーワードです。

問4　エラスムスとカルヴァンの思想

正解は 4 …⑤，5 …③

この問題もキーワード的に人物を特定していけば，一発即解です。

①「**斬新な技法**」を**遠近法**と捉え，また，「**万能人**」から**レオナルド・ダ・ヴィンチ**です。

②「**贖宥状批判**」と「聖書の**ドイツ語訳**」から，**ルター**です。

③「**神による予定**」と「**禁欲的**に励む」から，**カルヴァン**です。

④「**残酷さによる統治**」から，**マキャヴェリ**です。

⑤聖書のギリシャ語校訂と『**愚神礼賛**』から，**エラスムス**です。

問5　ルター

正解は①

ルターとカルヴァンの違いが分かっていないと，少し戸惑うかもしれません。教科書に触れられていない事項もありますが，消去法で解いていきましょう。

①正しい。「聖書のみがキリスト教の信仰のよりどころ」から，**ルター**の**聖書**

中心主義を想起できるかがポイントです。

②「**予定説**」と「**救いの確証**」から，**カルヴァン**です。

③「信仰と理性の調和」を説いたのは，中世**スコラ哲学**の**トマス・アクィナス**です。

④前半は正しいが，後半の農民が暴徒化することに，ルターは理解を示しませんでした。

問6　カルヴァン（オリジナル）

正解は④

まず，**選択肢の全ての出だしの文章が同じ場合，すぐに読み飛ばしましょう。**

①職業行為の意義を「否定」したのではなく，「救いの確証」を自覚するために「肯定」しました。

②神からの恵みとして，利潤の受け取りを「肯定」しました。

③文章自体に間違いはありませんが，このように分析したのは，後の**マックス・ウェーバー**です。ケアレスミスに注意しましょう。

④正しい。「救いの確証を得るための禁欲的生活」から，カルヴァンです。

問7　近代科学の芽生え

正解は①

うろ覚えだと取りこぼすかもしれないので，試験前に確認しておきましょう。

①正しい。**物体落下法則**や**慣性の法則**を発見したのは**ガリレイ**です。

②「地球を中心とする」ではなく，「太陽を中心とする」とすれば正文となります。

③「**物心二元論**」は**デカルト**の主張です。

④「**普遍的原理**」からデカルトの「**演繹法**」です。

問8　ベーコンのイドラ論

正解は④

取りこぼさないようにしたいサービス問題です。

①と②の説明が逆になっています。

③簡単に信頼「しない」のではなく，「する」とすれば正文となります。

イドラ	内容
種族のイドラ	**人類に共通**する不完全な精神に由来する ・錯覚や自然の擬人化など
洞窟のイドラ	**個人の教育や環境**に由来する偏見・先入観
市場のイドラ <small>いちば</small>	**人間が交際する中で不適切に使用された言説**を鵜呑みにすることでうまれる ・噂など
劇場のイドラ	**伝統や権威**を鵜呑みにすることで生まれる ・学説を信じるなど

問9　ヒューム

正解は③

　問題自体は簡単ですが，知識に穴があると失点してしまいます。このため難易度は星４つにしました。

　①「**判断停止**」は，古代ギリシアの**ピュロン**や現代の**フッサール**です。特に教科書的には後者で覚えておきましょう。

　②「**無知の知**」的な文章で，**ソクラテス**です。

　③「**習慣による信念**」から，**ヒューム**です。

　④真理を探究する意味で懐疑的立場をとったのは，近代のモラリストである**モンテーニュ**です。

問10　デカルト

正解は②

　設問の要求は，「デカルトの考えは何か」というものです。この点をずらさないように選択肢を考察していきましょう。

　①近代の自由意志を先駆的に肯定したのは，**ピコ・デラ・ミランドラ**です。

　②「**良識はこの世に最も公平に分け与えられている**」から，**デカルト**です。

③「生命への畏敬」の説明で，現代思想で登場する**シュヴァイツァー**です。

④「世界を神との必然的な関係で認識する」は，**スピノザ**の「**永遠の相のもとに**」見るという主張です。

問11　ライプニッツ（オリジナル）

正解は④

　倫理分野の難問は，**教科書の掲載頻度が低い人物を出題**する，**資料問題から考察**させる，**特定の思想家の思想を深く出題**する，という３パターンです。これは試行調査でも同様です。この問題は教科書の掲載頻度が低い人物の出題です。試験前には必ず講義編の「ここで差をつける」にさらっと目を通しておきましょう。

　①「**存在することは知覚されること**」から，**バークリー**です。

　②「**知覚の束**」から，**ヒューム**です。

　③「**永遠の相**」から，**スピノザ**です。

　④正しい。「**モナド**」から**ライプニッツ**と判断できるでしょう。

　このように，この問題集では，無駄なく倫政が得点できるように一部問題を作り変えたり，オリジナル化しています。まずはこの問題集の中での完答を目指していきましょう。

問12　経験論総合

正解は③

　キーワードで解ける簡単な問題ですが，見慣れない人物が一同に集結しているので，やや難しいと感じます。

　アは，「存在するとは知覚されることである」から，**バークリー**です。

　イは，「心のもとの状態を白紙に譬えつつ」から，「**タブラ・ラサ**」を思い出し，**ロック**と分かります。

　ウは，因果律を「習慣的な連想」と否定したのは，「**知覚の束**」で有名な懐疑論者である**ヒューム**です。間違えた人は講義編で確認をしておきましょう。

西洋近代思想②

正解への **攻略ルート** ➡

① 理解すべき人物と，暗記すべき人物を明確に区別する

② 理解すべき人物は，**パスカル**，**カント**，**ヘーゲル**，**ベンサム**，**ミル**である

③ カントの「理論理性と批判哲学」，「実践理性と道徳的行為・義務論」は深く理解する

④ ベンサムの「量的功利主義」とミルの「質的功利主義」を対比する

⑤ ミルについては，「危害防止原理」と，「少数派への配慮と自由」について深く問われることを念頭に置く

問1 啓蒙思想

正解は②

①「**抵抗権**」や「**革命権**」を主張したのは，**ロック**などです。

②正しい。また，**ヴォルテール**には『**哲学書簡**』という著作などがあることもおさえておきましょう。

③「保護」ではなく，「弾圧」されました。

④「この宇宙の沈黙は私を震撼させる」や「偶然性」から，**パスカル**です。

問2 ルソーの思想

正解は②

この問題は，ルソーの選択肢だけでなく，他の選択肢の思想家も重要です。すべての選択肢について，思想家を答えられていたかを確認してください。

①「技術的操作の対象」や，「存在が何かを問うこと」などのキーワードから，**ハイデッガー**となります。現代思想分野の人物です。

②「**一般意志**」から**ルソー**だと直答できるはずです。

③「**精神的快楽**」と「**質**」の議論から，**ミル**です。

④「白紙の状態（**タブラ・ラサ**）」から，**ロック**です。

問3 パスカル（資料読解）

正解は④

　資料問題としては，パスカルの思想に当てはめれば解けるので簡単です。

　①「神の似姿」との指摘はありません。

　②「合理的思慮による社会の形成」との指摘はありません。

　③「大地に根付いて生きる」との指摘はありません。

問4 啓蒙思想家

正解は③

　まずは人物とキーワードを一致させましょう。

　①抑制と均衡による**三権分立**を説いたのは，**モンテスキュー**（主著『**法の精神**』）です。特に**裁判権（司法権）を分離した点**に注意しましょう。

　②「様々な学問や技術を集大成した」ものは，この当時の『**百科全書**』のことだと気がつけば，**ディドロ**（**ダランベール**とともに編纂）とわかるはずです。

　③正しい。これは**ヴォルテール**の『**哲学書簡**』の内容です。

　④**ルソー**の『**人間不平等起源論**』の内容です。

問5 モンテーニュ①

正解は③

　「多様でしなやかな魂」に「合致しないもの」を選びましょう。特に近代以降は，資料問題が多く出題されるので，講義編や学校で配られた資料集などを活用するといいでしょう。

　③「**アイデンティティ**」は**エリクソン**の独自用語です。単純な問題ですね。

問6 モンテーニュ②

正解は③

　モンテーニュは神の創造した自然への恵みへの感謝を説くとともに，カトリックとプロテスタントの間で繰り広げられている宗教戦争の愚かさを訴えました。

　③の「神への信仰の否定」は明らかな誤りです。

　④は『**エセー（随想録）**』の説明ですから，しっかりとおさえましょう。

正解は②

カントはとにかく深く出題され，具体例からの出題も多いので，用語を覚えるだけでは太刀打ちできません。

まず資料文の「**命法**」は，自分や他人の人格を，単に「**手段**」としてのみ扱わず，同時に「**目的**」（**それ自体が尊い存在**）として扱うことを説いています。

②は，有名人の施設訪問が自己宣伝という「手段」の面を持つこと，それゆえに入所者を大切にする（＝「目的」として扱う）姿勢がない場合はすべきではない（あればして良い）としており，カントの命法の趣旨に合います。

他の選択肢はいずれも，自他の人格を「手段」とする面があることを理由にして，その行為を否定しています。①夫婦がお互いを「手段」とする面があること，③親を参考書購入の「手段」とすること，④自分を家族や利益のための「手段」とすることです。ただし，そうした面があっても，同時に他者や自分を「目的」として大切にする面があれば，行為として許されるはずです。なお，カントの道徳的行為を確認しておきましょう。

◎試験前に_確認_を!! →→→ **カントの道徳的行為の解法ポイント**

①個人の感覚的欲望である**傾向性**が排除されていること（**義務**の倫理）

②**定言命法**の形式をとること（理由付けが無いこと）

③適法性ではなく，**道徳性**を吟味すること

④人間を**物件**ではなく，**目的**として扱うこと

⑤**善意志**と**動機**主義に基づく**自律**的行為であること

正解は①

問7に比べれば説きやすかったはずです。

①正しい。**カント**の『**永久平和のために**』の**内容**です。

②ユネスコ憲章的な選択肢になっています。

③マルクス主義的主張です。

④「**好戦的本能**」から，ホッブズ的な主張です。

問9 カントの認識論

正解は③

　カントは，従来の「**対象が認識を支配する**（そのまま対象を模倣する・**対象模倣説**）」という認識論から，「**認識が対象を支配（構成）する・対象構成説**」という立場へと，180度認識の枠組みを転回させてしまいました。これを認識論の「**コペルニクス的転回**」とよびます。

　①「**人間の心はもともと何も書かれていない白紙**」から，**ロック**の「**タブラ・ラサ**」の説明です。

　②「**人間に生まれつきそなわっている観念を基礎とした理性的思考**」から，**デカルト**の理性を用いた認識の説明です。

　④「精神が**弁証法的運動**を通じて段階的に発展していく過程」から，**ヘーゲル**の弁証法の説明です。

問10 ヘーゲルのカント批判

正解は③

　カントの主観性を重視する世界観に対して，**ヘーゲル**は「**人間と歴史との関わり**」を重視し，人倫を展開します。

　①**実存主義**の立場からの批判です。「自己の実存に関わる真理」（主体的真理）とすれば，それは**キルケゴール**のキーワードです。

　②**唯物論**的立場からの批判です。また，ヘーゲルは観念論者です。

　④**功利主義**の立場からの批判です。

問11 ヘーゲルの思想

正解は③

　ヘーゲルに関する問題は，弁証法が体系化されているため，比較的解きやすいです。選択肢ごとに解説していきましょう。

　①「家族」の秩序は「愛の結合」＝婚姻に基づくので不適切です。

　②「市民社会」の秩序として「欲望の体系」があるので不適切です。

　③正しい。「自立性」と「共同性」の弁証法的統一が国家で実現するというの

が，ヘーゲルの「**人倫**」です。

④カントの『**永久平和のために**』の考え方です。

問12　ベンサム①

正解は③

「**持続性**」はベンサムの**快楽計算**の基準の一つです。

①**ベンサム**は，**ミル**とは異なり，**物質的快楽と精神的快楽（＝高尚）の質的違いを考慮していません。**

②①に同様です。

④苦痛の分，快楽が差し引かれます。

問13　ベンサム②

正解は④

まず，選択肢ごとに人物を特定していきましょう。

①カントの**定言命法**に基づく義務論的な道徳論です。

③「平等の実現」は，現代の**ロールズ**などの主張です。

問題は，②と④の違いです。②は「**自分の快楽**」，④は「**人々の快楽**」となっています。②はアダム・スミスの「人間の利己心による予定調和」，そして④の「人々の快楽」はベンサムの「社会全体の快楽の増大」と捉えることができます。よって④が正解です。

問14　ベンサム（資料読解）

正解は④

少し読解力が要求される問題です。まず，①「快楽の量と質を区別した」と③「道徳感情を正と不正の判断基準にする」は，ベンサムの考え方に合わないので除外されます。次に資料文の「問題は，馬や犬が理性的に考えられるかでも，話すことができるかでもなく，**苦痛を感じることができるかなのである**」という最後の一文に注意しましょう。すると，②「知性をもつ」が除外され，④に絞れるはずです。④の「何らかの存在が平等な配慮を受ける権利を得る」のは，資料文一行目の「権利を手に入れる日がいつか来るかもしれない」に対応し，やはり④が正解です。

問15　ミルの危害防止原理（資料読解）

正解は③

　ミルの思想が問われています。社会的規制が増え続ける中で，規制の意味をミルは問うています。

　ミルの規制原理は「**第三者への危害の防止**」，つまり「**危害防止原理**」です。ここがブレないように，何を根拠に規制（強制ないしは禁止）を求めているのか，選択肢を見ていきましょう。

　①「本人を守ること」は，第三者への危害と関係のないことです。

　②「誰もが認める正しい行為」は，第三者への危害と関係のないことです。

　③正しい。「電子機器に影響を与える可能性」は，第三者への危害につながります。

　④「世論の強い反対」は，第三者への危害と関係のないことです。

　また，ミルは**多数派に従うことが，必ずしも民主的な社会ではない**としていることに注意しましょう。あくまでも第三者への物理的危害があるのかが，ミルの規制の基準です。

問16　総合問題

正解は①**コント**，②**スペンサー**，③**ミル**，④**ヘーゲル**

　①**コント**の精神と社会の3つの発展段階と，**社会有機体説**（社会有機体説はスペンサーも主張している）の説明です。

　②「**生物進化論は社会にも適用可能**」から，**スペンサー**です。

　③「他者に危害を加えない限り」が，ミルの「**危害防止原理**」の説明です。

　④**ヘーゲル**の歴史観（**自由の拡大路線**）による国家の説明です。

第8章

現代思想①

正解への **攻略ルート** ➡

① キーワード的に解いていくことを心がける
② 深い理解が問われるのは，**マルクス，ニーチェ，ハイデッガー，フッサール**である
③ マルクスの「**史的唯物論**」，ニーチェの「**永劫回帰**」，ハイデッガーの「**現存在**」，フッサールの「**現象学**」は，選択肢を注意深く読み，キーワードだけに飛びつかないこと
④ その他の見慣れない人物についても，キーワードを押さえること

問1　プラグマティズ

正解は①

①正しい。プラグマは「**行為・実践**」という意味のギリシア語です。

②「**大陸合理論**」ではなく，「**イギリス経験論**」です。①と矛盾していることに気がついてください。

③「**思弁的**」は不適切です。また，実生活と「**隔絶**」するのではなく，「**関わり改善する**」です。

④科学的認識も重要視します。

問2　デューイ（オリジナル）

正解は④

①「**大陸合理論**」ではなく，「**イギリス経験論**」です。

②「**形而上学クラブを設立**」から，**パース**の説明です。

③「**真理の有用性**」から，**ジェームズ**の説明です。

④正しい。「知識を**道具**として」「**創造的知性**」から，**デューイ**と判断できます。

問3　空想的社会主義とオーウェン

正解は③

①**マルクス**の説明です。『**資本論**』とあるので，すぐにわかります。

②**レーニン**の説明です。『**帝国主義論**』という著作から判断できます。

③正しい。「開明的な経営者」とあるので，これは**ロバート・オーウェン**の説明です。

④政経分野で学習する**ケインズ**の説明です。

問4　マルクス

正解は③

この問題は直答できます。

③は「**世界史とは自由の意識の歩み**」から，ヘーゲルの歴史観であると分かるはずです。特に現代思想分野では，これまで学習した内容が蓄積されているので，時間軸を超えて横断的に出題されることも念頭に置いておきましょう。

問5　社会民主主義など（オリジナル）

正解は②

①「革命」ではなく，「**福祉政策の充実**」です。

②正しい。

③「批判し合って」ではなく，「**連携して**」です。

④「ニューハーモニー村」ではなく，「**ニューラナーク紡績工場**」です。オーウェンは，ニューラナーク紡績工場での成功体験をもとにアメリカに渡り，「**ニューハーモニー村**」を作るも失敗して全財産を失いました。

問6　実存主義・キルケゴールとサルトル

正解は27…⑤　28…①

３行文であっても恐れずに「キーワード」を探して解いていきましょう。選択肢ごとに人物を特定していきます。

①「**実存は本質に先立つ**」から，**サルトル**です。

②「**分割できない非物質的要素**」から，「**モナド**」だと分かります。この主張をしたのは大陸合理論の**ライプニッツ**です。

③「**生命への畏敬**」から，**シュヴァイツァー**です。

④「**聖書中心主義**」から，**ルター**です。

⑤「**主体的真理**」から，**キルケゴール**です。

問7 実存主義・ニーチェ

正解は②

ニーチェの「**永劫回帰**」の説明です。

①「**第二の誕生**」から，**ルソー**です。

③「知性を用いて現状を解決する」ことは，**デューイ**の「**創造的知性**」の立場です。

④「無目的な世界のなかで苦悩する」のは，**ショーペンハウアー**の「**ペシミズム（厭世主義）**」の世界観です。

　もし，ニーチェの「**ニヒリズム・永劫回帰**」と，ショーペンバウアーの「**ペシミズム**」の判断に迷った時は，ニーチェは**世界を「肯定する」と，積極的に捉えている**一方で，ショーペンハウアーは**世界を「苦痛の連続」と，消極的に捉えている**ことに注目してください。

問8 フッサールとメルロ・ポンティ（オリジナル）

正解は1…⑥，2…⑤

　聞きなれない人物の思想が出題された場合でも，これらはキーワードで解くことができることが多いため，単語カードなどを作るなどして覚えていきましょう。

①「**現存在**」は，**ハイデッガー**の用語です。

②「**限界状況**」は，**ヤスパース**の用語です。

③「**自由の刑**」は，**サルトル**の用語です。

④「**不条理**」は，**カミュ**の指摘です。

⑤「**身体が主体と客体の両義性を持つ**」は，**メルロ・ポンティ**の指摘です。

⑥「**エポケー**」は，**フッサール**の現象学の用語です。

　特に近年出題が多くなっていたのが④⑤⑥です。①②③は当然のこととして，④以降について講義編で必ず理解を深めておきましょう。試験前の暗記では太刀打ちできない場合があります。

問9　フロイト・ヤスパースとハイデッガー

正解は16…⑥，17…①，18…④

①「死・苦・争い・罪」は「**限界状況**」のことだと分かります。よって**ヤスパース**です。

②「自己を肯定すること」は，**ニーチェ**の「**超人**」のあり方だと分かります。

③「**共感**」から，**アダム・スミス**だと分かります。

④「**良心の呼び声**」から，**ハイデッガー**です。

⑤「**内的制裁**」を重視したのは，**質的功利主義**の立場である**ミル**です。

⑥「自我の検閲者」は，**フロイト**の「**スーパー・エゴ（超自我）**」の説明です。

畠山のワンポイントアドバイス!!

人名が多くなる時は単語カードを！

　現代思想の後半や，日本思想では人名が多くなります。すると必然的に思想的に深い出題よりも，**人名と用語を一致できるかが勝負**になります。僕は学生達に「**単語カード**」を**作る**ように勧めています。表に「**人名**」，そして裏に「**主要用語（キーワード）**」を書きます。例えば，キルケゴールだったら「主体的真理，美的・倫理的・宗教的実存，絶望」という具合です。そして**キーワードから人名が言えるように**していきましょう。そして，まさしくカギとなる「キーワード」は，講義編の「ココが出る!!」や，この解説の「攻略ルート」に載っています。

第9章

現代思想②

正解への **攻略ルート** ➡

1. **ハーバーマス，構造主義，ロールズ，セン**などが特に重要であり，キーワードだけでなく，思想の要点を具体例とともに考える
2. **コミュニタリアニズム**については，多くの出題が予想される
3. 現代分野では，これまで見た用語と似たものが多く出てくるので，似た用語を常に意識して解答を考える
4. **アファーマティブ・アクション**については，「不遇な立場にあるものを暫定的に優遇する点」に気をつけながら，「実質的平等」と「形式的平等」について考える

問1　現代のヒューマニズム（オリジナル）

正解は③

やや細かい知識が問われていますが，正確に選択肢を読んでいきましょう。

①「**生への盲目的意志**」は，**ショーペンハウアー**の用語です。正しくは「**生きようとする意志**」。

②「**プロテスタント**」ではなく，「**カトリック（カソリック）**」です。

③正しい。**スワデーシ（国産品愛用）**もスローガンに掲げています。

④「**戦闘的ヒューマニズムを文学を通して訴えた**」のは，**ロマン・ロラン**です。

問2　フランクフルト学派・ホルクハイマーとアドルノ

正解は①

①正しい。「**道具的理性（理性の道具化）**」の説明です。

②「**理性が万人に平等に与えられている**」と考えたのは，**デカルト**です。

③魂を3つに分けて説明する「**魂の三分説**」は，**プラトン**の考え方です。基本用語ですが，この分野での出題だと，時間軸に大きな幅があって盲点となりやすいので注意しましょう。

④「**対話的理性（コミュニケーション的合理性**）」は，**ハーバーマス**の用語です。

問3　現代思想統合

正解は30…⑥，31…②，32…⑤

①「**主体的真理**」を主張したのは，**キルケゴール**です。

②「**自由からの逃走**」を指摘したのは，**フロム**です。

③「**狂気**」についての分析は，**フーコー**です。

④「**一次元的人間**」は**マルクーゼ**の用語です。

⑤「**内部志向型**」「**他人志向型**」は**リースマン**の用語です。

⑥合理的な組織としての「**官僚制**」の分析と批判は，**ウェーバー**です。

問4　構造主義（オリジナル）

正解は④

　多くの出題が予想される分野の1つに，この「**構造主義**」があります。講義編でかなり丁寧に解説してあるので，失点した人は今すぐ読み直してください。特に①の**ソシュール**は，暗記では太刀打ちできないことがあります。

　④内容的には正文ですが，**サルトル**は，「**構造主義**」ではなく「**実存主義**」の立場で，構造主義と対峙する立場です。選択肢の説明が正しい場合は，必ず設問の要求を見直しましょう。

問5　ハーバーマス

正解は②

　選択肢をそれまで学習した内容に「要約」する訓練もしておきましょう。具体的には，一問一答やポイント整理を見るのではなく，必ず正誤型の問題集を，講義編とともに理解しながら解いていきましょう。

　①**ロールズ**の正義論の中で展開される，「**平等な自由な原理**」と「**格差の原理（格差原理）**」の説明です。

　②正しい。「理性的な対話により合意を作ること」は，**ハーバーマス**の「**コミュニケーション的合理性（対話的理性）**」の説明です。

　③「**所有権・財産を確実に守る社会契約**」は，**ロック**の**社会契約説**です。

　④「**一般意志**」の指摘を行なったのは，**ルソー**です。

正解は③

①「捉えない」ではなく，「捉える」とすれば正文となります。

②「尊重する」ではなく，「疎外する」とすれば正文となります。

③正しい。なお著作『論理哲学論考』も用語として覚えておきましょう。

④「ホーリズム（知の全体論）」と「個別的学問」を入れ替えれば正文となります。

問 7　ロールズとセン

正解は34…③, 35…①

①「潜在能力」の保障は，センの指摘です。

②「共感」による倫理は，アダム・スミスの指摘です。

③「公正な分配」を正義の問題として扱ったのは，ロールズです。

④「不信に満ちた自然状態」は，ホッブズの「万人の万人に対する闘争」における状態です。

⑤権利は何人も侵すことはできないという「権原理論」に基づき，国家の役割を国民の権利保護のみに限定したのは，ノージックの「最小国家」の考え方です。

⑥自然法を国際法にも適用することを主張したのは，国際法の父であるグロティウスです。この選択肢は政経分野とも重なります。

問 8　現代における自由と公正 （オリジナル）

正解は②

この分野は「公共」を考える上で大切となるため，多くの出題が予想されます。しっかりと講義編を読んで理解を深めておきましょう。

①「仕事」ではなく，「活動」とすれば正文となります。

②正しい。「無知のヴェール」はロールズのキーワードの一つです。

③「悪」ではなく，「善」とすれば正文となります。

④「危険性」ではなく，「重要性」とすれば正文となります。

問9 アファーマティブ・アクション（オリジナル）

正解は①

「**アファーマティブ・アクション**（積極的格差是正措置）」とは，**社会的に不利な立場にある側を暫定的に有利な扱いをする**ことで，実質的に格差をなくす考え方です。

①の合格最低点を「引き下げる」ことで，アフリカ系アメリカ人は合格しやすくなります。

②ともに合格とすれば，もともと有利であった男性も優遇されることになり，格差は縮小しません。

③シートベルト着用は「規制」であり，優遇政策ではありません。

④これは「同化政策」となってしまい，少数民族の尊重ではなく少数民族の文化的抑圧になってしまいます。

畠山のワンポイントアドバイス!!

まずわかることから判断を

　試験では，時折見慣れない思想家が選択肢に顔を出すことがあります。そうした場合は，慌てずにまず，**他の選択肢を見回して見知ったキーワードから人物を判断し**，消去法を使って正解の選択肢を絞り込みましょう。また，こうした人物（講義編では随所にまとめてあります）は，直前期にさっと確認することをお勧めします。その方が**印象に残りやすく，効率的に覚えられる**からです。すべてを完璧にではなく，9割以上を目指すという余裕で問題に向き合ってください。

第10章

古代日本思想と仏教の展開①

正解への 攻略ルート

① 日本古代は「**八百万神**」という多神教的世界，と「**清き明き心（晴明心）**」という倫理観が解答根拠となることが多い

② 日本人の宗教観としての「**神仏習合**」という多重信仰がある点が狙われやすい

③ 日本仏教については，「**聖徳太子**」，「**奈良仏教**」，「**平安仏教**」，「**鎌倉仏教**」の４つを横断的に区別して理解すること

④ 最澄の「**一乗思想（法華一乗）**」と空海の「**三密**」は必ず講義編で理解すること

⑤ 遊行僧として，奈良時代の「**行基**」，平安時代の「**空也・市聖**」（空海と区別），鎌倉時代の「**一遍・捨聖**」は盲点

問1　日本の神

正解は③

　まず，西洋の神と日本の神をしっかりと区別しましょう。特に日本の神は，**唯一神ではなく八百万神という多元的な姿をしている**点に注意しましょう。

　①，②，④はすべて西洋の一神教における神の説明です。

問2　古代日本思想

正解は③

　ちなみに，「暗心」や「濁心」も③と同義です。

　①，②，④はすべて「清き明き心」となります。倫理では，**同じ思想や表現が言い換えられることが多い**ので，普段から注意しておきましょう。

第9章

第10章

第11章

第12章

第13章

第14章

第15章

問3 清き明き心

正解は②

②は，源信の『**往生要集**』にある「**厭離穢土，欣求浄土**」。穢れきった国土を離れ，極楽浄土を願い求める，という意味です。

問4 日本文化

正解は②

問題は簡単ですが，知識に抜けがあると失点してしまうので注意が必要です。選択肢ごとに説明していきましょう。

①**中根千枝**などが指摘しています。実力よりも，**年功が重視される傾向**があります。

②内面的な罪の自覚は「**罪の文化**」といい，欧米の文化です。日本の場合，他人の目を気にする「**恥の文化**」であると，**ベネディクト**は指摘しました。

③聖徳太子の「**和をもって貴しとなす**」に代表されるように，独立した個人よりも集団を重視する傾向が強いのが特徴です。

④一般的に指摘されています。いわゆる「**ホンネとタテマエ**」のことです。

問5 和辻哲郎の風土

正解は④

これは知識から直答できます。以下を確認しておきましょう。和辻によれば，**日本はモンスーン型に属しますが，「しめやかな激情」**といい，**物静かな反面，喜怒哀楽が非常に激しい**と分析しています。

○試験前に確認を!! →→→ **和辻哲郎の『風土』の研究**

●自然環境と人間の相関関係

型	自然	人間	文化
モンスーン型	暑熱と湿気，自然の暴威	忍耐的，受容的，感情的，非戦闘的	人生への洞察など
砂漠(沙漠)型	荒々しい	団結，戦闘	人格神
牧場型	夏の乾燥期と冬の雨期	合理的，自然に対して支配的	合理性，自然科学

正解は①

　平安時代に入ると，それまでの**神道と仏教を融合する神仏習合の思想**が現れます。特にインドの仏が日本の神となって現れた（権現した）とする，**本地垂迹説**をしっかり理解しておきましょう。

　②儒教と神道を結びつけたのは，**山崎闇斎**の**垂加神道**です。

　③「遊行僧」ではなく，「**山伏**」とすれば正文となります。

　④**復古神道**は，仏教や儒教の教えを排した純粋な神道で，**平田篤胤**が有名です。

○試験前に*確認*を!!　→→→　神道の推移

時代	神道	内容
平安時代	**本地垂迹説**（仏主神従）	**仏教優位**の「神仏習合」
鎌倉時代	反本地垂迹説（神主仏従）	**神道優位**の「神仏習合」
江戸時代	**垂加神道**	**儒教と神道**の融合，**山崎闇斎**が有名
	復古神道	外来宗教の影響を排した神道，**平田篤胤**が有名

正解は③

　知識を曖昧にしていると失点してしまいます。**密教は大日如来が直接説いた密かな教え**で，**顕教は釈迦が説いた仮の教え**です。この2点をしっかり区別し，試験前に思いだしましょう。特に，別の分野の対比用語が混在していると難しく感じられます。

　①これは**大乗仏教**と上座部仏教（小乗仏教）の対比を用いた誤りの選択肢です。

　②密教は「**真言（マントラ）**」という「**仏・菩薩の秘密の言葉**」を観ずることによって功徳がある，とされているので不適切です。なお，後半部は「**曼荼羅**」の説明です。

　④これは，**禅宗**と**浄土教**（浄土信仰）の対比を用いた誤りの選択肢です。

第9章

第10章

第11章

第12章

第13章

第14章

第15章

問8 三密

正解は②

　倫政のオーソドックスな問題で，選択肢ごとに人物が特定できます。選択肢ごとに解説していきましょう。

　①**親鸞**の「**還相廻向**」の説明です。念仏という表現が用いられている時点で消去できます。「**還相**」は見慣れない用語ですが，講義編で必ず確認しておきましょう。

　②正しい。衆生の身・口・意の三つの行為が仏と一体となることを「**三密**」といいます。

　③**道元**の「**只管打坐**」の説明です。

　④**日蓮**が他宗批判をした「**四箇格言**」は，講義編で必ず確認しておきましょう。

問9 最澄の思想①

正解は④

　①すでに仏であるわけではないので修行をする必要が「あり」ます。

　②「選ばれたもののみ」ではありません。最澄は，法華経は衆生を乗せて悟りの境地に運ぶ乗り物だとする**一乗思想**を説いています。

　③「法華経に帰依する」を意味する題目は，**日蓮**の「**南無妙法蓮華経**」です。

　④正しい。よく読めば①と④は修行を「する」のか，「しない」かの違いです。

選択肢内に矛盾関係があることに気づけば，容易に①④の2択に絞れます。

問10 最澄の思想②

正解は②

　これは簡単な問題なので，絶対に失点しないようにしましょう。

　①「**立正安国**」から，**日蓮**です。

　②「**法華経の教えを中心**」，「**すべての衆生に仏性がある**」から，**最澄**です。

　③「**修行をすることが，そのまま悟り**」から，**道元**の「**修証一等**」です。

　④「**大日如来**」から**密教**の思想です。

問11　空也

正解は①

「**市聖**（いちのひじり）」のキーワードから即解できます。なお，市中に出て修行することを「**遊行**」といいます。

②**行基**の説明です。「**東大寺大仏の建立**」や「**菩薩と仰がれた**」がキーワードです。

③**役小角**（えんのおづぬ）の説明で，そもそも遊行僧ではありません。

④**一遍**の説明です。キーワード「**捨聖**」から一発解答を導きましょう。

以下が代表的な遊行僧です。試験前に確認しましょう。

○試験前に*確認*を!!　→→→　代表的遊行僧

時代	人名	特徴
奈良時代	行基	「行基菩薩」と尊敬される
平安時代	空也	「市聖（阿弥陀聖）」と呼ばれる
鎌倉時代	一遍	「捨聖」と呼ばれる

畠山のワンポイントアドバイス!!

繰り返しが大事

　日本思想は，日本史と重複する部分があり，人物が多いのが特徴です。こうした場合は前にも述べましたが，単語カードを作るのが効率的です。そして同じ**出題パターンが繰り返される**ことが多いので，この問題集や，とりあえずセンターの過去問を繰り返し解くことが大事です。また，用語の関係性が見えなくなった時は，用語集を引きながら，講義編をじっくり読み直すのも効果的です。そして共通テストは，選択肢の中のキーワードから，**どの時代の人物なのか**を判断し，**人名の特定**をしていくことがポイントです。

第9章

第10章

第11章

第12章

第13章

第14章

第15章

日本仏教の展開②
～鎌倉仏教を中心に～

正解への 攻略ルート ➡

① まず「浄土系・他力（法然，親鸞，一遍）」，「禅宗系・自力（栄西，道元）」を対比的に理解する

② 親鸞の「悪人正機説」における「悪人」の意味，道元の「修証一等」の「修行と悟りが同じ」である点は最頻出

③ 日蓮の，国家の変革と民衆の救済を優先させる「立正安国論」は常に念頭に置く

④ 浄土系の念仏は「阿弥陀如来」を念じること，密教の「大日如来」と区別して問題を解く

問1　法然の迫害

正解は①

　法然は，修行を通して悟ることよりも人々を救済することに重点をおき，**念仏を称えることを人々に説きました**。この時，**華厳宗**の僧である**明恵**は，法然は悟ろうとする心「菩提心」に欠けるなどと批判しました。

　②法然はむしろ，旧仏教の悟りを求める心を軽視する立場でした。

　③「**末法思想**」は，法然が広めたものでありません。

　④阿弥陀仏の修業時代である法蔵菩薩であった時に立てた誓い（四十八願）の説明です。

問2　法然

正解は③

　この問題も選択肢ごとに人物を特定するオーソドックスな問題。消去法で判断しましょう。

　①「**山川草木悉皆成仏**」を説く天台宗の考え方です。

　②「**仏の悟りが備わっている**」とするのは禅宗系の考え方であり，「**極楽浄土へ**

往生する」という法然らの浄土系と考え方と矛盾します。

③正しい。「他力易行門（たりきいぎょうもん）」から判断できるでしょう。

④これは天台宗の『摩訶止観（まかしかん）』などに見られる考え方です。

正解は③

　親鸞のいう「悪人」とは，悪を為す人のことではなく，**自ら悟ることができない，という悪の自覚をもつ人，すなわち「凡夫」のこと**です。この部分を誤解しないようにしましょう。

　ちなみに，『**歎異抄**』は親鸞の弟子である**唯円**の著作です。親鸞の著作としては『**教行信証**』が有名です。

　①「善に努めよう」とした時点で，他力ではなく自力となるので不適切です。

　②少し難解です。「阿弥陀仏に救いを頼む」のではなく，すべてを委ね（**絶対他力**），感謝する「**報恩感謝の念仏**」が親鸞の思想なので不適切です。

　④①に同じく「善に努めよう」とした時点で，他力ではなく自力となるので不適切です。**②と③を区別できたかが得点の分け目**となる良問です。

正解は②

　この問題は，キーワードを探して解いていきましょう。

　①『**往生要集**』から，**源信**です。

　②「**南無阿弥陀仏**の名号」「すべてを捨てて」から，全国を「**踊念仏**」を行ないながら歩いた**一遍**です。

　③「阿弥陀仏」を「大日仏（大日如来）」に直して，「この身このままに一体（即身成仏）」とすれば，**密教**の思想となります。

　④「阿弥陀の本願」を「法華経」と直せば，**日蓮**の思想となります。

正解は①

　この問題は難問かつ良問です。「親鸞が恵信尼（えしんに）と結婚したことの意義」を考えることが大切です。観音菩薩とは，大乗仏教の一切衆生を救おうとする菩薩への

信仰から生まれた，衆生を救済する仏のことです。この問題では，観音菩薩を知っていたかではなく，**結婚した親鸞が煩悩具足の在家としての信仰に目覚めていく**という点がポイントです。

①正しい。「**非僧非俗**」の在家の立場を表す文章になっています。

②「罪業を贖うために，信仰する」のではありません。これでは自力となってしまいます。また，**罪を贖うという発想は，キリスト教的**でもあるので不適切です。

③「煩悩を抑えること」は，**煩悩具足の凡夫**という親鸞の立場に反するので不適切です。

④③同様，「煩悩を克服」は，煩悩具足の凡夫という親鸞の立場に反するので不適切です。

問6　栄西

正解は④

「坐禅」から禅宗系であることが，そして「国家に役立つ」から『**興禅護国論**』の**栄西**とわかります。なお，「看話禅」を行なうことも，「臨済宗」とセットで覚えておきましょう。

①はやや難しいですが，「**一乗思想**」について述べています。

②は「**厭離穢土，欣求浄土**」の主張から**源信**です。

③は「**一切衆生悉有仏性**」から**最澄**と判断できます。

問7　道元

正解は④

道元は，修行が悟りの手段ではなく，悟りそのものと同じであるとする「**修証一等**」を説いたことに注意しましょう。また，道元の修行とは，**坐禅を含めた日常生活すべてのこと**です。

①「**公案**」と「**鎮護国家**」のキーワードから**栄西**と特定できます。

②「**すべての衆生に仏になる可能性**」から，**最澄**と特定できます。

③「**題目**」のキーワードから**日蓮**と特定できます。

正解は④

　鎌倉新仏教の集大成的な問題です。選択肢ごとに人物を特定していきましょう。

　①「自力作善を絶つ」，「悪の自覚」「報恩感謝の念仏」，「在家主義」のキーワードから，**親鸞**と特定できます。

　②「末法思想を否定」，「ひたすら坐禅」，「修行そのものが悟り」のキーワードから，**道元**と特定できます。

　③「踊念仏」，「遊行」，「捨聖」のキーワードから，**一遍**と特定できます。

　④正しい。「法華経」，「立正安国」から**日蓮**と判断できるでしょう。

○試験前に*確認*を!!　→→→　鎌倉新仏教

開祖	宗派	重要用語
法然	浄土宗	専修念仏（**南無阿弥陀仏**），他力易行門
親鸞	浄土真宗	**悪人正機説**と**自然法爾**
一遍	時宗	**踊念仏**（弥陀への感謝を表し踊る） **捨聖**…一切を捨てて念仏を唱える
道元	曹洞宗	**只管打坐**（ひたすら坐禅）→修行と悟りは同じ「**修証一等**」 **身心脱落**…自己の心も身体もすべて忘れ，執着心を断った状態
栄西	臨済宗	公案（難解な問い）に答える「**看話禅**」
日蓮	日蓮宗（**法華宗**）	題目…「**南無妙法蓮華経**」（法華経に帰依するという意味） 他宗批判→「**四箇格言**」 法華経の行者→弾圧を受けるのは正しさの証明 **立正安国論**→国を仏国土変革するために，国家として法華経に帰依すべき

第12章

江戸時代（日本近世）の思想

正解への 攻略ルート →

① 朱子学と陽明学の対比，また解釈中心の朱子学と原典（書経）を重視する「古学派」の対比，国学，町人の思想の5つの分野で横断的に理解する

② 特に，**林羅山，中江藤樹，山鹿素行，伊藤仁斎，荻生徂徠，賀茂真淵，本居宣長，石田梅岩，安藤昌益，二宮尊徳**は最頻出の10人。キーワードからおさえていく

③ 江戸時代の思想家については，まず選択肢中のキーワードに注目して判断する

問1　林羅山（オリジナル）

正解は②

　江戸時代（日本近世）の思想家については，キーワード的に理解していればほとんど解けます。攻略ルートに示した重要人物10人は，試験前に必ずおさえておきましょう。

　①「朱子学を仏教から独立」から，**藤原惺窩**です。

　②正しい。林羅山の「**上下定分の理**」を想起できるかがポイントです。

　③「**垂加神道**」から，**山崎闇斎**です。

　④「イタリア人宣教師の尋問録」から，**新井白石**です。この尋問録は『**西洋紀聞**』といいます。福沢諭吉の『**西洋事情**』と間違えないように注意しましょう。

問2　中江藤樹

正解は②

　①武士は「**三民の師表**」となるべしという**士道**を説いた，**山鹿素行**です。

　③商人の**社会的必要性と利益の肯定**を説いた，**石田梅岩**です。

　④「**万人直耕**」を説いた，**安藤昌益**です。

　②が正解だと判断できなくても，人物とキーワードから解けてしまいます。

必ず読もう！　完成講義　第5章

問3 山鹿素行

正解は②

「三民を教導する道徳上の規範」から,「**三民の師表**」を説いた**山鹿素行**です。

①「**上下定分の理**」から,**林羅山**です。

③「**武士道と云ふは死ぬ事と見つけたり**」から,山本常朝です。

④「**一君万民**」から,**吉田松陰**です。

問4 伊藤仁斎

正解は②

伊藤仁斎は,朱子学のように単に**理に則って生きることは**,**酷薄で非情である**と考えました。そしてし「**仁とは愛**」と考えた。つまり「理」を軽視する態度を持っていたことを理解しましょう。

①「**易姓革命**」は,**孟子**の思想です。朱子学は上下の秩序を重視します。

③「**愛敬**」は,**中江藤樹**の立場です。

④「**良知**」と「**知行合一**」は,**陽明学**の立場です。

問5 荻生徂徠

正解は①

聞きなれない用語が出てきた時は,まず,「知っている用語・説明」が書いてある選択肢から正誤判定していきましょう。本問でも,たとえ荻生徂徠についてわからなくても消去法で正解できます。

②「**近江聖人**」と仰がれたのは,**中江藤樹**です。

③『**聖教要録**』を著したのは,**山鹿素行**です。

④『**論語**』『**孟子**』と,「**誠**」を重視したのは,**伊藤仁斎**です。

問6 賀茂真淵

正解は③

これも問5同様,消去法で即解できます。

①「親しみ愛し合い」という立場は,「**仁とは愛**」と説いた**伊藤仁斎**です。

②「**自然世**」は,**安藤昌益**の思想です。

④士農工商それぞれに社会的役割を認めたのは,**石田梅岩**です。

第9章

第10章

第11章

第12章

第13章

第14章

第15章

問7　本居宣長

正解は④

　本居宣長は儒学の古学の研究方法の影響を受けて，中国ではなく日本の古代の研究を行いました。

　①「古代の純粋な神道信仰に復帰」は，**平田篤胤**の「**復古神道**」の説明です。

　②「**高く直き心**」は，**賀茂真淵**の立場です。

　③「無名の人々の文字によらない暮らし」は，近代の民俗学者である**柳田国男**の「**常民**」の考え方です。

　本章のようにキーワード的に解ける分野と，源流思想のように用語の深い理解が必要な分野があります。**理解分野と暗記的要素の強い分野にメリハリをつけて学習しましょう。**

問8　石田梅岩（オリジナル）

正解は④

　試験では教科書掲載頻度の低い思想家も出題されることがあります。ただし，そうした場合でも，問5の解説でも述べたように，まず「知っている用語・説明」が書いてある選択肢から正誤判定していくことがポイントです。この問題もキーワード的に誤りの選択肢を消去できます。

　①「**無鬼論**」「**天動説**」から，**山片蟠桃**です。

　②「**懐徳堂**」「**加上説**」から，**富永仲基**です。

　③『**大和本草**』から，**貝原益軒**です。

　④正しい。「商人が利益を上げることを肯定」から**石田梅岩**です。

問9　二宮尊徳（オリジナル）

正解は③

　この問題のように，すべての選択肢に当該人物に関する記述が出題されると，キーワード的排除ができず，正答率が下がる傾向があります。この分野ではこうした出題は多くはありませんが，問題を通して慣れていきましょう。

　①「**天道**」は，「恩恵を与える」ことと「災いを与える」ことの両面を持ちます。

　②「人道が天道に代わる」のではなく，「天道に人道が加わる」ことで世の中は完全になると考えました。

③正しい。「**報徳**」から**二宮尊徳**です。

④「**推譲**」ではなく「**分度**」です。ただし，「推譲」も二宮尊徳は徳目に挙げています。

正解は①

倫政は，このように知識を横断的に問う出題をする傾向があります。攻略ルートに記した基本の10人はしっかり覚えておきましょう。

ア「聖人が制作した儀礼・音楽・刑罰・政治などの制度」から，**萩生徂徠**です。

イ「**自然世**」への復帰から，**安藤昌益**です。

ウ「武士は道徳的な指導者」から，**山鹿素行**です。

エ「**東洋道徳**」「**西洋芸術**」から，**佐久間象山**です。

▶試験前に*確認*を!!　→→→　江戸時代頻出の10人

人名	思想・キーワード
林羅山	**朱子学**，生まれつきの**上下定分**，「**敬**（禁欲）」 仕官し朱子学を官学へ
中江藤樹	**陽明学**，**時・処・位**に応じた「**愛敬**」，親しみとしての「**孝**」の実践
山鹿素行	**古学**，武士は**三民の（道徳的）師表**，死を選ぶ武士道を批判
伊藤仁斎	人は欲を持ち関わる**活物**，理ではなく愛で正す「**仁とは愛**」，「**誠**」
荻生徂徠	聖人が定めた社会制度（**先王の道**）の重視 先王の道こそ**安天下の道**
賀茂真淵	『万葉集』を研究，「**ますらおぶり**」，「**高く直き心**」，天地自然の道
本居宣長	『古事記』や『源氏物語』を研究，「**もののあわれ**」，「**漢意**」を**批判**
石田梅岩	商人利益の**肯定**，**正直**，**倹約**，石門心学
安藤昌益	不耕貪食の**聖人を批判**，万人直耕で差別なき「**自然世**」へ
二宮尊徳	天道に「**人道**」が加わり世の中は完全に，**報徳思想**，**分度**，**推譲**

第13章

明治期以降の
日本思想

正解への **攻略ルート** ▶

① キーワードで得点できる一方で，人名が多いため，特に頻出となる人物から判断すること

② 頻出人物は，**福沢諭吉**，**中江兆民**，**内村鑑三**，**新渡戸稲造**，**西田幾多郎**，**和辻哲郎**，**柳田国男**である

③ 理解が必要となるのは，西田幾多郎の「純粋経験」の具体例，和辻哲郎の「間柄的人間」の人間と社会の関係性である

④ 庶民研究をした**柳田国男**や，**折口信夫**などの出題が増えることが予想される

問1　明六社

正解は④

　この分野は，**キーワード的に暗記で解ける問題と理解しなければならない問題が混在しています**。メリハリを付けて学習しましょう。これはキーワードの暗記で解ける問題です。

　ア　一夫一妻制の重要性を主張し，自ら契約結婚したのは，**森有礼**です。

　イ　「哲学」，「理性」などの訳語を案出したのは，**西周**です。

　ちなみに**加藤弘之**は，社会進化論の立場から天賦人権論を批判しました。また**中村正直**は，スマイルズの『Self-Help（自助論）』を『**西国立志編**』，ミルの『On Liberty（自由論）』を『**自由之理**』として翻訳しています。

問2　福沢諭吉と西村茂樹

正解は23…①，24…③

　①「儒学は世の中を停滞させる弊害を持つ」と批判したのは，**福沢諭吉**です。

　②「武士道精神は，キリスト教を受容する基盤」から，**内村鑑三**です。

　③「儒学と西洋哲学を折衷した国民道徳」から，**西村茂樹**です。

④「人民に抵抗する権利」から，**植木枝盛**です。

⑤「儒学に影響されない思想」，「古代の文献研究」から，江戸時代の**国学**の思想です。

問3　中江兆民（オリジナル）

正解は③

『一年有半』，『続一年有半』は，癌で余命1年半の宣告を受けた中江兆民が著した評論集。この問題も，しっかりとキーワードから攻略していきましょう。

①「**抵抗権**」「**一院制議会**」から，**植木枝盛**です。

②「**恢復的民権**」と「**恩賜的民権**」が逆になっているので不適切です。

④「**アジアは一つ**」から，**岡倉天心**です。

問4　内村鑑三

正解は①

3行文の選択肢は難しい，と考える受験生も多いでしょう。だが，むしろ情報量が多いため，キーワード的に「×」が見つかれば容易に正答にたどりつけます。

①正しい。**内村鑑三**の「**二つのJ**（日本とイエス）」を想起できるかがポイントです。

②「**同志社を設立**」から，**新島襄**です。

③**社会民主党**の結成者についての説明です。内村鑑三は結党に参加していません。結党した6名中，**幸徳秋水**以外の5名（片山潜など）はキリスト教徒です。

④「**太平洋のかけ橋**」から，**新渡戸稲造**です。

問5　新渡戸稲造

正解は①

「武士道を世界に紹介」から判断できるでしょう。

②「大正デモクラシーの指導的役割」から，**吉野作造**です。

③『**西国立志篇**』から，**中村正直**です。

④「徹底した非戦論」から，**内村鑑三**です。社会主義者の立場から非戦論を展開した**幸徳秋水と区別**しましょう。

第9章

第10章

第11章

第12章

第13章

第14章

第15章

必ず読もう！

完成講義 第5章

問6　国粋主義の思想（オリジナル）

正解は④

何度も繰り返しますが，キーワード的に正答を導きだせます。

①「平民主義」は，徳富蘇峰です。

②「不敬事件」は，内村鑑三です。

③「哲学者として**キリスト教を反国家的であると非難**」したのは，井上哲次郎です。

④西村茂樹はやや耳慣れない人物かもしれませんが，①〜③はキーワード的に容易です。特に③以外は直前に確認しておきましょう。

○試験前に*確認*を‼　→→→　国粋主義

人物	キーワード・思想
三宅雪嶺	『日本人』を創刊，**国粋主義**を主張
徳富蘇峰	『国民之友』を創刊，**平民主義**を主張 後に急進的な主戦論に転換
陸羯南	新聞『日本』を刊行，日本の自主的改革を主張
井上哲次郎	東京帝国大学の哲学教授 **キリスト教を反国家的であると批判**

問7　夏目漱石

正解は②

この問題は，誤りの選択肢が別人の思想をベースにして作られています。ベースとなっている人物を指摘していきます。

①「**利己心を発揮**」「**人類全体のためになる**」は，**アダム・スミス**的思想です。

③「小なる自己が乗り越えられ，自己と世界が統一」は，西田幾多郎の『善の研究』や，**ウパニシャッド哲学**の「**梵我一如**」などに見られる考え方です。

④「宇宙・自然を我が身で直接感受することによって，自由な個人」は，荘子の「真人」的な選択肢です。

このように倫政では，**全体からざっくりと思想を取り出す傾向**が見られるので，**早めに全範囲を終えておく**とよいでしょう。

問8　様々な文豪の思想（オリジナル）

正解は①

少し細かい人物の出題ですが，**「新しき村」**からキーワード的に正解できます。

②**「浄土教」**ではなく，**「法華経」**とすれば正文となります。

③**「現実に反する理想」**を**「思い描く」**ではなく，**「現実に即して状況」**を**「受け入れる」**です。

④**『或る女』**ではなく，**『暗夜行路』**とすれば正文となります。『或る女』は**有島武郎**の作品です。

問9　西田幾多郎

正解は①

「純粋経験」のポイントは**「我を忘れているか否か」**です。

①**「改めて喜びをかみしめた」**は，**自己をしっかりと認識してしまっているので**不適切です。

②**「夜食を食べることも忘れて」**が，純粋経験です。

③**「突き動かして描かせているかのよう」**が，純粋経験です。

④**「一心不乱に母乳を飲んでいた」**が，純粋経験です。

問10　和辻哲郎

正解は④

これはかなり難しい問題で，和辻哲郎の「間柄的存在」をキーワードではなく，内容を理解していなければ正答にたどりつきません。**和辻哲郎は深い理解が必要**なので注意が必要です。

ここでのポイントは**「対なるものは→否定（背反）をしながら→関係（共同体）をつくる」**という**「否定」**が含まれているかどうかです。

①嫉妬や裏切りをしない，つまり否定し合わないので不適切です。

②個の背反の可能性を一切もたない，つまり否定し合わないので不適切です。

③互いに嫉妬や裏切りを契約によって容認しない，つまり否定し合わないので，

不適切です。

　間違えた場合は，必ず講義編を読み直して理解しておくことが大切です。

問11　柳田国男

正解は①

　これは直答できたはずです。「**祖先崇拝**」が柳田国男の**常民**の信仰概念でした。②〜④については特に覚える必要はありません。

問12　総合問題

正解は④

　柳田国男は，「祖霊崇拝」から祖霊が神になったとしましたが，**折口信夫**は「**来訪神**」＝「**希に訪れてくる神（まれびと）**」を神の原像としました。よって「同じ結論」という部分が不適切です。

畠山のワンポイントアドバイス!!

具体例とともに考えるクセをつけよう

　倫理全般に言えることですが，用語が抽象的なうえ難解です。確かに用語集を一度読んだくらいでは理解できないかもしれません。でも大丈夫。そんな時は，**講義編の「思想イメージ」**とともに**具体例**を思い出してください。例えば，西田幾多郎の「純粋経験」だったら，「無我夢中にラーメンをすする」とか，和辻哲郎の「間柄的存在」だったら，「男と女は関係性」などです（近代日本思想の分野では，この2人が得点源です！）。

　確かに倫理はやや取っ付きにくい面があるのですが，**日常生活との接点を考えてみる**と，とても面白いですよ。また哲学入門書を読んでみると，こうした具体例に多く遭遇し，きっと目が見開かれます。（僕の本に『考える力が身につく哲学入門』（中経出版）や『大論争！　哲学バトル』（KADOKAWA）などがあります。是非読んでみてください。）

第14章

現代社会の諸課題①

正解への **攻略ルート**

1. 生命倫理は，特に重要なので，単なる用語暗記ではなく，その正確な定義を理解する
2. 臓器移植法は，改正前と改正後の，「同意」と「年齢制限」に着目して選択肢を判断する
3. 環境倫理は，必ず政経分野とともに並行して学習していくことを心がける
4. 近年の新傾向は，マクルーハンの「メディア論」，ブーアスティンの「擬似イベント」，ボードリヤールの「差異の消費」などが重要である
5. 普段から統計を読み解くクセをつける

問1 生命倫理①

正解は②

①「男女の判別」は可能です。

②正しい。

③「1980年代後半」ではなく，「1990年代後半」とすれば正文となります。

④疑問視する声はあり，日本では2001年から改正JAS法の適用により，遺伝子組み換え食品（GM食品）についての使用の表示が義務付けられました。

問2 生命倫理②

正解は③

「iPS細胞」と「ES細胞」を逆にすれば正文となります。

〇試験前に*確認*を!! →→→ **胚性幹細胞と人工多能性幹細胞**

①**胚性幹細胞（ES細胞）**⇒**受精卵**からつくられる。

②**人工多能性幹細胞（iPS 細胞）**⇒皮膚などの細胞から遺伝子操作により
つくられる。

③**体性幹細胞** ⇒神経や，血管，筋肉などの「体性幹細胞」を取り出しつく
られる。

問3　　生命倫理③

正解は②

　多くの出題が予想される生命倫理については，正確に理解しましょう。特にこ
の問題は「日本の現状」を問うている点に気をつけましょう。

　①**安楽死**や**尊厳死**は，**日本では合法化されていません。**

　②正しい。「**優生思想**」の危険性についての指摘です。

　③「患者の同意を得たうえでの治療」は「**インフォームド・コンセント**」です。

　④本人の拒否の「**リビング・ウィル**」があった場合には，判定対象とはなりま
せん。**ミスリードに注意しましょう。**

問4　　生命倫理と改正臓器移植法

正解は⑦

　改正前と改正後の臓器移植法の内容をしっかりと理解していないと，解けない
問題です。試験当日，時間がかかると判断した場合は後回しにしましょう。まず
は以下の表で整理しましょう。

◎**試験前に*確認*を‼　→→→　臓器移植法の改正前と改正後**

臓器移植法（1997年制定）		改正臓器移植法（2009年改正）
本人の生前の意思表示（リビング・ウィル） と**家族の同意**	同意	**家族の同意のみ（本人の拒否のリビング・ウィルがない場合に限る）**
15歳以上	脳死判定の年齢	**年齢制限なし**（生後12週未満は除く）

アは，ドナーが14歳なので，改正前は脳死状態からの臓器提供ができません。改正後は本人に拒否のリビング・ウィルがなく，かつ，家族の同意があるので臓器提供できます。よって「**C**」。

　イは，ドナー本人が15歳以上であり，かつ，リビング・ウィルと家族の同意もあることから，改正前も改正後も脳死状態からの臓器移植できます。よって「**A**」。

　ウは，本人の拒否の意思表示があった場合は，改正前も改正後も脳死状態からの臓器提供はできません。よって「**B**」。

　よって正解は⑦です。

問5　環境倫理①

正解は④

　この問題は，「**南方熊楠**」と「**石牟礼道子**」が正誤のカギとなります。

　アを「被害者に強い共感を示して公害問題の実態に迫った」から**石牟礼道子**，**イ**を「生態学的な視点と鎮守の森の保護」から**南方熊楠**と判断できます。また石牟礼道子の著作である『**苦海浄土**』もチェックしておきましょう。

問6　環境倫理②（オリジナル）

正解は③

　レイチェル・カーソン以外は聞きなれない人物ばかりだと思うので難易度を5つ星としました。

　こうした場合でも，まず「**知っている**」人物について**判断する**ことが大切です。そして，こうした設問でよくあるのが，**人物（主語）を選択肢間で逆にして2つの誤文をつくる**ケースです。その点にも注意して解いていきましょう。

　④**レイチェル・カーソン**の著作は『**沈黙の春**』です。『**奪われし未来**』は**コルボーン**の著作です。

　①と②の判定はかなり難解ですが，実は主語の人物名が逆になっているので，ともに不適切です。

　よって③が正解です。

問7　情報社会①

正解は④

　常識的判断で解けたはずです。④のような法律はありません。こうしたサービス問題の取りこぼしには注意しましょう。

問8　情報倫理②（オリジナル）

正解は③

　これもリースマン以外は聞き慣れない人物が多いと思うので難易度を5つ星としました。問6と同様にして解いていきましょう。

　①「確固とした自己の生き方の羅針盤を持つ」のは「**内部指向型**」です。「**リースマン**」は著書『**孤独な群集**』で、現代社会に支配的な性格を「**他人指向型**」と規定しています。

　問5同様、②と④は主語が逆になっています。したがって、正解は③となります。

　特に、次の3人を確認しておきましょう。

○試験前に*確認*を!!　→→→　|混同しやすい3人の区別|

---

①**マクルーハン**（カナダのメディア学者）

⇒20世紀以降は、ラジオやテレビなどの感覚的メディアの出現により、人々は、活字を離れた感覚的イメージに本物らしさを感じるようになった

②**ブーアスティン**（アメリカの社会学者）

⇒メディアは人々の関心集めるように出来事を再構成し、**人々は再構成された「疑似イベント」を「本当らしい」と思い、それを基準に行動**する

③**ボードリヤール**（フランスの社会学者）

⇒必要性の観点から消費されるはずの商品が、**他人との「差異」を示すための消費（「記号の消費」）**となっている

第15章

現代社会の諸課題②

正解への **攻略ルート** ➡

① 新課程に入ってから，ちらほらと出題されている
用語の暗記から攻略していくと良い

② 理解が必要となるのは，「**アファーマティブ・アクション（積極的格差是正措置）**」，サイードの「**オリエンタリズム**」である

③ 頻出項目は，リップマンの「**ステレオタイプ**」，リースマンの「**孤独な群集と他人指向型**」である

④ 今後は「**家族と公共**」の分野が出題のウェイトが高まると思われる
用語の理解と，それに基づく資料の検討が求められる

問 1 **現代社会と家族・公共①**

正解は③

③地域社会（コミュニティ）機能の希薄化が問題となっています。

倫政の場合，こうした常識的な知識をそれとなく出題する傾向があります。そうしたサービス問題の取りこぼしには注意しましょう。

問 2 **現代社会と家族・公共②**

正解は①

選択肢が３行文だと恐れる受験生もいますが，「**適当でないもの**」という優しさに気がついてください。「**適当でないもの**」を選ぶ問題では，ただ一つだけ明らかに不適切な選択肢を発見できれば，他の選択肢を考慮する手間が省けます。

「**適当なもの**」を選ぶことが標準の正誤問題において，「**適当でないもの**」ということへの意識を忘れてケアレスミスをする受験生が少なからずいて，これほどもったいないことはありません。「**設問をよく読む**」を最後まで肝に銘じてください。

①「育児休業や介護休業を取るのは主に女性」であり，「従来の社会通念を超え

ない範囲で」との決めつけは，社会的性差（**ジェンダー**）に基づく差別的な考え方となるので不適切です。

なお，③については「**アファーマティブ・アクション**（積極的格差是正措置）」とあわせて理解しておきましょう。

問3　現代社会と家族・公共③（オリジナル）

正解は①

新課程から登場した最新用語をふんだんに盛り込んだオリジナル問題です。キーワードの暗記で解けるので，試験直前に確認しましょう。

②・③「**ステップ・ファミリー**」と「**ディンクス**」の説明が，それぞれ逆になっています。

④「**パラサイト・シングル**」ではなく，「**拡大家族（複合家族）**」とすれば正文となります。「**パラサイト**」とは寄生生物の意味で，学卒後も親と同居し，かつ基本的生活も**親に依存している未婚者**を「**パラサイト・シングル**」といいます。また，近年，**未婚率の上昇や離婚，高齢化による死別・子の独立**などで，「**単身世帯**」**が増加**していることに注意しましょう。

問4　現代社会と家族・公共④（オリジナル）

正解は③

今後の「公共」の新設を意識して作題しました。間違えた人は，講義編をよく読みながら，もう一度と見直してください。

①「**家族機能の外部化**」は，孤独・孤立感から不安を生み出します。

②「**コミュニティ・オーガナイザー**」は，どちらかと言えば，個人の自己責任型の社会ではなく，地域で助け合う「**共助**」の考え方に基づく活動です。

④「**コロニー主義**」は「隔離主義」という意味です。「**ノーマライゼーション**」とすれば正文となります。

問5　異文化理解①

正解は④

問2と同様，「適当でないもの」を選ぶ問題です。

④「異なる複数の文化が互いに**関わり合うことなく**」は，異文化理解の態度に反

します。

　たとえ①②③の正誤を判断できなくても，④が明らかに「適当でない」と判断
できれば，①②③は判断しなくてもいいわけです。

問6　異文化理解②
正解は③

　これも「**適当でないもの**」という優しさに気がついてください。

　③「まったく根拠のない恣意的な蔑称や呼称」は，**根拠のない（否定的な）紋切り型のイメージ**である「**ステレオタイプ**」の典型です。また，こうした「ステレオタイプ」を分析した**リップマン**（著作『**世論**』）にも注意しておきましょう。**サイード**の「**オリエンタリズム**」と混同しやすいので，きちんと区別しておきましょう。また，**リースマン**とも音がかぶりやすいので，注意が必要です。

○試験前に*確認*を!!　→→→　　混同しやすい３人の区別

---

①**リップマン**
⇒主著『**世論**』，根拠のない紋切り型のイメージ「**ステレオタイプ**」。メディアによって作られることが多い
②**リースマン**
⇒主著『**孤独な群衆**』，他人に同調する現代人の社会的性格「**他人指向型**」
③**サイード**
⇒主著『**オリエンタリズム**』，西洋の偏見に基づく**西洋を優位，東洋を劣位**とする思考様式

問7　異文化理解とサイードの思想
正解は③

　サイードの文章は難解ですが，思想の輪郭がつかめていれば，正答できます。

　③東洋文化が「客観的に研究された」との指摘は不適切です。資料文の最後に「従属人種の一員であったがゆえに，従属させられなければならなかった」とあるように，異なった文化を持つことを，むしろ「蔑視した」というのがサイードの主張です。

共通テストの新傾向を探る!!

テーマ1　「古代ギリシア思想の横断的理解」

正解は①【正答率47.0%】

　このプレテスト問題は選択肢ごとのキーワードで解けるオーソドックスなものです。

①「宇宙を支配する理法」を「自然」ととらえ，**「自然に従って生きよ」**とあるので適当です。

②徳は財産や名誉を獲得するものではないので不適当です。ちなみに，**「魂の世話」**と**「魂の（への）配慮」**は同じです。

③アウグスティヌスは，四元徳の上に三元徳を位置づけているので不適当です。

④**「隠れて生きよ」**との思想は，エピクロス派であるので不適当です。

正解は③【正答率29.2%】

　まず，このプレテスト問題では，教科書にある**アリストテレスの基本用語からアプローチ**します。　え　には**「完全な徳」に対応する用語である**「**全体的正義**」が入ります。よって，この段階で正解は①，③，⑤に絞られます。

　次にその直前に生徒Ｚが「魂の　う　の状態とは　え　のことになるのかな」と述べています。つまり，　う　には　え　は同様の意味（「正義」）が入りますから，　う　には「正しい」が入り，正解は③となり，意外とシンプルに解けてしまいます。

　一見すると思考・読解問題のように見えますが，教科書にあるアリストテレスの基本用語が正解の決め手です。**共通テストでも教科書の基本事項の理解**に重きを置きましょう。

正解は④【正答率76.2%】

　このプレテスト問題は，現代文的アプローチで正解が導き出せるせいか，正答率も7割を超えています。下線部ｂのあとに「実際，アリストテレスは，思慮ある人は何が健康によいかを考えるというよりも，よく生きることについて考える点で優れた人である」と述べられています。つまり，**思慮とは「よく生きることについて考えること」**になり，技術と思慮の違いを述べています。

　選択肢を要約します。

①は「仕事をこなす職人だから，地域の複雑な課題の解決する」。②は「腕の

いいシェフだから，見習いに調理法を身につけさせる」。③は「アーティストとして有名になったから，今後も活躍できる」。④は「人生の悲劇を乗り越えたのは，ドラムの技だけでないこと」。となっています。もう分かりますね。①〜③は「技術の力によって」という形をとっているのに対して，④は「技術の力だけではない」ことが述べられています。よって正解は④です。

　ちなみに『ニコマコス倫理学』はアリストテレスの息子であるニコマコスが，アリストテレスの思想を編纂したものです。

新傾向＆攻略ポイントはここだ！

　これら一連のプレテスト問題を解くには，**まず，古代ギリシア思想の「横断的理解」が必要です。**さらに，アリストテレスに関する基本用語の知識の理解が問われています。こうした出題傾向はセンター試験でも見られましたし，共通テストでも踏襲されるでしょう。最初に「GUIDANCE」でも述べたように，**共通テストにおいても，センター試験と「同じ知識」を問うてくる**のだということが実感できるでしょう。

　今回は「古代ギリシア」ですが，**「西洋思想全体」からの比較思想の理解も必要です**（これもセンター試験では頻出でした）。具体的な対策としては，「完成講義」の思想マップを自分で書き写しながら流れを理解したり，従来のセンター試験などの問題文や哲学入門を読んでみたりすることをオススメします。

テーマ2　「思想間の共通性の理解」

正解は①，③，⑤，⑧【正答率20.2%】

　この問題に関しては，①〜⑧を**西洋思想と東洋思想に分類**できれば，おおよそ解答できます。②は中国思想分野のワード。④は⑧の「一神教」との対比。ユダヤ教・キリスト教・イスラム教は一神教の典型。③，⑤も，ユダヤ教・キリスト教・イスラム教に共通しています。特に**イスラム教のムハンマドは「神の啓示を受けた最後の預言者」と位置付けられている**ことに注意しましょう。⑥は古代インド思想分野のワード。⑦は孔子のワード。よって①，③，⑤，⑧が適当です。

新傾向＆攻略ポイントはここだ！

「共通性」に特化している点，適当なものすべてを選ぶ点の２つが新傾向です。特に「すべてを選ぶ」はやや難しく感じられるかもしれません。普段から学校の授業や予備校の授業を大切にして，「対比」や「影響関係」なども意識しながら授業を聴きましょう。また担当の先生に質問にいくことや，友人と対話することも大切です。

テーマ3 「『自由意志』の横断的理解」

正解は②，③【正答率　全て正答20.2%　部分正答61.1%】

「自由意志」の捉え方を複数の人物から考える横断型の問題です。まず「自由意志」とは，目的や行為の選択を自らが行う意志です。**アウグスティヌス**はこの濫用を戒めましたが，ルネサンスに入ると，むしろ肯定的に自由意志を捉える風潮があらわれます。特にルネサンスの**ピコ・デラ・ミランドラ**が有名です。

①エラスムスはルネサンス期の思想家で，**『自由意志論』を著し，ルターと論争**しています。エラスムスは自由意志を肯定しましたが，ルターは自由意志を否定しているので不適当です。

②適当です。

③スピノザは，自由意志を否定しているので適当です。

④マキャベリは，後半部分の君主の倫理的徳に基づく政治ではなく，「倫理的徳に縛られない政治」を目指し，**政治と倫理の峻別**を説いているので不適当です。

新傾向＆攻略ポイントはここだ！

この問題は，１つのワードの捉え方を複数の選択肢から考える横断型の問題です。こうした出題傾向は従来のセンター試験でも見られましたが，共通テストではより顕著になっていくと考えられます。また，選択肢の中にも誤りがあるため，この点は**これまでのセンター試験の学習がベース**となります。

必ず読もう！　新傾向を探る！！

「『労働による自己実現』読解の横断的理解」

正解は④【正答率34.7%】

アについて。

　直前の「産業革命期の労働者の状況」，直後の「自分の本質的なあり方を妨げられるのは苦痛である」から，「a」のマルクスが適当です。

イについて。

　直後の「多様な仕方で世界を加工し続ける人間」から，「e」のベルクソン「ホモ・ファーベル（工作人）」が適当です。ここで選択肢は③と④の2つ絞られます。

ウについて。

　後にある「自分の本質を実現すること」に相当する記述が入るとすれば，「f」のヘーゲルの「自己の理想の実現」が適当です。

新傾向＆攻略ポイントはここだ！

　この問題は**空欄前後に注意しながら，思想家を特定していく必要があり**ます。読解力を要求され，一問一答式の知識ではまったく歯が立ちません。もちろん**人物のキーワード的暗記は大切ですが，人物の生涯やキーワードなどの単なる丸暗記による「おきまりの先入観」にとらわれずに**，冷静に文章を読んで解答を推測していきましょう。

テーマ5 「思想の対比的理解」

正解は②【正答率65.3%】

　この問題は，**「朱子学」**と**「陽明学」を対比的に理解**できている事が大切です。ちなみにこの文章は，**朱子学を官学にまで押し上げた，林羅山**によるものです。問題文の「江戸時代の日本で独自に展開した思想」や，文章内の「自然に天地があるように，人間にも上下がある」という内容から分かるはずです。

　「あ」の朱子学は「形式重視」ですから。「あ－Ｙ」という組み合わせが適当です。「Ｘ」は「形式主義への批判」から，「い」の「陽明学」となります。

新傾向＆攻略ポイントはここだ！

　「朱子学は理気二元論」，「陽明学は理一元論」といったキーワード的な対比のみにこだわるのは意味がありません。キーワードをいかに理解できているかが重要で，完成講義や完成問題集では，そこに特に力点を置いて解説しています。

　完成講義を要約すると**朱子学は「客観的な生き方，形式主義の重視」**，**陽明学は「主体的な生き方の重視，形式主義の批判」**です。繰り返しになりますが，キーワード的暗記は重要ですが，真に大切なのはその本質的な理解です。

テーマ6　「和辻哲郎の『間柄的存在』の理解」

正解は②【正答率51.4%】

　予備校講師的に解説すれば，①の「ロゴス」は，古代ギリシアに始まるワード。③の「善意志」は，カントのワード。④の「アトム」は，デモクリトスのワード。よって正解は②となるのですが，今回は少し深入りしましょう。

　和辻哲郎は，人間と社会が対立しているのではなく，人と人とが関わり合って社会を作っていると考えています。つまり，**世の中に「独立した個」があるのではなく，「関係性」がある**としたのです。このような「関係性」を重視する倫理観を表すワードが，「**間柄的存在**」です。和辻哲郎が影響を受けたハイデッガーの「世界−内—存在」や，多少，仏教でいう「縁起」に近いものがあります。思想の影響関係にも注意しましょう。

　②の「孤立的存在として社会を作るのではなく」の指摘に注意しましょう。

新傾向＆攻略ポイントはここだ！

　日頃から深く探るべき思想家は完成講義などで特定して，**特に念入りに「思想イメージ」を用いて学習**してください。共通テストにおいても深く探るべき思想家はセンター試験と同様で，日本思想の中では**西田幾多郎と和辻哲郎は必須**です。以下に洋の東西を問わず**特別に「深く探るべき思想家」**をキーワードとともに一覧にしておきます。著作を読んだり，入門書などを読んだりするのもよいでしょう。

必ず読もう！　新傾向を探る！！

人物	キーワード
ソクラテス	「無知の知」・「善く生きること」・「問答法」
プラトン	「イデア」「哲人政治」
アリストテレス	「エイドス」・「中庸」・「観想（テオリア）」
イエス	「神の愛（アガペー）」・「律法の内面化」
ブッダ	「諸法無我」・「縁起」・「四諦説」
朱子（朱熹）	「理気二元論」・「性即理」
王陽明	「理一元論」・「心即理」
カルヴァン	「予定説の徹底」・「救いの確証」
パスカル	「考える葦」・「中間者」
デカルト	「我思う，ゆえに我あり」・「物心二元論」
カント	「批判哲学」・「物自体」・「道徳法則」
ヘーゲル	「弁証法」・「国家と人倫」・「理性の狡知」
ミル	「質的功利主義」・「内的制裁」
ハイデッガー	「ダス・マン」・「死への存在」
フッサール	「現象学」・「間主観性」
メルロ・ポンティー	「両義性」・「生きられた身体」
ロールズ	「公正としての正義」・「無知のヴェール」・「反照的均衡」
空海	「即身成仏」・「三密」
親鸞	「悪人正機説」「絶対他力」・「自然法爾」
道元	「只管打坐」・「修証一等」
本居宣長	「もののあわれ」・「惟神の道」
西田幾多郎	「純粋経験」・「主客未分」
和辻哲郎	「間柄的存在」

　ここに挙げた人物以外でも，『完成講義』の人物スコープは，試験前に必ず確認しておきましょう。

CONTENTS

第2編　政治・経済

政治編

経済編

民主政治の
基本原理

正解への **攻略ルート** ➡

1. 民主政治の4つの柱
   ⇒「**国民主権**」,「**法の支配**」,「**権力分立**」,「**人権保障**」
2. 「**法の支配**」と「**法治主義**」の区別
3. 「**主権**」の意味
4. 「**社会契約説**」の理解
5. ロックとモンテスキューの権力分立の相違
6. 人権観の変化(「**自由権**」から「**社会権**」)へとさまざまな**人権条約**

問1　**主権**

正解は④

　大切な問題です。やや難しい選択肢もまざっていますが,たいていの場合は**基本事項を丁寧に思い出せば正解にたどりつくことが多く,他の選択肢はダミー的**なもので,そちらばかりに気をとられないようにしましょう。

　まず「**主権**」とは,16世紀に**ボーダン**によって定義されました。その内容は下の3つです。しっかりとおさえてください。

最高性	…国政の最高意思決定権
統治権	…主に立法・行政・司法などの国権
独立性	…内政不干渉の原則

　①絶対的な支配権を「擁護する議論」ではなく,**法の支配**を要求し,「批判する議論」です。

　②アメリカ合衆国憲法が連邦制を採用した理由は,**権力分立**,とりわけ**連邦政府と州政府の権力分立を重視したこと**にあります。せっかくイギリスから独立できたのに,今度はまた連邦政府が国民の自由を脅かしてはならない,という考え

から連邦制は採り入れられました。だから合衆国憲法には「列挙制限の原理」とか「**委託権限の原理**」といわれるものがあります。これは憲法に列挙されている権限以外は，連邦政府は州政府に介入できない，というものです。

③**対外的主権**とは，その国家がいかなる国からも介入されないとする内政不干渉が原則です。これは**ローマ教皇の権威が各国に波及するのをはね返すためのもの**で，キリスト教の拡大にあったわけではありません。

④正しい。特に重要な**王権神授説論者**に，イギリスのフィルマー，フランスのボシュエらがいるのを覚えてください。

第1章 第2章 第3章 第4章 第5章 第6章 第7章 必ず読もう！ 完成講義 第1章

問2　社会契約

正解は②

こうしたロックの思想は，アメリカ独立革命へと影響を与えました。

①「**ホッブズ**」ではなく「**ロック**」の思想です。

③「**アメリカ独立革命を目撃したモンテスキュー**」が不適切です。

④「**人民の人民による人民のための政治**」という**リンカーン**の言葉は，単に間接民主制のみを肯定したのではなく，**広い意味での「民主主義」を主張したものです**。よって不適切です。

問3　法の支配

正解は①

②「**ボーダン**」は**主権**理論の父で権力分立については触れていません。また彼は君主主権論者であるので不適切です。

③「**マグナ・カルタ**」は**封建階級**が1215年に「**租税法律主義**」，「**罪刑法定主義**」などを国王ジョンに求めたもので，国民の平等な権利を認めたわけではありません。

④「**法の支配**」は「**成文法**」ではなく，「**自然法の支配**」です。

問4　近代国家と法

正解は②

この問題はとても重要です。しっかり講義編を読んでおきましょう。

①正しい。「**国民（人民）**」と「**主権**」と「**領域（領土・領空・領海）**」は**イェ**

リネックが定式化しました。特に領海については，沿岸から**12カイリ**（1カイリ 1852m）となっています。ただし，**天然資源の採掘権や漁業資源の捕獲権が及ぶ範囲**として，領海とは別に沿岸から**200カイリ**の「**排他的経済水域**」があります。これらは1982年に採択された**国連海洋法条約**によるものです。

②「制定法」だけでなく，判例法や慣習法なども法規範に含まれます。

③自衛権の説明です。

④特に問題はなく正しい。

問5　人権保障と国連

正解は③

1989年に採択され，1994年に日本も批准していますが，日本は国内法の整備などの項目を一部留保しています。ここでいう子どもとは，**18歳未満**をさし，意見表明権などを認めています。

①「拘束する」が不適切です。

②「社会権を除外した」が不適切です。

④「**人種差別撤廃条約**」（1965年採択，1995年日本批准）と，ジェノサイド（集団殺害）の禁止条約（1948年採択，日本未批准）とは全くの別物です。

問6　人権条約

正解は①

他の締約国の条約違反があると考える場合，締約国は，**人権裁判所や，規約人権委員会などの条約の実施機関に対して審査を申し立てることができます。**

② NGO（非政府組織）に対して審査を申し立てることはできません。

③条約違反の有無を**国際司法裁判所が定期的に調査することはありません。**

④「**経済社会理事会**」を「**安全保障理事会**」に直せば正文となります。ただし，安全保障理事会は国際紛争の予防解決が主要任務です。やや難しい問題ですが，消去法を用いて解答しましょう。

問7　民主主義と国民の政治参加

正解は③

試行調査からも分かるように「**思考型問題**」が増える傾向にあります。「思考

型問題」には，本問のような「**テーマ型**」，「**グラフ読み取り型**」，「**問題文（会話文を含む）の趣旨判別型**」が存在します。対策は，ひとまずセンターの過去問に取り組むことが重要です。

　今回の問題は「異議申立てを自由に行う権利」が民主政治に不可欠だ，という内容に妥当性を持つものを選ぶわけです。ざっくり言えば「**さまざまな人々が多種多様な意見を表明できること**」。**民主主義の発展に必要なもの**です。この意見は政府にとって都合が悪いから言っちゃいけないとか，この人には発言させない，みたいなことがあるとマズイわけです。

　①政府に批判的な言論活動の封じ込めになるので不適切です。

　②「複数政党制を許容しない」ことは，多元的意見の集約にならないので不適切です。ちなみに社会主義体制の国では基本的に複数政党制は容認されていません。

　③正しい。

　④「財産と教養のある人」だけが政治に参加する機会を多く与えられることになるので不適切です。

問8　マイノリティの権利保障

正解は①

　民主主義はけっして「**多数の意思を実現すること**」ではなく，「**多元的意見を集約すること**」にその役割を見いだすことができます。だから少数者＝**マイノリティ**に対する政治的配慮も必要になります。

　①正しい。日本人との同化政策を強いる内容であった「**北海道旧土人保護法**」が1997年に廃止され，アイヌ人を固有の民族とする「**アイヌ文化振興法**」が制定されました。ただし**先住権の明記がない**ので注意が必要です。2008年には，アイヌ民族の先住権を認めるアイヌ国会決議（法的拘束力はない）も採択されました。

　②これは2000年に制定されたフランスの男女同数法（パリテ法）の説明です。各政党は立候補者の人数を男女「同数」にすることが義務付けられています。なお，弱い立場にある人たちを暫定的に優遇することを，「**積極的格差是正措置（アファーマティブ・アクション**や**ポジティブ・アクション**）」といいます。

　③最高裁判所は，**日本国籍を有しない在日外国人には参政権は保障されない**としました。ただし，在日外国人に地方参政権を与えても違憲とはいえないと判決

の**傍論**では述べていて，その点が議論になっています。

④「障害者基本法」を，「**障害者雇用促進法**（1960年）」とすれば正文となります。これも「**アファーマティブ・アクション**」や「**実質的平等の実現への政策**」の例といえます。

問9　イギリスとアメリカの政治制度

正解は③

政経ではこのような比較型の出題が多く見られます。

①**1911年の**「**議会法**」により，イギリスでは「**下院優位の原則**」が確立しました。ただし，下院は比例代表制ではなく**小選挙区制により選出**されています。ちなみに**上院は国王による勅選（つまり国王が任命）です。**

②最高法院は，2009年に「**上院**」から独立した最高裁判所になったので不適切です。

③正しい。

④一期「**6年**」ではなく，「**4年**」が正しい。ちなみに**三選禁止規定は存在し，1951年に憲法修正第22条により設けられています。**これは**F. ローズベルト**の四選を受けての修正でした。

問10　各国の政治制度

正解は⑥

ア　「**大統領と首相が併存する制度**」から，**C**の「**フランス**」です。また大統領が「**直接選挙**」によって選出される点も注意してください。ちなみに，アメリカの大統領は「間接選挙」によって選出されるので，対比しておきましょう。

イ　「**議会（下院）で多数を占める政党の党首が首相に選ばれる**」から，**B**の「**イギリス**」です。近年は下院において過半数を獲得する政党がない，いわゆる「**ハング・パーラメント**」となり，**連立政権となる場合**も見られます。

ウ　消去法より，**A**の「アメリカ」です。「**行政権（大統領）と立法権（議会）**」**の独立性**」は，よく「**モンテスキュー流の厳格な権力分立**」とされます。また，大統領に「**議会の解散権**」や「**法案の提出権**」がないこともおさえておきましょう。

第2章

日本国憲法の基本原理

正解への 攻略ルート

① 大日本帝国憲法から日本国憲法までの制定過程

② 憲法の三大原理

③ 憲法改正の手続きと動向

④ 基本的人権（「自由権」「平等権」「社会権」）とその制約原理としての「公共の福祉」

⑤ 新しい人権とその動向

問1　日本国憲法への歩み

正解は**④**

　　まず，**大日本帝国憲法から日本国憲法の制定までの流れ**を見てみましょう。

○試験前に確認を‼　→→→　　日本国憲法の制定の流れ

1. **GHQ**（連合国軍総司令部）の指示により，**大日本帝国憲法の改正手続きとして制定**

2. 日本の政府案（**憲法問題調査委員会**による**松本案**）は大日本帝国憲法と内容が同じだとして **GHQ** に受け取りを拒否された

3. 2に際して，**GHQ 草案**（**マッカーサー草案**）が手渡され，**これが後の日本国憲法の原案に**

4. GHQ 草案に貴族院・衆議院は**修正を行った**
　　（**国民主権**の明記，**国家賠償請求権**の追加，**生存権**の追加など）

---

　①正しい。大日本帝国憲法下で，「**統治権を総攬**」する「**元首**」だった天皇は，日本国憲法下では，第一条で**日本国と日本国民統合の「象徴」**とされました。また，**政治的権能も持たない**とされています。ただし「内閣の助言と承認」により

「**国事行為**」を行うことになっています。

②正しい。特に大日本帝国憲法下では人権に関しては「**法律の範囲内で**」という制限があったこと（これを**法律の留保**という）は重要です。いくら憲法で人権を保障したとしても，その後作られる法律で制限できたら，意味がありません。

③正しい。

④前半部の「明治憲法で規定されていた地方自治」が不適切です。**地方自治は戦後の日本国憲法によって規定**されました。

<hr>

問2　憲法改正

正解は③

日本国憲法の改正には，**通常の国内法の改正よりも厳格な手続き**が必要です。このような憲法を「**硬性憲法**」といいます。改正の手続きについては，憲法第96条に明記されています。重要な条文ですので，しっかり覚えておきましょう。

●試験前に*確認*を!!　→→→　**憲法第96条**

1．この憲法の改正は，各議院の総議員の三分の二以上の賛成で，国会が，これを発議し，国民に提案してその承認を経なければならない。この承認には，特別の国民投票又は国会の定める選挙の際行われる投票において，その過半数の賛成を必要とする。

2．憲法改正について前項の承認を経たときは，天皇は，国民の名で，この憲法と一体を成すものとして，直ちにこれを公布する。

③**定住外国人は，憲法改正の国民投票に参加できない**ので不適切です。

さて，**2007年に憲法の具体的な改正手続を定めた「国民投票法」が制定**されました。要旨をまとめておきます。

●試験前に*確認*を!!　→→→　**国民投票法**

⇒正式名称は「**日本国憲法の改正手続に関する法律**」

・　投票対象は「**憲法改正**」に限定

- **最低投票率は設けず，賛成票が有効投票総数の過半数で改正**
- 投票者は**18歳以上**
- 公務員と**教育者**の地位利用を伴う運動の規制
- 国会内に「**憲法審査会**」を設置（**国会法改正による**）

問3　精神的自由

正解は④

「**自由権**」は，**精神的自由権**（国家に干渉されることなく自由な精神活動を保障する権利），**身体的自由権**（国家によって不当に身柄を拘束されたり，残虐な刑罰を受けない権利），**経済的自由権**（国家に干渉されることなく自由に経済活動を営んだり，私有財産を保障したりする権利）に大きく分類できます。

①いわゆる「**環境権**」の説明です。環境権は新しい人権の一つで，**大阪空港騒音訴訟**で主張されましたが，結果的に裁判所は**認めていません**。

②経済的自由権である**私有財産権**の説明なので不適切です。

③**弁護人依頼権**の説明なので不適切です。これは国家による不当な拘束を排除するための身体的自由権です。

④正しい。集会・結社の自由（表現の自由）なので精神的自由権の説明です。

問4　表現の自由

正解は③

「事前差し止め」は，**裁判所**がプライバシーや名誉権の保護，また，公共の福祉を守る観点から行うことがあります。例えば「**北方ジャーナル事件**」では，その雑誌の内容がきわめて悪質で事実に反するとして，**裁判所が雑誌の事前差し止めを行いました**。ただし，**行政機関が行うことは権力の恣意的運用につながるため，やはり認められません**。

①逆に表現活動を狭めてしまうので不適切です。ただし，「**東京都公安条例事件**」で最高裁は，**デモの事前許可制**については「**公共の福祉**」の範囲内で認められるという判決を出しています。

②出版物などの**検閲**（事前に内容を審査して，不都合なものは取り締まること）は憲法で禁止されているので不適切です。

④国民が必要な情報を得るためにも中継は必要です。一時期，**議院証言法**が改正されて動画から静止画になっていた時期がありましたが，今では国会の証人喚問や，参考人質疑では再び動画で放送されています。

問 5　平等権

正解は③

法の下の平等に関する出題で，憲法第**14**条が重要条文となります。

◯試験前に*確認*を !!　→→→　　憲法第14条

第14条【法の下の平等，貴族制度の否認，栄典の授与】

1．すべて国民は，**法の下に平等**であつて，**人種**，**信条**，**性別**，**社会的身分**又は**門地**により，**政治的**，**経済的**又は**社会的関係**において，差別されない。
2．華族その他の貴族の制度は，これを認めない。
3．栄誉，勲章その他の栄典の授与は，いかなる特権も伴はない。栄典の授与は，現にこれを有し，又は将来これを受ける者の一代に限り，その効力を有する。

つまり，法の下に「みな平等」であって，国家は特定の人だけを優遇してはいけないということです。ここで問題なのは，**「法適用の平等」**と**「法内容の平等」**という2つの平等の概念です。法の下の平等はすべての人に等しく法を適用することで，平等を実現しようという原則です（法適用の平等）。しかし，その適用される法律自体に男女の差別を肯定する内容が含まれていたとしたら，当然平等は担保されません。したがって**「法内容の平等」も実質的に法の下の平等を実現するうえで必要**になるのです。

これは簡単な問題です。

①，②，④は正しい。問題は③。ちょっと日本史的問題ですが，1925年は，**衆議院議員選挙法**が改正されて男子普通選挙が実現した年です（実施は1928年）。ちなみに女子も含めた普通選挙は，1945年に**衆議院議員選挙法**が改正されて実現しました（実施は1946年4月）。

問6　形式的平等と実質的平等

正解は③

これまたいい問題です。ここでは，「**一律に**」というのが「**形式的**」，「**各人に応じて**」というのが「**実質的**」ととらえれば問題がありません。

①「一定の年齢に達した国民に」というのは「一律」です。

②「国民に対して等しく認めること」も「一律」です。

③正しい。「経済的事情によって就学が困難な者に対して」とは，その人それぞれの境遇に応じてということなので「実質的平等」です。

④「志願者の人種や性別，社会的身分を考慮しない」というのは，「一律」です。

この問題とあわせて，倫理の「**アファーマティブ・アクション**」も理解しておくとよいでしょう。

問7　生存権

正解は④

社会権の中の「**生存権**」についての出題です。

①「国の定める生活保護基準」をめぐる訴訟は「堀木訴訟」ではなく「**朝日訴訟**」の内容です。**堀木訴訟**は「**児童扶養手当と障害福祉年金の併給禁止**」をめぐる訴訟です。

②堀木訴訟についても，最高裁判所は**プログラム規定説**を展開し，「具体的な権利を保障するものではない」としました。

③「裁量の余地は小さい」のではなく，「裁量による」，つまり，「裁量が大きい」とすれば正文となります。

問8　プライバシーの権利

正解は②

「プライバシーの権利」は，当初「**私生活をみだりに公開されない権利**」とされていましたが，近年では**自己の情報の訂正を要求する**などの自己の情報をコントロールする「**コントロール権**」と捉えられています。

①正しい。

③正しい。ただし，1999年に「**通信傍受法**」という法律が制定され，捜査機関が組織犯罪4類型「**組織的殺人，銃器，薬物，集団密航**」の捜査の際に，メール

や通話内容を傍受できるようになりました。2016年5月には新たに，（すべて組織的犯行が疑われる）詐欺，児童ポルノなどが加わり，**9類型**※へと拡大しました。市民のプライバシーの権利や，憲法第21条②で規定さている**「通信の秘密」**を侵すのではないか，との指摘もあり，この法律が審議されていたころは，憲法に反する危険があると批判されていました。

④正しい。2003年に制定された**「個人情報保護関連5法」**では，自己の情報の訂正権も明記されています。2005年に本格施行され，**個人情報を保有する民間業者**（行政機関については**行政機関個人情報保護法**が1988年に制定，2003年全面改正）**がこの対象**です。

※組織的犯行が疑われる，「窃盗，詐欺，殺人，傷害，放火，誘拐，監禁，爆発物，児童ポルノ」の9類型。また警察官が電話会社に赴き，社員の立会いで行なわれていた傍受を，電話会社の立会いをなくし，暗号化した通話内容を警察施設で傍受できるようになった。

プライバシーの権利の他にも**「新しい人権」**と考えられているものがあります。

〇試験前に*確認*を!!　→→→　新しい人権

1. プライバシーの権利 …私生活や個人情報をみだりに公開されない権利
   →『宴のあと』事件により判例で認められた権利
2. 知る権利 …行政の情報を主権者たる国民が知る権利
   外務省公電漏洩事件で主張（判決では認めず）
3. アクセス権 …メディアへの接近・反論権
   サンケイ新聞意見広告事件で主張（判決では認めず）

問9　外国人の権利

正解は②

永住資格を持つ外国人には，**参政権（選挙権，被選挙権）は認められていない**ものの，住民投票条例に基づく住民投票権については，愛知県高浜市などで認められています。

①外国人が日本に移住する権利については，決して広く認められているわけではありません。また，外国人の出入国の自由についても，所轄行政の裁量により

制限を受けることを，裁判所は一部の判例で述べています。

　③**川崎市**などが国籍条項を撤廃していて，外国人も公務員になれます。ただし，東京都などは国籍条項を設けており，全国的な動きとはいえません。

　④外国人を両親として生まれた子どもが日本国籍を選択する権利はありません。現在，日本人たる要件を定めた「**国籍法**」では，**父母いずれかが日本人**である必要があります。

問10　情報公開法

正解は①

　「**情報公開法**」は，国民の**知る権利**を保障し（法律自体に知る権利の明記はないが），**表現の自由**を確保して，**国民主権**をより確かなものにしていくことを目的とする法律です。

　②外国人でも請求できます。

　③消費者保護基本法は1968年に制定され，2004年には消費者基本法に抜本改正されています。

　④プライバシーの侵害の危険が増大するとは言いきれません。「**個人情報保護条例**」は，**情報公開法制定以前から各自治体で制定**されています。

○試験前に確認を!!　→→→　情報公開法

⇒2001年4月，「**情報公開法（行政機関の保有する情報の公開に関する法律）**」が施行された

⇒この法律の目的は，政府の説明責任（**アカウンタビリティ**）を果たすためであり「**国民主権**」を守るためのものでもある

⇒ただし，国会，裁判所は含まれない。以下主な内容

● **外国人**にも認められる

● 請求者は30日以内に公開・非公開の通知を行政機関から受ける

● 非公開の不服については，情報公開審査会（拘束力なし），もしくは全国8カ所の地方裁判所（拘束力あり）に「情報公開請求訴訟」を起こすことも可能

● 知る権利の明記はない

問11　日米安全保障条約

正解は③

　「**日米安全保障条約**」は**1951**年に日本の主権回復と引き換えに，**10年間**日本に在日米軍を配置することを定めた条約です。その後，**1960**年に岸内閣が共同防衛義務などをアメリカと取り交わし，**安全保障条約が改定**しました。これを**安保改定（安保改正）**といいます。主な内容は，

○試験前に*確認*を!!　→→→　安保改定

1．10年経過後，日米いずれかの国の１年前の通告で廃棄できると規定
2．極東の範囲の明確化
3．共同防衛義務（**アメリカが日本本土を防衛する義務**として一般にとらえられている）の明記
4．事前協議制（在日米軍の大規模な編成変更などに関しては日本と事前協議を行う。ただし**日本側に提案権はない**）の明記
　などです

　当初の条約はあいまいな点が多かったため，この改定によって条約の内容が限定的となった意味では，プラスに評価する面もあります。しかし，当時「延長は，日本の憲法の理念に反する」という国民の声が大きく，連日，国会は学生などを中心としたデモ隊で取り囲まれました。これがいわゆる「**安保闘争**」です。**結局，岸内閣は自然成立により安保改定を行い**，その後，総辞職しています。

　①・②は正しい。

　③「**集団的自衛権**」は明記されていない（ただし，「**共同防衛義務**」は明記されています）ので不適切です。

④「思いやり予算」は1978年から始まったもので，現在も続いています。

問12 日本の安全保障

正解は②

「非戦闘地域」において，**米軍の後方支援とイラクの人道復興支援を行いました**。ただし，自衛隊の活動地域が「非戦闘地域」なのか否かが議論になりました。

①「**日米ガイドライン**」（日米防衛協力のための指針・1978年策定）を，「**新日米ガイドライン**」とすれば正文となります。「新日米ガイドライン」は，朝鮮半島有事や日本の平和と安全に重要な影響を与える事態（**周辺事態**）を想定し，1997年に日米間で合意されました。そして1998年の北朝鮮のテポドン発射を受けて，1999年に「**周辺事態法**（周辺事態安全確保法）」が制定され，**周辺有事の際に米軍へ後方支援を行う**ことになりました。さらに2015年には平和安全法制施行にともなう改正で「**重要影響事態安全確保法**」となり，**地理的制約が外れ，米軍以外の他国軍への後方支援も可能**となりました。

③「日本国内外」ではなく，「日本国内（日本の主権が及ぶ範囲）」です。

④は「湾岸戦争」を「9.11同時多発テロ事件」とすれば正文となります。

日本の安全保障関連法については，「契機となった事件」，「根拠法」，「派遣先」，「目的」を正確に理解することが得点のポイントです。

根拠法	契機	派遣先	目的
PKO協力法（1992）	湾岸戦争	**カンボジア**など	国連のPKO活動
周辺事態法（1999） ⇓ 2015年から， 「**重要影響事態安全確保法**」	テポドン発射		**周辺事態**の際の，米軍への**後方支援**（施設提供，輸送など，民間の協力も含む）
テロ対策特別措置法（2001）⇒現在失効	9.11同時多発テロ	**インド洋**にイージス艦派遣	テロ撲滅のための米軍などへの**後方支援**
イラク復興支援特別措置法（2003）現在失効	イラク戦争	イラク南部の**サマワ**	イラクの「非戦闘地域」におけるイラクの人道復興支援と米国などへの後方支援

第 3 章

日本の統治機構①
「国会・内閣」

正解への **攻略ルート** ➡

- ① 国会の種類
- ② 衆議院と参議院が別々の議決をしたときの流れ
- ③ 国会議員の特権と，議院の自律権
- ④ 国会と弾劾裁判
- ⑤ 内閣の構成条件
- ⑥ 内閣の権限

問1　任命人事

正解は④

　国会が「**弾劾**」できるのは「**国務大臣**」ではなく「**裁判官**」です。具体的には国会の**訴追委員会**が訴追を行い，**弾劾裁判所**が設置されます。その後この弾劾裁判所（訴追委員は国会議員20名）が弾劾裁判を行います。これまで7件の罷免例が存在します（2018年4月現在）。なお，国務大臣に対して国会は，**衆議院には**「**内閣不信任決議権**」，**参議院には**「**問責決議権（法的拘束力なし）**」が存在します。

　①正しい。**国会**の「**指名**」に基づき，**天皇**が「**任命**」します。この国会の指名については，**国会議員の中から指名しなくてはなりません。もちろん，衆議院議員からでも参議院議員からでもかまいません。**

　②正しい（第4章問3の解説参照）。

　③**裁判官職権の独立**という**司法権の独立**に関する規定です。

問2　日本の議会制

正解は①

　各院，つまり衆議院と参議院はそれぞれ独自の「**規則**」を制定できます。これは各院の独立性を保つためで一般に「**議院の自律権**」とよばれています。この他にも「役員選任権（各院が独自に議長などを選出）」，「**議員懲罰権**（各院の**懲罰委**

員会が，国会内で問題行動をとった議員に対して懲罰を行う）」，「**議員の資格争訟裁判権**」などが存在します。

②問題行動をした議員に対して行われる国会決議を「**議員辞職勧告決議**」といい，**法的拘束力がないため辞職する必要はありません**。

③「**国政調査権**」は，両院が国政全般について調査するため，ある事件や問題の証拠の提出や証人の出頭を求めるものです。別途「**国会法**」や「**議院証言法**」で規定されています。テレビでよく見る「証人喚問」などがこれに当たります。

④内閣総理大臣に「**拒否権**」はありません。ちなみに**アメリカの大統領**や，日本の地方自治体の首長は拒否権を持っています。

正解は②

これは憲法第**7条解散**のことで，天皇に助言と承認を与え，天皇が**国事行為**として解散を行うことができます。当然「**助言と承認**」を天皇に与えるのは内閣ですから，**実質的には内閣の裁量による解散**となるわけです。解散の多くがこのケースで，最近では，2017年の安倍内閣による解散がこの例です。

①このような事実はありません。地方自治の精神にも反します。

③**違憲判断が下された法律については，国会が独自に改廃を決定します。**

④規則制定権は問2で学習したように，**各院の自律権であり，優越事項はありません。**

　問4　　国会での手続き

正解は②

衆議院と参議院が別々の議決を行った場合の手続きについてはよく出題されます。

①参議院が衆議院の解散中にとった措置とは，具体的には「**参議院の緊急集会**」を意味します。ここで行われた議決（暫定議決）は，新たな衆議院議員が決定し，10日以内に，「**内閣**」ではなく「**衆議院**」の同意を必要とします。

■法律案のケース	■内閣総理大臣の指名，予算，条約
①両院協議会で妥協（任意的） ②衆議院の出席議員の2/3以上で再議決 ⇒このいずれかができない場合は**廃案**	●両院協議会（必要的）で不一致 　⇒**自然成立** ●参議院が議決しないとき（内閣総理大臣の指名は**10日**，予算・条約は**30日**）は，その期間を待って**自然成立** ⇒つまり衆議院の議決が国会の議決に

　このように，**法律案のケース**の「両院協議会」は，「**任意的**」なもので，**内閣総理大臣の指名，予算，条約**については「**必要的**」なものとなります。

　③衆議院で可決された法律案を参議院が否決した場合，「**国民投票にかける**」のではなく，上の表にもある通り，「**両院協議会**」で妥協案を作ってもう一度衆議院と参議院で議決して法律にするか，衆議院の出席議員の**3分の2以上**で再議決します。ただし，3分の2以上の再議決ばかりが行われると，**参議院の存在意義が薄らいでしまいかねない**，という指摘もあります。

　④「衆議院の同意」を得なくても行使が可能です。

問5　国会議員の身分保障

正解は④

　日本国憲法では，全国民の代表者である国会議員が，円滑に議員活動ができるように**議員の特権**を規定しています。

○試験前に*確認*を!!　→→→　国会議員の特権

1. **歳費特権**→国から一般国家公務員の最高額以上の歳費支給
2. **不逮捕特権**→**会期中**は逮捕されないが，現行犯と所属議院の逮捕許諾があった場合は除く
3. **免責特権**→院内活動（表決・発言など）について，院外での責任を問われない
   ただし，院内の懲罰委員会で責任が問われることはある

①「**過半数**」ではなく，「**3分の2**」なので不適切です。

②「**報酬減額の禁止規定**」は「**国会議員**」ではなく，「**裁判官**」なので不適切です。

③は「**任期中**」ではなく，「**会期中**」なので不適切です。

④正しい。ただし，「院内（議院内）」の懲罰委員会で責任を問われることがあります。

問6　弾劾裁判所
正解は③

問1と解説が重複するので，そちらを参照してください。

①裁判官の訴追を行うのは「**訴追委員会**」です。

②**弾劾裁判所の訴追委員は国会が国会議員の中から選出**します。

③これは問1の解説にもある通り正しい。

④**すべての裁判官が訴追対象となります。**

問7　国会と裁判所の関係
正解は④

国会が裁判所をコントロールする権限を一般に「**司法監督権**」といいます。全国民の代表者である国会が司法を監督することで，国民主権を保障するものです。

①**国会の承認は必要ありません。**

②**下級裁判所の裁判官の任期については，憲法第80条に規定**があり，法律の規定ではありません。ちなみに**10年**です。もちろん**再任は可能**です。また**最高裁の**

裁判官の任期はありません。よって最高裁の裁判官のみ，「国民審査」が存在します。また定年については，裁判所法第50条の規定により，高等裁判所，地方裁判所および家庭裁判所の裁判官は65歳。簡易裁判所と最高裁判所の裁判官は70歳と定められています。

③最高裁の規則制定権については，国会の承認がなくても制定できます。

④正しい。問1の解説を参照してください。

問8　国会と内閣（行政各部）の関係

正解は②

　参議院でも問責決議を行うことは可能です。ただし，法的拘束力がない点に注意しましょう。

①「副大臣」と「大臣政務官」は，官僚主導から政治主導の政治を行うため，1999年の国会改革の中で内閣府設置法の制定により導入されました。

③内閣に対する不信任決議案が衆議院で可決された場合，10日以内に内閣が総辞職するか，衆議院を解散します。この時，新たな内閣が成立するまでの間，職務を遂行することになっています。

④国務大臣は過半数が国会議員である必要がありますが，一部民間人からも登用される場合もあります。この民間からの大臣は，選挙で選ばれた国会議員ではないため，当然国会の議決に加わることはできません。

問9　内閣

正解は③

　これは内閣全般に関する知識を問う良問です。一見正しく見える選択肢もしっかりと吟味するようにしてください。

①国会議員でない国務大臣も国会で答弁することができます。

②「すべての国務大臣」が内閣総理大臣の訴追の同意を必要とします。憲法75条に「国務大臣の特典」（国会議員の特権と区別）として，「国務大臣の訴追に関する内閣総理大臣の同意」が規定され，検察官が在任中の国務大臣を訴追する場合，内閣総理大臣の同意が必要です。

③正しい。内閣総理大臣は国務大臣の任命権と罷免権を持ち，一般にこれを「国務大臣の任免権」といいます。

④報酬が在任中減額されないのは，「**国務大臣**」ではなく，「**裁判官**」です。

問10　内閣総理大臣が欠けた場合

正解は③

　内閣総理大臣が欠けた場合，内閣は**総辞職**し，新たな**内閣総理大臣が任命される**
るまでの間職務を引き継ぎます（憲法第71条）。これを一般に「**職務執行内閣**」
といいます。

　①「**緊急集会**」は衆議院の解散中の緊急時に，内閣の召集により「**参議院**」で
開催されるものです。

　②全くの創作です。内閣総理大臣は，国会において指名します。

　④**副総理大臣が総理大臣に就任するという規定はありません**。ちなみに**アメリ**
カでは大統領が欠けた場合，副大統領が大統領に昇格することになっています。

◯試験前に*確認*を!!　→→→　|　内閣が総辞職する３つのケース　|　

① **内閣不信任案**が可決された時
② **衆議院議員総選挙**後，初めて**国会**が召集された時
③ **内閣総理大臣**が欠けた時

畠山のワンポイントアドバイス!!

統治機構分野対策の裏技？

　今回の国会（立法）・内閣（行政），次の裁判所（司法）の，いわゆる統治三権の分野は，
細かい用語や数字が多いのが特徴で，不得意な学生が多いという印象です。それではその
対策はどうすればいいのか？　実はこの分野の出題は，**日本国憲法の条文を知っていれば**
解けるものが多く，中にはほぼ同じ文章が出題されていたりもします（人権分野も同様）。
そこで，講義編巻末の憲法をコピーしたり，スマホの憲法アプリ
を活用したりするなどして，空き時間に通読すると効果覿面（てきめん）です。
多くの学生が苦手にしている分野だからこそ，逆に得点源にして
ライバルに差をつけましょう。

第4章

日本の統治機構②
「裁判所」

正解への **攻略ルート** ➡

① 司法権の独立についての理解
② 裁判官の身分保障と弾劾裁判
③ 最高裁判所裁判官の国民審査
④ 違憲法令審査権（違憲立法審査権）
⑤ 刑事裁判の具体的な制度と流れ
⑥ 近年の司法改革の動向

問1　日本の司法制度

正解は⑤

「**司法権**」とは**裁判によって紛争を解決し，国民の基本的人権を保障する国権**です。裁判所は，**内閣や国会の介入を受けません**。そして裁判官自身も，憲法と法律以外の拘束を受けません（**裁判官職権の独立**）。こうして司法権は独立性を憲法上担保されています。これを「**司法権の独立**」といいます。

　Aの「**裁判の公開**」は，**ウ**の「公正な裁判」を行うために必要です。例えば，非公開の秘密裁判が行われた場合，誰がどのように裁かれ有罪になったのかが見えません。透明性を確保して公正な裁判を行うためには，当然裁判の公開は必要になるのです。なお，**判決は必ず全て公開**です。一方，**審議の過程である対審**については，「**公序良俗（公の秩序）**」に反すると**裁判官が全員一致**で判断した時，**非公開**となります。ただし，「**政治犯罪**」，「**出版犯罪**」，「**憲法第3章に掲げる基本的人権にかかわる犯罪**」は必ず，**判決・対審とも公開**となります。

　Bの「**裁判官の身分保障**」は，問4で詳しく解説しますが，**ア**の「**司法権の独立**」に該当します。

　Cの「**三審制**」は，**イ**の「**慎重な審理**」を行うために3回裁判を行う機会を保障するものです。ただし**上告**や**控訴**が棄却されたり，被告人（民事裁判の場合は被告）や，検察（民事裁判の場合は原告）が上訴（上告や控訴）をしなかった場

合は除きます。また**内乱罪**（暴力行為によって政府を転覆しようとする罪）などは，高等裁判所からの二審制となります。

問2　司法権の独立

正解は①

　司法権は他の国権から，そして裁判官同士でも独立していることが，公正な裁判を行うためには必要です。当然，「**行政の懲戒**」は**憲法で禁止**されています。

　②**法律の内容を検討し，必要性の有無に応じて改廃する**のは国会の役割であり，憲法違反とはなりません。

　③第3章の問7で解説したように，**裁判所法第50条の規定**により，定年は，**高等裁判所，地方裁判所および家庭裁判所の裁判官は65歳**。簡易裁判所と最高裁判所の裁判官は**70歳**と定められています。

　④新聞などの**マスメディアには表現の自由**が存在します。したがって，**判決などへの批判を行う**ことが，ただちに**憲法違反となるわけではありません。**

問3　裁判官の人事（オリジナル）

正解は④

　裁判官の人事については頻出事項なので，マスターしておきましょう。まず次の表を見ながら，「**任命**」と「**認証**」の区別をできるようにしましょう。

○試験前に*確認*を!! →→→　裁判官の人事

- ●最高裁判所長官（1名）⇒内閣「**指名**」→天皇「**任命**」
- ●最高裁判所裁判官（14名）⇒内閣「**任命**」→天皇「**認証**」
- ●下級裁判所裁判官⇒最高裁「**名簿の作成**」→内閣「**任命**」
- ※下級裁判所裁判官で天皇の認証職となるのは「**高等裁判所長官**」のみ

　最高裁判所裁判官については，実質的に内閣の裁量による人事となるため，最高裁判決ではなかなか行政（国）**側が敗訴することはありません。**下級裁判所の判事についても，最高裁判所が名簿の作成を行うため，最高裁ほどではないものの，やはり政府の意向が判決に反映されやすい。これに関連しては，再任拒否

（問4の解説参照）の問題があります。

①内閣の「**指名**」ではなく，「**任命**」なので不適切です。

②「**内閣**」ではなく，「**最高裁判所**」が作った名簿により，内閣が任命するので不適切です。

③再任が拒否されることも「**ある**」ので不適切です。

問 4　裁判官の身分保障（オリジナル）

正解は②

ちょっとややこしい問題ですが，基本事項を思い出しましょう。裁判官には司法権の独立を確保するために，身分保障の規定が憲法上存在します。

○試験前に*確認*を!!　→→→　　裁判官の身分保障

（　）は憲法条項
●**行政の懲戒の禁止**（78）　●**在任中の報酬減額の禁止**（79⑥，80②）
●以下の場合以外での罷免の禁止
　1．心身の故障（**分限裁判による**）　2．公（国会）の弾劾
　3．任期満了　4．**国民審査**（**最高裁判所裁判官のみ**）

①裁判官の心身の故障については，**裁判所が「分限裁判」を行う**ので不適切です。

②正しい。下級裁判所の裁判官の任期は**10年**です。その際，最高裁判所によって再任が拒否された場合，当然，職を失うことになります。この再任拒否をめぐっては，「**宮本判事補再任拒否事件**」が有名です。宮本判事補は再任を望んでいたものの，最高裁から再任が拒否されました。最高裁はその理由を明らかにしませんでしたが，宮本判事補が政治色の強い青年法律家協会に所属し，活動をしていたことを理由としたのではと言われています。

③「**国民審査**」では，「**すべての裁判官**」ではなく，「**最高裁判所裁判官（長官を含め15名）**」が対象となるので不適切です。なお，国民審査での罷免例はこれまでありません。

④「行政による懲戒」は，最高裁裁判官だけではなく，すべての裁判官が受け

ることはないので不適切です。

問5　被疑者・被告人の権利

正解は④

　人身の自由（身体的自由権）についての出題です。当然ながら国家権力は，適正な法手続きによらなければ，個人の身柄を拘束することはできません。また罪と刑罰についても，あらかじめ法律を定めておく必要があります（罪刑法定主義）。さらには，逮捕された被疑者，起訴された被告人に対しても，不利な立場に追い込まれないように様々な権利が保障されています。選択肢ごとに解説していくので，ゆっくりと読みすすめてください。

　①逮捕には司法官憲（裁判官）の発する令状（逮捕状）が必要なのは確かですが，現行犯の場合は必要ありません。

　②刑事裁判では，逮捕段階から弁護人依頼権が存在します。また経済的理由で弁護人をつけることができない場合，国選弁護人（公費から費用が賄われる）をつけることも可能です。ちなみに，2006年から対象が起訴後から，重大犯罪に限って勾留段階から国選弁護人をつけることも可能になりました。

　③憲法第40条の刑事補償請求権に基づき請求が可能です。

　④一事不再理という憲法の原則で，刑事裁判で終審判決が確定後に再び同一事件で裁判を行うことはできない，というものです。無罪となった人を同じ事件で何度も裁くことはいけないということです。ただし，有罪となった場合については，新たに無罪を証明する決定的証拠が発見された場合に限り，別途「刑事訴訟法」で「再審」の請求が認められています。例えば，1952年に発生した白鳥事件では，1965年に再審請求が行われ，再審請求自体は1975年に棄却されましたが，最高裁は「疑わしきは被告人の利益に」の判断を下し，その後の再審請求への道を切り開きました。

問6　日本の刑事裁判制度

正解は①

　日本の刑事裁判制度全般にかかわる重要な問題です。しっかりと知識を定着させてください。

　①刑事裁判は国家を代表する検察のみが，起訴便宜主義に基づいて起訴を行い

ます。例えば，検察が**不起訴や起訴猶予**（一定期間を待って起訴しない）を決め
た場合，被疑者は裁判を経ることはありません。そこで，**不起訴や起訴猶予の決
定が適正になされているかについて審査する機関**が存在します。その機関を「**検
察審査会**（11人で構成され各地裁ごとに設置）」といいます。ただし，その決定
にはこれまで，法的拘束力が弱いという問題がありましたが，2009年から**2回の
起訴相当で起訴議決され，強制起訴される**ことになりました。「被害者」が起訴
できるわけではないので不適切です。

②正しい。被害者への配慮として行われています。

③・④正しい。ちなみに，**2008年からは被害者の遺族などが，被害者参加人**と
して法廷で意見を述べることも認められています。一般に**刑事裁判被害者参加制
度**といいます。

問7　日本の刑事裁判

正解は④

やや難問ですが，**司法権に関する事件と判例を学習するのに良い問題ですから，
じっくり問題の解説を読んでください。**

①正しい。「**大津事件**（湖南事件）」は，ロシアの皇太子が来日した際，巡査が
皇太子を斬りつけたという事件です。政府は死刑を要求しましたが，**大審院長・
児島惟謙**は，**罪刑法定主義に基づいて**その圧力をはねのけ，**司法権の独立を守り
ました。**しかし一方で児島は，**担当裁判官に判決についての圧力をかけていまし
た。**つまり児島は，司法権の独立を守ったという反面，**裁判官職権の独立を侵し
た可能性もあります。**この二面性をおさえておきましょう。頻出の事件です。

②正しい。1976年に発覚した「**ロッキード事件**」の説明です。元首相であった
田中角栄が逮捕され，1983年に有罪判決が出されています。

③正しい。「**財田川事件**」は1950年に起こった強盗殺人事件です。**元特高警察
出身の警察官により，被疑者は長期間勾留され，厳しい拷問の末に自白してしま
います。**現在ではこのような自白には証拠能力はありませんが，戦後まもないこ
ともあり，自白は証拠として認められ，1957年に死刑判決が言い渡されました。
ただし，**自白調書・証拠の捏造などがあり，また，死刑執行起案書を作成するた
めの証拠が，すでに破棄されていたため**（捏造による証拠だったため意図的に破
棄したと現在では解されている），**死刑執行の署名を法務大臣が行えないという**

事態が発生してしまいます。こうして**1979年に再審が決定され**，**1984年に無罪**が言い渡されました。実に獄中生活に入ってから34年ぶりでした。こうした無実の者が罪に問われる**冤罪事件**は数多くあり，戦後，死刑から無罪となった事件としては「**免田事件**」，「**松山事件**」，「**島田事件**」などがあります。**いずれも人間の尊厳を無視した過酷な拷問による取り調べのため自白したことに起因します。**

　こうした**冤罪事件**では，「**再審請求**」による「**再審**」で，**無罪を勝ち取らなければなりません。**憲法には，**一事不再理**（一度判決が確定した後に裁判のやり直しの不可）が規定されていますが，刑事訴訟法では「**新たに無罪を証明する証拠**」が発見された場合，「**再審**」を行うことが規定されています。この再審に道を開いたのが「**白鳥事件**」です。白鳥事件そのものの再審は却下されましたが，1975年に最高裁は，「**疑わしきは被告人の利益に**」という刑事裁判の原則は，再審制度にも適用されるとして，**その後の再審の道を開いていく**ことになりました。冤罪は，警察，検察，事件を権力側の説明通りに報道するメディア（メディアによる集団過熱取材を「**メディア・スクラム**」といいます），そして何よりもその情報を無批判に疑うことなく信じる我々市民が作り出す「社会的暴力」であることを忘れてはなりません。そしていつでも冤罪は我が身に降りかかるということも認識しておく必要があります。

　④「**恵庭事件**」は1962年に自衛隊演習場の通信線を，騒音を理由に住民が切断したという事件です。これが自衛隊法違反だとされ起訴されました。裁判では，自衛隊の合憲性についても争われましたが，**第一審で札幌地裁は被告に無罪を言い渡します。そして自衛隊の憲法判断を回避しました。**すると，無罪判決にもかかわらず，**検察側も控訴しませんでした。**行政も司法も，なんとか**憲法判断を避けようとする狙い**があったようです。世に言う「**肩すかし判決**」です。

問8　違憲審査権

正解は③

　「**違憲法令審査権**（違憲立法審査権）」についての出題です。これもとても重要な頻出事項です。日本国憲法では，憲法の**最高法規性**を確保するために，**下級裁判所を含めた裁判所**に「**違憲法令審査権**」を付与しています。**審査はある具体的事件を解決する手段**として「**付随的**」に開始され，当該法廷で無効とします。あくまでも**その法廷内で無効**となるだけであり，**法律の改正は国会**が行います。

①具体的事件がないと違憲審査が始まりません。

②条例も違憲審査の対象となります。

③正しい。これは1960年の「苫米地事件」での「統治行為論」の判例です。

④これも①と同様に具体的事件がないと違憲審査が始まりません。繰り返しになりますが，日本の場合は**具体的事件がないと違憲審査が始まらず，法文自体を具体的事件とは別に抽象的に審査できません**。下にまとめておきます。

付随的（具体的）違憲審査制		抽象的違憲審査制
⇒**具体的事件の中で付随的に審査** ⇒**日本**や**米国**など	概　　要	⇒憲法裁判所などで**法文を抽象的に審査** ⇒ドイツやフランスなど
⇒当該**事件内でのみ無効**，削除はされず→**削除は国会に委ねる**	違憲効力	⇒**即時無効**，削除行為としての立法権限をもつ

問9　国民審査

正解は③

やや細かいのですが，「有権者の過半数」が不適切です。**国民審査**は，最高裁判所裁判官を対象とし，**任命後初の衆議院議員総選挙の際と，その後は10年ごと**に行われます。罷免を可とする裁判官に「×」を付け，この「×」が**有効投票総数の半数**を超えた場合に裁判官は罷免されます。なお，何も書かない場合は「信任」とみなされます。

①・②・④は正しい。ちなみに**国民審査での罷免例は一度もありません**。

問10　陪審制と参審制

正解は①

まず，「**陪審制**」と「**参審制**」の違いを理解しておきましょう。陪審制は英米で発達した制度で，**市民が有罪か無罪かを決定**（事実認定）します。そして**裁判官は刑罰を決定**します（法律判断）。**日本でも大正時代（1928年）に「刑事裁判」において採用**されていたものの，太平洋戦争突入にともない，1943年から「停止」されたままとなっています。

一方，**参審制**は，独仏で発達した制度で，**市民から選ばれた参審員が裁判官とともに有罪か無罪かを決定**（事実認定）し，かつ**刑罰も決定**（法律判断）します。

日本でも2009年から**裁判員制度**として導入されています。裁判員制度についてまとめておきます。

○試験前に*確認*を!!　→→→　　裁判員制度

● **2004年5月「裁判員法」制定（2009年から裁判員制度を実施）**
1. 対象は「重大事件（禁固1年以上無期または死刑）」
2. **刑事裁判の第一審**においてのみ
3. 原則，職業裁判官「**3**」人と裁判員「**6**」人の合議制
4. 裁判員には「**守秘義務**」があり，反すれば罰則規定あり
5. 「やむをえない理由」がある場合以外断ることはできない
6. **意見が割れた場合は多数決**ですが，有罪の評決には，**一人以上の裁判官の賛成が必要となる**

①「地方公務員」ではなく，「一般市民」から選出されるので不適切です。
②・③・④は上の説明の通り，正しい。

畠山のワンポイントアドバイス!!

資料集が面白い

　今回の「裁判所」は，裁判の制度や判決といった堅い内容がやや多めで，少し肩が凝ってしまったかもしれません。そんな時，皆さんにお勧めするのが，政経の資料集です。その中では**過去にあった「本物」の出来事が写真や図解を交えて具体的に解説され，まるで刑事ドラマさながらに再現されています**。今風に言えば，紙上版VR（バーチャルリアリティ）でしょうか。まあ，それは多少言い過ぎかもしれませんが，実際，資料集を読むことにはまってしまう学生もいるほどです。

　政経の勉強は現実社会と密接にリンクしています。そして資料集を読むことで，そうした社会の動きを過去から現在にわたって俯瞰することができるのです。学校で配られたもの（配られていない人は最新版を即購入！）で構わないので，読んでみてください。最新版であれば，時事問題にもある程度対応できます。ただし，いくら面白いからといって，資料集だけで対策をするのは×（マニアになります）。**この問題集や「講義編」でしっかり勉強しなきゃダメ**ですよ。

第5章

地方自治

正解への **攻略ルート** ▶

1. **ブライス**のいう「**民主主義の学校**」と地方自治の本旨
2. 地方自治法の直接請求制度
3. 地方の財政動向と「3（4）割自治」
4. 地方制度改革動向と「地方分権一括法」

問1　地方自治

正解は③

　イギリスの法学者・歴史学者・政治家であった**ブライス**は，地方自治を**身近なところから政治を学んで実現する場所**であると考え「地方自治は**民主主義の学校**」と表現しました。

　この問題は，ブライスの言葉の意味を問うているので，③が正解です。ただし①，②，④も地方自治の役割を説明した記述で，①と④は「行政の効率化」，②は「権力分立」についての役割の記述です。

問2　地方自治法

正解は③

　不信任決議（**議会において総議員の3分の2以上が出席し4分の3以上の賛成で成立**）が可決された場合，**首長は10日以内に議会を解散する**ことができます。また，解散しなければ**10日**が経過した時点で首長は**失職**します。

　①「予算案を否決」することではなく，「首長に対する**不信任決議案を可決**」することによって首長を**罷免**できます。

　②これも①と同様に不信任決議で罷免できます。

　④議会によって議案が否決されたからといって「住民投票」を実施するという制度は存在しません。

問3　直接請求制度

正解は①

　「**地方自治法**」では，住民自治を実現するために「**直接請求制度**」という住民が直接政治に参加する制度を規定しています。ここは**署名の数と提出先を暗記**することになります。社会科なので，どうしても暗記しなければいけないのは，しかたないことです。

○試験前に *確認* を!!　→→→　直接請求制度

請求事項	署名数	提出先	その後の扱い
1．条例の制定・改廃請求	**1/50以上**	首長	首長が**20日以内**に**議会を召集**し，**その結果を公表**する
2．監査請求	**1/50以上**※	監査委員	**結果を公表**し，その後首長・議会にも報告
3．首長・議員の解職請求	**1/3以上**※	選挙管理委員会	**住民投票で過半数の同意で成立**
4．議会の解散請求	**1/3以上**※	選挙管理委員会	**住民投票で過半数の同意で成立**
5．役員の解職請求	**1/3以上**※	首長	議会の**2/3以上**の出席の下**3/4以上**の同意で成立

※署名は請求対象の自治体の有権者数。2012年の地方自治法改正により，リコールの必要署名数については，有権者が40万人までの自治体は「40万の3分の1」，40万人以上80万人未満の自治体は「40万人の3分の1」と「40万人超80万以下の6分の1」の合計，80万人以上の自治体は「40万人の3分の1」と「40万人超80万以下の6分の1」と「80万人を超える数の8分の1」の合計となる。

　表の1，2は「**請求（イニシアティブ）**」なので，この場合は「**50分の1**」の署名。そして3，4，5は「**解職・解散（リコール）**」にあたり，この場合は「**3分の1**」の署名となります。

　①正しい。
　②「議会の同意」は必要ありません。
　③「住民投票」ではなく，「議会が審議」し，条例の制定・改廃を決定します。
　④「議会の議決」ではなく，「**住民投票で過半数の同意**」で職を失います。

正解は②

選択肢ごとに，**イニシアティブなのかリコールなのか考えましょう。**

①50分の 1 なので「900」となり，正しい。

②「住民投票」ではなく，「議会に付す」ので不適切です。

③ 3 分の 1 なので「15,000」となり，正しい。

④正しい。

問 5　地方自治制度

正解は③

これも選択肢ごとに解説していきます。

①地方の条例によって新たに裁判所を設けることは，**司法権の独立に反する**ため許されてはいません。

②首長の任期については，**地方自治法**で規定されています。現在，**任期は 4 年**です（だだし，議会から**不信任決議**が可決された場合は，これよりも短くなります。また**多選を禁止する規定はなく**，万年首長なんていうのも存在します）。当然，この**地方自治法を制定するのは**，**国会の権限**です。よって地方の条例で任期を短縮することは許されません。

③問 3 で学習済みです。正しい。

④これも問 3 と問 4 で学習済みですが，**条例の制定・改廃請求を住民の署名で行える**のであって，**制定・改廃を決定するのは地方議会**です。

このように，**センター試験では過去問から同じような問題が繰り返し出題されています。**共通テストでも同様の傾向は予想されるので，センターの過去問を通してじっくりと理解を深めていく学習が一番高得点につながるということを忘れないでください。

問 6　住民投票

正解は③

「法的拘束力をもっている」，という点から明らかに間違いです。他は正しい。次ページに主な住民投票の例を挙げておきます。

○試験前に*確認*を!!　→→→　**主な住民投票**

地方自治体の住民投票条例に基づく住民投票

　→結果に「法的拘束力は**ない**」

1996年	新潟県巻町	「**原子力発電所建設の是非**」
1996年	沖縄県	「**日米地位協定見直しと米軍基地の整理縮小の是非**」
		県レベルでは初
1997年	岐阜県御嵩町	「**産業廃棄物処理施設の建設の是非**」
1997年	沖縄県名護市	「**在日米軍の代替ヘリポートの建設の是非**」
2000年	徳島県徳島市	「**吉野川可動堰の建設の是非**」
2001年	新潟県刈羽村	「**プルサーマル計画の受け入れの是非**」
2006年	山口県岩国市	「**米軍厚木基地からの空母艦載機の移転の是非**」
2019年	沖縄県名護市	「**普天間基地の辺野古への移転の是非**」など

問7　地方分権一括法

正解は②

　①三位一体の改革（2004〜2006年）の内容です。以下を試験前に確認しておきましょう。

○試験前に*確認*を!!　→→→　**三位一体の改革**

　1．国（所得税）から地方（住民税）への「**税源移譲**」
　　（選択肢①の内容）
　2．「**補助金**」の削減
　3．「**地方交付税**」の見直し

　②正しい。この「**機関委任事務**」は，**地方分権一括法により廃止**され，あらかじめ法令等で委任を行なう「**法廷受託事務**（旅券交付，国政選挙，戸籍の管理，生活保護など）」へ移行しました。また国の介入に不服がある場合は「**国地方係争処理委員会**（総務省に置かれている審議会）」に不服申し立てができることになりました。

③2006年度から地方債の発行に関しては，都道府県は総務大臣の**許可制から**「**協議制**」へ，市町村は知事の許可制から「協議制」へ移行しています。よって「強化された」は不適切です。

④**地方交付税**は，地方自治体の権限で収入を得る**自主財源ではなく**，国が地域格差是正のために交付する「**依存財源（国を経由して収入）」です**。この誤りはしっかりと見抜きましょう。

問 8　地方分権

正解は①

　ここまでくれば地方自治は完璧です。最後の問題は地方自治の本質の理解を問う思考型の良問です。

　「**地方分権**」とは，**地方にある程度の裁量権を与えることで（権限移譲），地方が国から独立して独自に新たな行政サービスを行いやすくしたり，サービスの方法を工夫して行政の効率化を目指していく**ものです。もちろんそのためには予算も国から自立していなければいけません。こうした多元的な政治のあり方を模索する動きをいいます。

　①「全国で統一的」が不適切です。これでは**地方分権**どころか**中央集権**になってしまいます。

　②，③，④はサービスの方法を工夫して行政の効率化を目指していくというものです。

第6章

日本政治の課題

正解への **攻略ルート** ▶

1. 選挙制度の特徴
2. 55年体制と1990年代の政治の特徴
3. 日本の公務員制度の特徴
4. 新たな市民参加→オンブズマン制度や NPO などの動向
5. 世論とマスメディア→世論操作の危険

問1　選挙制度

正解は①

選挙制度の基本的事項から整理していきます。

制度	小選挙区制	中（大）選挙区制	比例代表制
特徴	1区1名	1区2名以上	ドント式議席配分など
長所	**二大政党制へ→**政局安定	死票が少ない	死票が少ない
短所	・**死票が多い** ・**ゲリマンダー**※の危険 ※特定の政党や候補者にとって都合のいい区割りが行われること	・**多党制**となり政局不安定 ・選挙費用がかかる	・**多党制となり政局不安定**

①正しい。「**小選挙区制**」は，その選挙区で1人しか選ばれません。だから，**当選者以外に投じられた票，いわゆる「死票」が多くなります。**また，**基本的には大政党に有利となり，二大政党制**になる傾向があります。したがって，少数派の意見は反映しにくいといえます。

②「**比例代表制**」は，「**候補者中心**」ではなく，「**政党中心**」になりやすくなります。日本の場合，**衆議院の比例代表では政党名しか記入することはできません**（**参議院の比例区では候補者名か政党名のいずれかを記入**する**非拘束名簿式比例代表制**が採用されています）。

③「企業・団体献金」は，現在は一定の上限があるものの認められています。

④「政党助成金」は，1994年に制定された政党助成法を根拠として，国会議員5名以上，もしくは国会議員を擁し，直近の国政選挙で2％以上の得票数を得た政党に，**規模に応じて公費（つまり，僕らの税金）から補助金が交付される制度**です。政治献金と違って公費からの支出であるため，**透明な資金となり民主主義コストとなる**一方で，その国民の意思とは関係なく政党に交付金が交付されることから，**国民主権に反する**との声もあります。実際に，政党助成金は憲法違反だとして訴訟に持ち込まれましたが，**最高裁は憲法問題ではないと上告を棄却しました。**

問2　多数者支配型の政治

正解は②

「多数者支配型」とは「多数決の論理だけで進められる数の政治」のことです。つまり，**多くの人が賛成することが全て正しいという考え方です。**すると当然，**少数者の意見が無視されることとなり，結果としてマイノリティの抑圧へ**とつながっていきます。

①「**二大政党制**」は，あくまでも**大きな二つの政党を中心として政治が運営さ**れることをいいます。だからその国に二つ以上の政党が存在する場合もあります。例えば，**イギリスの場合は労働党と保守党の二大政党制ですが，第三の勢力とし**て**自由民主党**や，ほかの政党も存在します。

③「**比例代表制**」は，その**得票数に応じて公平に議席が配分**されるため，たとえ小党であっても議席を獲得することができます。

④「多様な集団の代表による妥協と合意形成」は当然，少数者の意見にも耳を傾けるということだから多数者支配の政治とは違います。

問3　国会議員の選挙制度

正解は①

現在の日本の選挙制度は**公職選挙法**（1950年制定）によって定められています。基本的な事柄として以下の点をおさえておきましょう。

○試験前に*確認*を‼ →→→　公職選挙法

禁止事項（してはいけないこと）
⇒**戸別訪問**（各家を回って選挙活動を行うこと）
⇒**事前活動**（公示期間外の選挙運動）
制限事項（してもいいけど制限のあるもの）
⇒ポスター・ビラの枚数制限
⇒街頭演説（時間制限など）

①「**戸別訪問**」は認められていません。これは重要です。

②正しい。**1997年の公職選挙法改正により投票時間の延長**が行われました。

③正しい。ただし，**参議院議員選挙では，重複立候補が認められていない**ので注意しましょう。

④正しい。2001年の参議院選挙からこの文章の通り導入されています。

また，2013年の公職選挙法の改正により，**インターネット選挙運動**が解禁，さらに，2015年の同法改正により，**18歳からの選挙権**が実現しました。

問4　55年体制

正解は④

1970年代が「**ロッキード事件**」，1980年代が「**リクルート事件**」と覚えておきましょう。また**政官財の癒着**（**鉄のトライアングル**）については次ページの図で確認しておきましょう。

①「**多党化**」は**1960年代**の特徴です。1960年に**民主社会党**が結党。さらに1964年には宗教団体である創価学会を支持母体として**公明党**が結党されました。

②「**55年体制**」は「**1と2分の1政党制**」と表現されるように，自民党に対して**社会党は2分の1程度の議席**しか持っていませんでした。

③「**ロッキード事件**」の対応に不満を持った若手グループが，1976年に**新自由クラブ**を結党しました。1983年には衆議院予算委員会で過半数を獲得するため，**自民党は新自由クラブと一時連立を組み，1986年には新自由クラブは解党して大半は自民党と合流**しました。

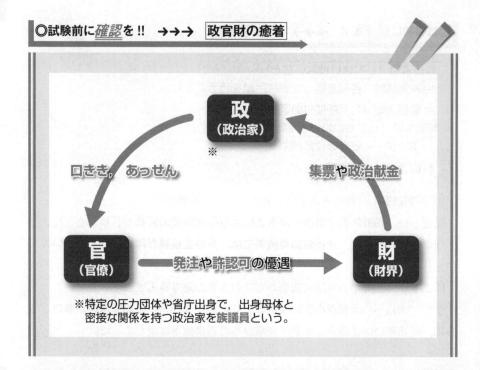

※特定の圧力団体や省庁出身で，出身母体と
密接な関係を持つ政治家を**族議員**という。

問5　**90年代の政治**

正解は③

　1990年代の日本の政治のポイントは，「**無党派層の増加**」と「**投票率の低下**」です。

　①正しい。政治改革を実現できなかった**宮沢**内閣に対して野党が突き付けた内閣不信任決議案が，1993年6月に**自民党の一部議員の同調もあって可決されました**。7月に解散総選挙が実施され，自民党は過半数を割り込みました。ちなみに新生党は，不信任決議案に賛成した小沢一郎などを中心として結党されました。

　②正しい。これは1994年6月の**村山富市**内閣の発足の説明です。ちなみに村山富市は，1947年の片山哲内閣に次ぐ，**戦後2人目の社会党**の総理大臣です。

　③1996年10月の衆議院議員総選挙で自民党は獲得議席を伸ばし，翌11月に組閣された**第二次橋本内閣**で単独政権に返り咲きました。よって不適切です。

　④正しい。1999年1月の**小渕改造内閣で自民党と自由党が連立**。1999年10月の**小渕再改造内閣の時に公明党も連立に加わり，「自自公」政権となりました**。ち

なみに，2003年の第二次小泉内閣から「自・公連立」となっています。

普段からニュースにも関心を持っておきましょう。

問6　新しい制度

正解は④

これも選択肢ごとに解説していきます。

①正しい。「**指定管理者**（制度）」とは，2003年に**地方自治法**改正により導入された制度です。公の施設の管理や運営を，**株式会社**や**NPO**に委託できる制度のことで，**官から民への行政の効率化を目的**としたものです。

②正しい。「**独立行政法人**」は重要なのでおさえておきましょう。これは**政府系の公的機関として活動している特殊法人に，予算裁量権や人事権を移譲して，採算の取れる事業を効率的に行うために設立されたもの**です。当然，赤字となれば業務停止もあり得るため，無駄遣いや無駄な事業は少なくなるというメリットがあります（1999年に制定された**独立行政法人通則法**による）。ちなみに**イギリス**の「**エージェンシー**」をモデルとしたもので，現在日本では**大学入試センター**や，造幣局，印刷局などが独立行政法人となっています。

③正しい。「**PFI**」は，①と②のように，**公共部門の事務や事業を公的機関が行うのではなく，必要な限り民間に委託**していこうという手法です。これもイギリスをモデルにしたもので，1999年に**PFI推進法**が施行されています。

④「**特殊法人**」とは，営利目的の市場原理では行いにくい事業の実施を目的として設立され，公社，公団，事業団，公庫，金庫などの**主として国が出資する公企業全般**を指します。これらは官僚の**天下り**（関連団体・企業への公務員の再就職）先だったり，**財政投融資**の融資先となり，必要の無い道路工事や建物の建設を行うなどの，**行政の非効率化**が指摘されています。なるべくこの**特殊法人を整理統合・撤廃しよう，というのが2000年代以降の流れ**であるので，この用語は不適切です。

問7　現代民主政治の課題

正解は③

「**テクノクラート**」とは「**官僚**」のことです。そして「**政府委員**」も国会に出席して大臣の代わりに答弁を行う「**官僚**」のことです。そうすると，政府委員の

議会などへの参加機会が増えれば増えるほど官僚の力が強くなっていくことになります。よって不適切です。ちなみに，**1999年**に**国会審議活性化法**によって，**この政府委員制度は廃止されました**。

①内閣総理大臣が強力なリーダーシップを発揮するためには，それなりの国民の支持が必要になります。国民から直接選ばれた総理大臣ならば官僚にも力強くモノを言えるはずです。

②国会が行政を含めた国政全般を調査するために与えられている権限が「**国政調査権**」です。これを行使して官僚に情報の公開を迫ったりできるわけだから，政治家のリーダーシップを発揮する結果になります。

④国民の行政活動の監視は，国民主権を実現する上でも重要です。情報公開については1999年に**情報公開法**が制定されました。また国民（市民）が行政を直接監察する「**行政監察官制度（オンブズマン制度）**」は，**川崎市**など一部地方自治体で採用されているものの，**国レベルでは存在しない**ことも注意しておきましょう。

問8　国民による行政の監視

正解は②

国民による行政の監視は，民主社会を形成する上でとても大切です。そのためには情報公開制度を充実させて「**知る権利**」を保障し，**国民が自由に表現する機会**が与えられないといけません。また，市民からの通報・苦情にもとづき，行政全般を調査・監視する「**行政監察官制度（オンブズマン制度）**」の整備なども必要です。

①正しい。情報公開制度の必要性を主張した文章です。

②高い支持率を得ている政党の候補者に機械的に投票することは，自己決定が含まれていません。これは**民主的ではないし，監視的態度ともいえません**。よって不適切です。

③正しい。「監査請求」自体は**地方自治法**に**直接請求制度**として規定されています。これも情報公開の一種です。

④正しい。政府を監視する活動です。ただし，日本人は他の先進諸国と比べてデモなどに参加する人たちが少ない。これからは公的空間で政治的発言を行うことが，市民に求められているといえます。

問9　オンブズマン

正解は④

①**国レベルでは存在しないので不適切です。**

②「**オンブズマン（行政監察官）**」は，スウェーデンで発達した制度で，市民からの苦情や告発に基づいて，行政機関の活動を調査・監視する制度です。主として国の収支に関する決算を報告する行政機関である「会計検査院の検査官」とは性質が異なります。

③このような事実はありません。

④**川崎市**がその例で，正しい。

問10　マスメディア・世論

正解は②

「**世論**」とは，公共空間の中で多くの人々が共有している意見のことです。ただし，この「世論」は曲者で，**マスメディアなどの報道で大きく左右される**のもまた事実です。また，**世論調査なども質問方法を変えたりすることで，その放送局や新聞社が意図する結果を作り出すことも可能**です。さらに，**国家権力がこのマスメディアに対して介入を行ってしまうと，政府による世論操作の危険**さえはらむことになります。

特に戦争報道などでは，この世論操作は著しくなります。例えば，人間の死体をあえて画面に映さないように編集したり（反戦運動を高めないため），事実までも歪曲してあたかもキレイな戦争が行われているようにも見せたりします。**テレビは必ずしも真実や正確な情報を伝えるものではなく，意図的に切り取られた現実を伝えるもの**であることを，僕たちは認識しておく必要があります。

①正しい。ヒトラーが，ラジオと映画というメディアを用いて大衆を操作したことは有名です。

②一見正しいように見えますが，「**法的義務を課す**」ということは，**国家権力がメディアに介入すること**になるので不適切です。

③正しい。これは冒頭の解説にも書いた通りです。

④正しい。

国際政治と
その動向

正解への **攻略ルート** ➡

1 国際政治と国内政治の比較
2 勢力均衡方式と集団安全保障体制の比較
3 国際連盟と国際連合の相違，問題点も含めて
4 東西冷戦とその後
5 軍縮とその他の動向　★特に核軍縮に注意

問1　主権国家

正解は①

　「**自衛権の行使**」は，**国連憲章第51条で認められています。もちろん集団的自衛権と個別的自衛権の双方が，自衛権として容認・明記**されています。

　②「宇宙空間」，具体的には大気圏外については，**どの国の領域にも属さないこと**になっています（1967年発効の**宇宙条約**による）。

　③国民主権の原則が確認されたのは，「**1648年のウェストファリア会議**」です。ちなみに，**ウィルソン**が「**平和原則14カ条**」で国際連盟の設立を提唱したのは，1918年のことです。

　④2002年にユーロへの通貨統合が実現した「**EU（欧州連合）**」では，ユーロ参加国，具体的には **EMU（経済通貨同盟）** 加盟国は，自国の通貨を発行できず，ユーロしか流通させられません。ただし，2018年4月現在28カ国が EU に加盟していますが，**イギリス，スウェーデン，デンマーク**などの一部ではまだ流通していません。ユーロ流通圏は19カ国です。

　このように **試験では，複数の項目が横断的に出題されることを常に頭に置いておきましょう。**

問2　国際社会

正解は②

さて，ここで国内政治と国際政治の違いを比較してみましょう。

国内政治		国際政治
議会（**国会**など）	統一した立法機関	**なし**
内閣，大統領など	統一した行政機関	**なし**
裁判所	統一した司法機関	**一部存在はするが不確実**※

※国際司法裁判所や国際刑事裁判所などが存在する。

①「**グロティウス**」は，その著書『**戦争と平和の法**』や『**海洋自由論**』の中で，自然法の延長としての国際法を主張しています。

②「**ウェストファリア条約**」は，主権国家が互いに対外的な独立性を認めあい，最初の国際社会を成立させた1648年の**ウェスファリア会議**で締結されました。

③「**国際連盟**」や「**国際連合**」は統一した立法機関ではありません。

④**安全保障理事会**（5カ国の**常任理事国**と，任期2年の10カ国の**非常任理事国**の合計15カ国から構成）の議決は，「**全会一致**」ではなく，「**多数決方式**」です。**手続き事項**は9理事国以上の賛成，**実質事項**（例えば制裁を含む決議など）は5**常任理事国**（**米・露・英・仏・中**）を含む9理事国以上の賛成が必要です。実質事項は5**常任理事国**が1カ国でも反対すれば，**議決できません**（これを5常任理事国の**拒否権**といいます）。

問3　国際機構

正解は③

○試験前に*確認*を!!　→→→　｜ **国際連盟の問題点** ｜

① **大国の不参加**（**アメリカ**の不参加と**ソ連**の除名）

② 経済制裁のみで**軍事的制裁措置がとれない**

③ 総会での**全会一致制**の採用

ここで国際連盟と国際連合を比較しておきます。

国際連盟　1920年設立			国際連合　1945年設立	
1919年ベルサイユ条約		設　立	1945年サンフランシスコ会議	
当初，英・仏・伊・日の４カ国※		常　任理事国	英・米・仏・ソ（※1991年からはロシア）・中	
①大国の不参加②軍事的制裁措置がとれない　（経済制裁のみ）③総会・理事会での全会一致制の　採用		問題点	①冷戦下の５大国の拒否権の発動　による安保理機能不全②分担金の未納（米国などが未納）　による財政難	

※国際連盟の常任理事国は1920年に４カ国，1926年に５カ国に拡大している

①「国際連合」と「国際連盟」が逆なので不適切です。

②国際連合では，総会は多数決制を採用しているので不適切です。

③問２の解説にもある通り正しい。

④国際連盟の下，**常設国際司法裁判所**が設置されていたので不適切です。

問4　東西冷戦

正解は④

①ポーランド，ハンガリー，チェコスロバキアなどがそうです。

②**「鉄のカーテン」**演説とは，1946年に**チャーチル**が行ったもので，演説中の「今や，**バルト海のシュテッティンからアドリア海のトリエステにかけて**，大陸を横切って**鉄のカーテン**が下ろされている」の言葉からそうよばれます。そして翌1947年，米国大統領**トルーマン**は，共産主義封じ込め政策として「**トルーマン・ドクトリン**」を発表，東西陣営の対立が深まっていきました。

③②のトルーマン・ドクトリンと共にこの「**マーシャル・プラン**」が発表されました。簡単に言うと「**アメリカがお金をあげるから，こっちから離れないでね**」という感じです。これに対抗して，**ソ連も東欧諸国への経済援助を目的**として，1949年に「**COMECON**（経済相互援助会議）」を設立しました。

④1948年の**ベルリン（ベルリン封鎖）**事件は，**西側３カ国（米・英・仏）が管理するドイツと，西ベルリンを結ぶ道路をソ連が遮断し，戦争一歩手前の危機**となりました。こうして**1949年に東西ドイツは分断**されたんです。しかし，東ベルリンから西ベルリンを経由して，西ドイツへと亡命する東ドイツの人が絶えませ

んでした。東側（ソ連管理下に置かれた東ドイツ）の人々から西側（資本主義の西ドイツ）をみれば，いつも食べ物があって，いい服着てて羨ましかったのです。だからソ連と東ドイツは，この**亡命者流出を阻止**するために，**1961年にベルリンの壁**を建設しました。

○試験前に*確認*を!!　→→→　| ベルリン封鎖とベルリンの壁 |

1948年…ベルリン封鎖事件
1949年…東西ドイツ分断
1961年…ベルリンの壁建設
1989年…ベルリンの壁崩壊，翌90年「東西ドイツ統一」

問5　米ソ関係

正解は④

まず年代別の大きな流れを確認しましょう。

○試験前に*確認*を!!　→→→　| 冷戦の推移 |

| 1．成立期〔40年代〕 |
| →**鉄のカーテン演説**（1946）を皮切りに，政治・経済・軍事的対立組織が形成 |

| 2．雪解け期〔50年代〕 |
| →**4巨頭会談**（1955）や初の**米ソ首脳会談**（1959）による「雪解け」期 |

| 3．多極化期〔60年代〕 |
| →**中ソ対立**（1969），**仏のNATO軍脱退**（1966），AA地域の台頭（1960年アフリカ17カ国独立），二極化から多極化へ |

```
┌──────────────────────────────────────────────────────────┐
│ 4．新冷戦期〔70年代〕                                        │
│   →ソ連のアフガニスタン侵攻（1979）による米ソの緊張，米ソ軍縮交│
│ 渉の中断                                                    │
└──────────────────────────────────────────────────────────┘
                            ▼
┌──────────────────────────────────────────────────────────┐
│ 5．終結期〔80年代〕                                          │
│   →ソ連書記長にゴルバチョフ就任(1985)，マルタ会談で冷戦終結(1989)│
└──────────────────────────────────────────────────────────┘
                            ▼
┌──────────────────────────────────────────────────────────┐
│ 6．ポスト冷戦期〔90年代〕                                    │
│   →冷戦崩壊後，東西ドイツ統一（1990）                         │
│   →1991年にはソ連崩壊（独立国家共同体へ移行）                 │
│   →地域・民族紛争の激化                                      │
└──────────────────────────────────────────────────────────┘
```

①すでに1959年，**アイゼンハウアー**（米国大統領）と**フルシチョフ**（ソ連第一書記）との間で首脳会談が行われています。1955年に**ジュネーブ4巨頭会談**が開催され，1956年にフルシチョフがスターリン批判を行ったことにより，米ソは平和共存期を迎えました。

②問4でも触れた通り，米ソの軍事衝突までには至っていません。

③米国は1973年に**ベトナム和平協定**を結んでベトナムからの撤退をしています。「本格化させた」との記述は不適切です。

④正しい。1979年のソ連による**アフガニスタン侵攻**を受けてアメリカは，**宇宙空間からレーザーでミサイルを撃ち落とす**という「**SDI（戦略防衛構想）**」を発表しました。こうした事態を，一般に新冷戦とよびます。

<hr>

問6 **ヨーロッパの民主化（東欧革命）**

正解は①

東西冷戦下で起こった「**多極化**」，すなわち**米ソ両国の勢力に属さず，独自の路線を歩んだ歴史的動向**の問題です。その抵抗がどれほど大変であり，信念をかけたものであったのかを想像してください。

①**プラハの春**は，1968年に**チェコスロバキア**で起こった民主化運動です。中心者は**ドプチェク**で，ドプチェクは「**人の顔をした社会主義**」をスローガンに民主化を進めました。結果的に**WTO（ソ連中心のワルシャワ条約機構）**軍によって

鎮圧され，共産党政権の打倒までには至りませんでした。

②1989年に**ワレサ**を中心にして，この事実が達成されています。

③「ペレストロイカ」は「改革（再建）」，「グラスノスチ」は「情報公開」の意味です。

④1989年に，東ドイツの指導者**ホーネッカー**の退陣により民主化の動きは加速し，同年11月には**ベルリンの壁が崩壊**します。

問7　冷戦下の外交

正解は②

　1953年に**朝鮮戦争**が休戦し，**北緯38度線**付近の休戦時の前線が軍事境界線とされ，監視のために**板門店**が設置されました。1954年には**インドシナ戦争**も休戦し，**北緯17度線**が非武装地帯とされました。こうした動きの中，1955年には**ジュネーブ4巨頭会談**が開催され，米ソの話し合い外交が始まります。1956年には**フルシチョフ・共産党第一書記**が**スターリン批判**を行うと米ソはさらに接近し，**1959年に米ソ首脳会談が実現**します（この時の米ソの首脳は，アメリカが**アイゼンハウアー**，ソ連が**フルシチョフ**）。また，ベルリンを巡る対立とは，西ドイツ駐留のNATO軍への核配備と，それに対抗したソ連の西ベルリンの「自由都市化」要求などを指します。特に，「**ベルリン封鎖**」（**1948年**），「**ベルリンの壁建設**」（**1961年**），「**ベルリンの壁崩壊**」（**1989年**）を頭に入れておきましょう。

　①アメリカ「単独」ではなく，「アメリカ主体の国連軍」です。また，ソ連は「拒否権の行使」ではなく，「**欠席**」しました。なお，当時の国連の中国の代表権は，大陸の**中華人民共和国**ではなく，台湾の**中華民国にあったため，拒否権は行使していません**。

　③プラハの春についての説明ですが，アメリカの直接介入の事実はありません。

　④中ソ国境紛争は，**1969年にアムール川の支流にあるダマンスキー島の領有権をめぐって武力衝突が起こったことにより始まり**ました。当時アメリカは，ベトナム戦争を抱えて国内は混乱していました。**1972年**に再選を狙う**ニクソン**（アメリカ大統領）は**中国を訪問**し，平和主義者であることをアピールします。このニクソン訪中の模様は，全米に生中継されました。同年11月の大統領選挙では，ベトナム戦争に反対する国内世論を押し切ってニクソンが当選します（1974年，ニクソンはウォーターゲート事件で自ら辞任）。**米中は，1979年に国交を正常化**しています。

◎試験前に*確認*を!!　→→→　| 米中国交正常化 |

1969年…**中ソ国境紛争**
1971年…**中国（中華人民共和国）が国連代表権**
1972年…**ニクソン訪中**
1979年…**米中国交樹立**

| 問8 | 非同盟主義 |

正解は②

「**非同盟主義**」の出題です。1950年代から60年代に入ると，**アジアやアフリカを中心に，東西冷戦の枠組み，すなわち資本主義や社会主義の枠組みに入らない「非同盟主義」という路線**が打ち出されます。

大きな流れは，表の通りです。

◎試験前に*確認*を!!　→→→　| 非同盟主義の動き |

1954年　**中印通商協定**
　　　　⇒中国の**周恩来**とインドの**ネルー**との間で【**平和5原則**】が交わされる
1955年　**アジア・アフリカ会議（バンドン会議）**での【**平和10原則**】
1961年　**第1回非同盟諸国首脳会議**
　　　　⇒**ユーゴスラビア**の首都**ベオグラード**で開催

①非同盟国首脳会議の議長国は**ユーゴスラビア**であり，リーダーシップを発揮したのは大統領の**ティトー**です。また**開発援助委員会（DAC）**は，1961年に設立された**OECD（経済協力開発機構）**の下部組織で，主として途上国への**ODA（政府開発援助）**を実施しています。開発援助委員会（DAC）は，非同盟諸国首脳会議との関連性はありません。

②正しい。

③**コメコン（COMECON）**は，1949年にソ連が東側諸国に経済援助を行うために作った組織です。

④キューバ危機は1962年。**非同盟諸国首脳会議**は1961年。事実が前後しています。

問9　冷戦の終結

正解は②

　1989年12月の**マルタ会談**によって米ソ首脳が冷戦終結を宣言しました。その後の動きを「冷戦後」とか「ポスト冷戦」などと表現します。**一般にセンター試験では，「1990年代以降の国際政治」というリード文が来たら，この「ポスト冷戦」**を問うていることになります。

　①「**フルシチョフ**」ではなく「**ゴルバチョフ**」とすれば正文となります。

　②正しい（問4の解説を参照）。

　③5常任理事国のうち，ロシアや中国は多国籍軍に参加していません。

　④ソ連は独立国家共同体に移行しましたが，東欧諸国にはそのような事実はな

く，**非共産党政権が1989年ごろから樹立**されています。

問10　国際紛争

正解は②

　これもポスト冷戦についての出題です。**丹念にセンターの過去問を解くことで周辺知識を入れていきましょう。**

　①**正式な国連軍の組織や派遣は今のところ一度もありません。**国連憲章では，「国連軍」は安保理と加盟国との，**特別協定により組織される特設的なもの**です。朝鮮戦争の際にソ連が欠席する中，安保理が朝鮮特別国連軍を派遣しましたが，これは5大国の一致を得ていないため正式なものではありません。

　②正しい。1991年の**湾岸戦争**がその例です。ポスト冷戦後は，国連安保理決議を後ろ盾にしながら，**アメリカ中心の有志連合による武力介入がたびたび行われています。**一方で，これはアメリカの**単独行動主義（ユニ・ラテラリズム）**であるとの批判の声もあります。実際，**国連安保理決議を経ずに武力行使を行ったコソボ空爆**（1999年）や，**イラク戦争**（2003年）のような例もあります。

　③このような事実はありません。

　④このような事実はありません。ただし，国連を中心に「**平和維持活動（PKO）**」は冷戦後も行われています。1992年には**PKO協力法**を制定し，日本も**カンボジア**に要員を派遣しました。

問11　国際関係

正解は①

　アメリカなどが現在滞納しています。日本の分担比率は9.680％（2016年）と，以前よりは低くなってはいるものの**比較的高水準**です。

　②**条約は締約国にしか法的拘束力が及びません。**

　③「**成文の条約**」を「**不文の国際慣習法**」に，また後半部の「**国際慣習法**」を「**条約**」とすれば正文となります。

　④一部の「**NGO**」については，現在，**オブザーバー**としての参加が認められる場合があります。ただし表決に参加することはできません。

問12　核軍縮

正解は④

　下の年表で核軍縮の大きな流れをつかんでおくことが大切です。

○試験前に*確認*を!!　→→→　　軍縮の歩み

1955年	**ラッセル・アインシュタイン宣言**
	２人の科学者による核兵器禁止宣言
1957年	第１回**パグウォッシュ会議**
	ラッセル・アインシュタイン宣言を受けての科学者による軍縮会議
1963年	**部分的核実験禁止条約（PTBT）**
1968年	**核拡散防止条約（NPT）**
1972年	SALT Ⅰ（第１次戦略兵器制限交渉）⇒攻撃ミサイルの数量制限，同年発効
	ABM（弾道弾迎撃ミサイル）制限条約⇒**2001年米国が一方的に離脱**
1978年	**第１回国連軍縮特別総会開催**　⇒国連の場における初の本格的軍縮のための総会
1979年	SALT Ⅱ（第２次戦略兵器制限交渉）
	⇒同年の**ソ連のアフガニスタン侵攻**を受けて，米議会未批准のため**未発効**
1987年	**中距離核戦力（INF）全廃条約（2019年失効）**
1996年	**包括的核実験禁止条約（CTBT）**

詳細は『講義編』でしっかり確認しておきましょう。

①②③は，このまま正しい。

④は，爆発を伴わない実験（未臨界核実験）は禁止していないため不適切です。

問13　軍縮

正解は⑤

軍縮のまとめ的な問題です。内容が深く問われるのは問12の軍縮条約なので，その他は**年代と順序に気をつけておきましょう**。

問12の年表より，**ア**は1978年。**イ**は1987年（2019年失効）。**ウ**は1963年。よって正解は⑤です。

問14　国際紛争

正解は③

選択肢ごとに解説していきます。

①正しい。北アイルランド紛争は，少数派のカトリック系住民が，差別の撤廃運動を起こしたことで始まりました。その後カトリック系住民の中で過激な **IRA**（アイルランド共和国軍）が組織され，**北アイルランド政府軍やイギリス軍との間で武装対立**が続きました。**1998年には和平合意**に至っていますが，政情は不安定です。

②正しい。**チェチェン共和国は，イスラム教徒の国であり，ロシアのロシア正教徒とは宗教が異なります**。チェチェンの独立問題では，ロシアはイスラム過激派の拠点化や，ロシアへ供給される石油のパイプラインの安全性を危惧して，チェチェンの独立は認めませんでした。1990年代になると**大規模なロシアからの介入が行われ，チェチェン人に多くの犠牲者を出しました**。今も**独立の見通しはついていません**。

③いわゆる「**パレスチナ問題**」は，**ユダヤ**教徒と**イスラム**教徒の対立です。1948年に**第一次中東戦争**が勃発して以来，第四次まで大規模な戦争がありました。もともとはイスラム教徒が住んでいたパレスチナ地方に，19世紀末からユダヤ人が移住してきたことに問題の端を発します。その後国連によって**パレスチナ分割**が行われ，**イスラエル**が建国されますが（**1948年**），それがイスラム教徒のパレスチナ人にとって不利なものだったため，パレスチナ人は猛反発しました。

その後1993年には，一部の土地（ヨルダン川西岸地区とガザ地区）を**1999年ま**
で，パレスチナ人が統治することを認める合意がされたものの（**オスロ合意**），
1999年以降の具体的道筋が不透明であり，今も自爆テロとそれに対する報復とし
てのイスラエル軍による空爆が続いています。2003年には**中東ロードマップ**が，
国連・米国などから提示されましたが，依然先行きは不透明です。

○試験前に*確認*を !!　→→→　　中東ロードマップ

- ➡2003年 4 月，「**アメリカ**」，「**ロシア**」，「**EU**」，「**国連**」の四者
  により「**中東ロードマップ**」を提示した。
- ➡2003年 6 月 4 日。**イスラエルのパレスチナ人居住区入植地からの撤退と，**
  2005年を目途にパレスチナ人国家を樹立するという，「ロードマップ」を，
  ヨルダンのアカバで開催された「中東和平会談」でイスラエルとパレスチ
  ナが受け入れた。
- ➡PA（パレスチナ暫定自治政府）は首相「**アッバース**」，イスラエル首相
  「**シャロン**」，アメリカ大統領「**ブッシュ（子）**」による三者会談。
- ※親米派のアッバスを招聘することで，独自色の強いアラファトを政治的実
  権から排除する狙いがある。この後アッバース首相は辞職し，後任にアラ
  ファト寄りの「クレイ」氏（後に辞職）。
- ➡2004年。PA長官「**アラファト**」死去。後任に親米派の「**アッバース**」が
  PA大統領となる。

---

　④1991年のソ連解体に合わせて，かつてのユーゴスラビア連邦内部でも**連邦か**
らの独立をしようとする動きが加速します。これに対して独立を許さないセルビ
ア共和国を中心とする**ユーゴスラビア**連邦と武力衝突が起こりました。特に**ボス**
ニア・ヘルツェゴビナ内戦では**1995年に安保理の要請でNATO**が介入するなど
の大きな動きがありました（これを「**人道的介入**」とした NATO の大義は議論
をよびました）。

　また，1999年にはセルビア領内にある**コソボ**自治州の独立に関しても（いわゆ
るコソボ紛争），**NATO**は**安保理の決定なしに空爆を行い**，議論をよんでいます。
2008年にコソボ共和国は独立を再び宣言したものの政情は**不安定**です。

問15 地域紛争

正解は④

A～Dの地点ごとに解説していきます。

①地点Aは，**フォークランド**諸島です。1980年代にその領有権をめぐり**アルゼンチンとイギリス**の武力衝突に発展しました。

②地点Bは，**インドネシアの東ティモール**です。東ティモールは1974年までポルトガルの植民地でした。その後1976年にインドネシアが東ティモールを併合しました。**1999年8月，インドネシア政府提案の拡大自治案の是非を問う直接住民投票が実施され，約8割の住民が東ティモールの分離・独立を選択しました。**しかし直後，独立に反対する勢力による破壊・暴力行為が相次いだことにより，**国連東ティモール暫定行政機構**（UNTAET）を中心に独立の準備が進められ，**2002年5月20日に独立しました。**核超大国（米国やロシア）などとは関係はありません。

③地点Cは，「**北アイルランド紛争**」の地点です。問14の①の解説を参照。「4次にわたる戦争」は，いわゆる**パレスチナ問題**における「中東戦争」（問14の③を参照）です。

④地点Dは，**ソマリア**です。「**アフリカの角**」とよばれる地域で，中央アフリカの「**ルワンダ**」と区別しましょう。ソマリアは，**1991年のソ連崩壊の頃より，社会主義政権への不満から内戦状態に入りました。**その結果，政権（バーレ大統領）は打倒されたものの，**今度は氏族間の権力闘争が激化して内戦**となりました。1992年に**PKF**（厳密には強制力を強化した平和執行部隊・**PEU**としての活動）を展開するものの，130名以上の犠牲者を出し活動は失敗しました。**現在も政情は不安定**です。

問16 世界の紛争や対立

正解は②

選択肢ごとに解説していきます。

①正しい。「**オスロ合意**」の説明です。ちなみに，2003年には**中東ロードマップ**をパレスチナ側とイスラエル側は受け入れました。

②「イラク政府」ではなく「ロシア政府」とすれば正文となります。1997年5月に5年間の停戦が合意されたものの，1999年には再び紛争となりました。問14

の②を参照。

③正しい。コソボ紛争における**NATO**（北大西洋条約機構）軍の空爆は，**国連安全保障理事会の承認を得ておらず**問題となりました。問14の④を参照。

④正しい。1998年に韓国の**金大中**政権が掲げた「**太陽政策**」の流れをくんで実現しました。韓国（大韓民国）側が金大中，北朝鮮（朝鮮民主主義人民共和国）側が**金正日**です。

問17　地域紛争

正解は①

アフガニスタン侵攻は「イラン，中国」を「ソ連」とすれば正しい。また，③の**湾岸戦争**では，**多国籍軍**（アメリカを中心とする有志軍）に**サウジアラビア**が入るなど，**イスラム諸国でも反米と親米が分かれた**のも興味深いところです。

問18　強制と抑止

正解は④

選択肢の事項は狙われやすいものなのでしっかりと目を通しておきましょう。

この問題文で「**強制**」は，「**自国が望む行動を相手国にとらせること**」であり，武力や強制力による解決がこれにあたります。一方「**抑止**」は，「**自国が望まない行動を相手国がとらないようにすること**」であり，核兵器を開発したり，軍備を増強して**相手を威嚇すること**がこれにあたります。

①「海上封鎖」，②「軍事力を使って」，③「軍事介入」はすべて武力や強制力を行使しています。

④は抑止の例です。一般にこれを「**核抑止力**」とか「**相互確証破壊の論理**」などといいます。もし，**自分が核兵器を使えば，相手も使用しお互いが破滅してしまう**。こんな不安定な論理，「**恐怖の均衡**」の上に東西冷戦は成り立っていました。

問19　人間の安全保障

正解は③

「**人間の安全保障**」とは，「**国家の安全保障**」を補完しつつ，**教育や医療，貧困対策など**を通して，**脅威にさらされている人間一人一人の救済と自立**を目指すものです。

①確かに人の役には立つますが、「脅威にさらされている個人」に限定される援助ではありません。

②これも国家間の取り決めであり、個人に重点を置く考えとは相いれません。

③正しい。

④軍事的措置をとるという前提は、個人を脅威にさらす結果となってしまう場合があります。

問20　マイノリティと政治

正解は②

国際政治，そして民主社会のあるべき姿を考える上で参考になる良問です。

かつてアメリカ建国の父**マディソン**や，イギリスの**ミル**が指摘した「**多数の専制**」は，20世紀に入り参政権が拡大していく過程でますます現実味を帯びていきます。

「**承認の政治**」とは，少数民族の持つ独自の文化などの価値を認め，そのような差異に配慮することが平等のために必要だとする考え方です。つまり，**少数派（マイノリティ）にも配慮していく政治のあり方**を説いています。

②一見「援助」などの言葉から正しそうですが，参政権や市民権の付与条件に，公用語の一定程度の習得を課すことは，少数言語者の排除につながり，「**承認の政治**」とはいえません。ある種の「**同化政策**」となってしまいます。

問21　個人が有する権利や義務

正解は②

「**国際司法裁判所**」は「**個人**」ではなく，「**国家**」を**裁く**国際裁判所です。また，個人の訴訟は扱いません。

①正しい。

③正しい。「国際機関」とは例えば，規約人権委員会や人権理事会（2006年に国連人権委員会から格上げ）などです。

④正しい。1993年に設置されました。なお，**1994年に国連安全保障理事会の決議**により，**ルワンダ国際戦犯法廷**も設立されています。

こうした細かい知識を問われた場合は，基本事項から消去法を用いて解いていきましょう。本問では，②の正誤判断がポイントになります。

問22　難民問題

正解は②

　戦争が起これば，当然その地域から逃れようと「**難民**」（難民条約上の庇護対象となる）が発生したり，国内で生活する場所を失う「**国内避難民**」（難民条約上の庇護対象とならず，しばしば問題になっている）が発生します。

　とりわけ「難民」は，各国が受け入れ態勢を整えておかないと大変なことになります。そこで，**1951年**に**難民条約**（難民の地位に関する条約）が採択されました（日本は**1981年**に批准し，**出入国管理及び難民認定法**を整備しました）。

　この条約では，批准国は**経済難民を除く**難民を受け入れること，そして**迫害の恐れのある国**（たとえば難民発生国など）**への強制送還の禁止**（これを「**ノン・ルフールマンの原則**」という）などがうたわれています。

　①正しい。1991年から2000年まで，**第8代国連難民高等弁務官**として日本人の**緒方貞子**さんが活躍していたこともおさえておきましょう。

　②**「経済難民」は含まれません**。

　③④正しい。

第8章

第9章

第10章

第11章

第12章

第13章

必ず読もう！　完成講義　第8章

第8章

現代経済の仕組み

正解への **攻略ルート**

1 18世紀から20世紀，そして1980年代以降の経済体制の歩み
2 **ニューディール政策**とその内容
3 1 に関連する経済学者「**アダム・スミス**」,「**ケインズ**」,「**フリードマン**」
4 社会主義と資本主義の相違
5 社会主義経済の変容

問1　経済思想

正解は⑥

　自由貿易を主張した人物として頻出の**リカード**について解説しておきます。

　リカードは，**各国が国内の相対的に生産性の高い財に生産を特化し，それをお互いに自由貿易で交換したほうが，両国全体の利益となる**，という考えを示しました（第13章問7の解説参照）。これを**比較生産費説**といいます。だから工業国イギリスにとっては農作物も自由貿易で輸入したほうがいいのです。こうして穀

○試験前に _確認_ を!!　→→→　経済思想

18世紀	「**自由放任主義**」 政府は経済に不介入 代表的学者➡**アダム・スミス**
20世紀	「**修正資本主義**」 政府は一部経済に介入 政策➡**ニューディール政策** 代表的学者➡**ケインズ**
1980年代以降	民営化と規制緩和で歳出の少ない「**小さな政府**」 「**新自由主義**」 代表的学者➡**フリードマン**

物生産者を保護するため，穀物の輸入を制限した「穀物法」の廃止を主張しました（一方で**マルサス**は，自国の食料は自国で供給されるべきだとして**穀物法の保護**を主張，リカードと対立しました）。

問2　ケインズ理論

正解は④

「国債発行が増えても」というところがポイントです。

①**不況期は，総需要が総供給を下回り，需要不足となっているため在庫などが増加し**，「モノが売れない状態」が発生します。このような時，政府は「介入して」，公共投資などの歳出を増加させるべきというのがケインズの主張です。

②正しくは，**政府が支出を増やす**こと（公共投資の拡大など）によって，有効需要を拡大します。

③マネーストック（通貨供給量）の管理の重要性は，「**マネタリズム**」とよばれる経済理論の柱で，**フリードマン**によって主張されました。

問3　修正資本主義

正解は④

「1980年代後半には連邦財政が黒字化した」が不適切です。**レーガン政権**（共和党）では軍事費の増大の結果，**財政赤字は改善できません**でした。1990年代後半，**クリントン政権**（民主党）が**財政赤字を黒字化**して改善したものの，2001年に誕生した**ブッシュ（子）政権（共和党）**の下で再び財政赤字となっています。

①イギリスでは1979年に**保守党のサッチャー**政権が誕生し，「**サッチャリズム**」を推進しました。ただし，1990年代に入ると財政赤字は改善したものの「経済格差」が現れるようになりました。こうして1997年には政権が交代し，**労働党のブレア**政権は，**自由競争は維持しつつも**「皆が競争に等しく参加できる社会」，つまり「**第三の道**」を訴えました。

②正しい。スタグフレーションについては『講義編』で確認しておきましょう。

③少し難しいですが，「**裁量的な財政政策**」とは，**政府が公共投資などにより歳出を不況時に増加させたり，好況時に減少させたり**することをいいます。つまり，**ケインズ的な経済への処方箋**です。ここでの「マネタリスト」とは，公共投資によって有効需要を創出するのではなく，通貨供給量の調整を主張したフリー

ドマンなどの人々です。これがいわゆる「**小さな政府**」「**マネタリズム**」の考え方です。まずはこのようにして難解な用語をいかにわかりやすい言葉に置き換えるかが正答へのカギとなります。

問4　社会主義経済

正解は①

①正しい。

②共産主義政権が次々に打倒された**東欧革命**の結果，**コメコン**は1991年6月に解散しています。

③「**北朝鮮**」ではなく，「**ベトナム**」とすれば正文となります。

④1991年12月にソ連は解体し，ソ連共産党も解散して「共産党一党支配」が終わり，**複数政党制の主権国家となったロシア**は，「**エリツィン**」大統領の下で市場経済化を進めました。また，「**プーチン**」大統領は2000〜2008年と2012年以降です。

問5　経済主体

正解は⑤

これは「経済循環図」の基本的な問題です。

まず，企業は家計から**生産要素**である**ア**の「**労働力・資本・土地**」などを受け取ります（B）。そしてそれを用いて**ウ**の「**財・サービス**」を政府や家計に提供します（A）。すると当然家計や政府はその対価として企業に**支出**をするし，企業は「**労働力・資本・土地**」の対価として「**賃金・地代・利子や配当**」を家計に支払います。

このような経済主体（家計や企業や政府）の間で対価を伴う取引が行われる場所を「**市場**」といいます。

ただし，**イ**の**公共財**（道路や水道など）や，**公共サービス**（警察や消防など）を企業は提供しません。なぜなら採算をとるのに時間がかかるし，例えば，灯台の光なんてのは対価を支払わなくても黙って利用できてしまうからです。このような**対価を支払わない利用者を**「**フリーライダー**」といい，公共財などはこのフリーライダーを排除できないため，政府が**租税**（税金のこと）を家計と企業から徴収し，提供します（C）。

第8章

第9章

第10章

第11章

第12章

第13章

必ず読もう！　完成講義　第8章

あくまでも政府は**市場の失敗**（後ほど詳しく解説）を補完するために経済活動を行うと考えられています。

問6　公共財
正解は①

問5で解説したように，**公共財や公共サービスは企業が提供しない**という性質を持っています。

この前提を考えれば，正解は①です。

②③④は対価を受けとって企業が提供しています。③の「電力の供給」を選んでしまった人もいるかもしれませんが，**東京電力などは民間の株式会社**なので勘違いしないでください。

問7　関税政策と受給曲線

正解は②

この需要と供給曲線のグラフ問題は，多くの出題が予想されるので解説を熟読してください。

まず，このグラフでは価格 P_0 の時，**需要が Q_0，供給も Q_0 となり，両方の数量は一致**しています。ここで P_1 で取引が行われると，需要が Q_1，供給が Q_2 となり，「$Q_1 - Q_2$」**分の供給が足りません**，つまり，需要が供給を超える「**超過需要**」が発生しています。そう，物不足が国内で発生していることになります。そしてこの部分を輸入で埋め合わせていると考えてください。よって国内生産量は「Q_2」，輸入量は「$Q_1 - Q_2$」となります。

問8　市場

正解は③

問7のような市場メカニズムは，すべての市場において機能するわけではありません。特にこの例外事項が大切になるので注意しましょう。例えば，ビール系飲料の市場を考えてみましょう。

次ページ図のように，ビール系飲料市場では，アサヒやキリンの**市場占有率**（**マーケットシェア**）が高いため，これらの企業がつけたビールの価格に他社が追随してしまいます。これを**プライス・リーダーシップ**といいます。

こうした市場では価格競争が行われず，価格以外の側面で「**非価格競争（製品の差別化**など）」が行われます。また，価格がなかなか下がらない「**価格の下方硬直性**」も，その特徴の一つです。また，**マーケットシェアは比較的固定化する傾向**にあります。よって③が不適切です。

ちなみにこうした**独占**（狭義には1社での占有）・**寡占**（狭義には数社での占有）市場を「**不完全競争市場**」といい，逆に市場メカニズムの機能する市場を「**完全競争市場**」といいます。

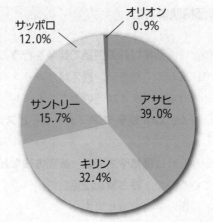

オリオン
0.9%
サッポロ
12.0%
サントリー
15.7%
アサヒ
39.0%
キリン
32.4%

（2016年実績　日経新聞記事より作成）

●日本の生産集中度（2010年）

商品	上位3社の集中度
即席麺類	66.7%
インスタントコーヒー	98.2%
電気冷蔵庫	80.5%
デジタルカメラ	92.4%
パソコン	74.6%
宅配運送業	96.3%
コンビニエンスストア	73.7%

（公正取引委員会HPより作成）

◎試験前に*確認*を!!　→→→　**完全競争市場が成立する条件**

1. 需要者と供給者が多数存在
2. 両者が**価格支配力を持たない「プライステイカー」**であること
3. **市場への参入・退出が自由**
4. **商品の正確な情報の伝達（完全情報）**
5. **その商品が同質であること**

正解は②

　非価格競争とは，**価格以外の側面で競争を行う**ことです。全く競争しないことではないので注意してください。例えば，キリンラガービールは「苦味」が売りとか，アサヒスーパードライは「のどごしとキレ」が売りとかなどの「**製品の差別化**」です。また，**CM競争やアフターサービス，デザインなどで差別化**していきます。

　①「**カルテル**」とは**価格や生産量，販売方法などで協定を結ぶ**ことで「競争」しなくなっているので，**独占禁止法**違反です。

　②正しい。冒頭の解説の通りです。

　③これは「価格競争」であり，非価格競争ではありません。

　④社会主義経済などに多く見られる，**統制経済**の特徴です。

正解は①

　近年は日本を含め，世界のさまざまな企業が海外に進出しています。もはや企業活動に「国境」はなくなりつつあり，**グローバリズム**の名の下に，これらの**多国籍企業はどんどん進出先を拡大**しています。一方でそれら**多国籍企業は，生産国で労働力を安価で使い，先進国との経済格差を広げている**ことも否めません。

　例えば1990年代半ば，このサッカーボールの生産に，低賃金の児童が従事していることがわかり，世界的な問題となりました。多国籍企業の進出で豊かになる国や人がいる一方で，貧しく不安な日々を送る人もいることを忘れてはいけません。

　この問題では「企業が外国に進出する理由」，つまり，企業が進出しやすい環境とは何か，を聞いています。規制が少なかったり，税金や賃金が安かったら企業は進出するでしょう。ちなみに企業が海外で不動産を取得したり，工場などを建設したりすることなどを「**直接投資**」といいます。また日本企業の場合，**円高**になれば，海外の土地や労働力が安くなるため，日本は直接投資を増やします。

　①「**法人税**」は企業にかかる税金です。これが引き上げられれば**コスト高になるため各企業は進出しにくい**。よってこれが不適切です。

　②販路は「商品を売りさばく相手」つまり，**市場の拡大**です。

③低賃金は冒頭にも解説した通り，**企業進出の大きな要因**です。

④**経済特区**とは，外国企業を誘致するために，原材料の輸入関税の撤廃や，法人税が引き下げられていたり，規制が緩和されている地域です。**1979年に中国が「改革・開放」政策の中で設置**したことも有名です。

問11 株式会社

正解は②

①「**株式会社**」の経営権は「**有限責任**」の**株主**が持ちます。「**無限責任社員**」**だけで構成される**のは「**合名会社**」です。

②**正しい。**

③「一人一票」ではなく「所有株式数に応じて」とすれば正文となります。したがって，3分の1くらいの株式を所有すれば，かなり経営に対する影響力を行使できるし，過半数の株式を取得すれば完全に経営権を握ることになります。

④「監査役」ではなく「**取締役**」とすれば正文となります。なお，日本は**個人株主**よりも**法人株主**の割合が大きいのが特徴です。

畠山のワンポイントアドバイス!!

「暗記」分野と「理解」分野

　経済学習における「暗記」分野と「理解」分野では，その対策方法が異なります。

　まず前者については，世界史的流れをふまえつつ政治分野とリンクした学習が効果的です。例えば，**「現代経済」**分野における**「自由放任主義（18世紀）」**から**「修正資本主義（20世紀）」への流れ**は，政治分野の**「自由権（18世紀的権利）」**と**「社会権（20世紀的権利）」への流れ**に相当し，これらを比較・対照しながら学習すれば，人名・用語などがスムーズに記憶できます。また，経済分野特有の抽象的で細かな用語ついては，「選好」は「ブーム」，「可処分所得」は「手取り」などのように，**具体例に置き換える**とわかりやすくなります。

　次に後者についてです。これは**「日本経済」「国際経済」「金融と財政」**などの分野が該当しますが，内容が複雑多岐で計算式も多く，参考書を一読しただけでは理解しにくいです。そこで大切となるのが，問題集・模試を活用した実践演習の繰り返しです。また，試験では同種の問題が繰り替えし出題される傾向があるので，過去問演習もかなり有効です。

　そしてその際に，間違った点などを『講義編』で再確認すれば，より理解が深まります。

第 9 章

国民所得と
経済成長

正解への **攻略ルート**

① ストックとフローの違い

② 付加価値と三面等価の原則

③ GDP, NDP, DI, GNP, NNP, NI の計算過程

④ GDP と GNP の違い

⑤ NNW とグリーン GDP の意味

⑥ 景気循環と経済成長（名目値と実質値の相違）

問 1 経済指標（オリジナル）

正解は④

①国富には国内の金融資産は**計上されません**。

②三面等価なので，**原則同じ値になります**。

③**国民所得を生み出す基盤**となり影響はあります。

④正しい。**雇用者報酬が最も大きい**（2012年で約70％）。

問 2 GDP

正解は①

◯試験前に *確認* **を!! →→→** 国民所得指標

原材料費など　機械などの磨り減り分
総生産額 －**中間生産物**－**減価償却費**（固定資本減耗）－**間接税＋補助金**※

┗━ **GDP**〔国内総生産〕━┛

┗━━━━━━ **NDP**〔国内純生産〕━━━━━━┛

┗━━━━━━━━━━━ **DI**〔国内所得〕━┛

※（間接税－補助金）は**純間接税**とよばれます。

● GDP（国内総生産）と GNP（国民総生産）の違い

「**GDP**」とは「**国内総生産**（Gross Domestic Product）」で，**日本「国内」で生み出された付加価値の合計です**。これには**日本から海外（外国人）に支払われた所得も含まれるし，逆に海外から日本（日本人）に支払われた所得は含まれません**。そして「**日本人**」（**1年以上日本に居住した外国人や外国法人も含む**）が生み出した所得の指標が「**GNP**」で，「**国民総生産**（Gross National Product）」とよばれ，こちらはいわば**日本「国民」が生み出した付加価値の合計**です。

GDP から GNP を求めるには，GDP に**海外から日本に支払われた所得（海外からの要素所得）を足して，日本から海外に支払われた所得（海外への要素所得）を引けばいいのです**。ちなみにこの「**海外からの要素所得**」と「**海外への要素所得**」の差額を「**海外からの純所得**」といい，以下の計算式が成り立ちます。

$\boxed{\text{GNP}=\text{GDP}+\text{「海外からの純所得（海外からの要素所得-海外への要素所得）」}}$
$\boxed{\text{GDP}=\text{GNP}-\text{「海外からの純所得」}}$

現在では，一国の経済力を測る指標としては **GDP がよく用いられます**。

①正しい。

②最終生産物の価額を合計したものは「**総生産額**」です。

③海外からの純所得を「**加えたもの**」ではなく「**差し引いたもの**」です。

④「**NNP**」を「**NDP**」とすれば正文となります。GDP から減価償却費を引いたものが **NDP**（**国内純生産**）なので，逆に，**NDP に減価償却費を加えたものが GDP**です。なお，**NNP**（**国民純生産**）は，NDP に海外からの純所得を加えた指標です。

○試験前に*確認*を!! →→→ 「国民」でみた付加価値指標

GNP（国民総生産）＝GDP＋**海外からの純所得**

NNP（国民純生産）＝NDP＋**海外からの純所得**

NI（国民所得）＝DI＋**海外からの純所得**

つまり以下の計算も同じことです。

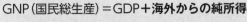

総生産額 － 中間生産物（原材料費など）－ 減価償却費（固定資本減耗）（機械などの磨り減り分）－ 間接税 ＋ 補助金

GNP〔国民総生産〕

NNP〔国民純生産〕

NI〔国民所得〕

第8章
第9章
第10章
第11章
第12章
第13章
必ず読もう！ 完成講義 第9章

正解は②

まず「農場」,「ジュースメーカー」,「販売会社」の付加価値を一つずつ計算します。この場合,収入が総生産額。そして賃金以外の支出が中間生産物です。**間違っても賃金を引いてはいけません。賃金は所得なので,生み出された価値**です。

> 農場の付加価値は,「100－10」の「90」
> ジュースメーカーの付加価値は,「200－100－10」の「90」
> 販売会社の付加価値は,「300－200－10」の「90」
> よって全体の付加価値は,「90＋90＋90」の合計「270」となります。

問4 国民経済計算

正解は⑦

やや難問です。まずNNPを計算します。表の国内総生産（GDP）「497」から海外からの要素所得「28」を足して,海外への要素所得「21」を引きます。この「497＋28－21」の「504」がGNPです。ここから固定資本減耗分の「83」を引けばNNPとなり,「504－83」で「421」です（ここで解答は⑦か⑧）。

経常海外余剰とは,サックリいうと**日本が外国からどれだけお金を受け取ったかということです。もらっていれば「黒字」**だし,**支払ってしまえば「赤字」**でGNPにはなりません。式は,経常海外余剰＝純輸出（輸出－輸入）＋海外からの純所得（海外からの要素所得－海外への要素所得）で求められます。すると「(54－44)＋(28－21)」で「17」だけ黒字となります。よって正解は⑦です。

問5 国民所得

正解は②

これも大事な問題です。何が「**国民所得**」に計上されるのかを聞いています。

例えば,**家事労働やボランティアなど,支出を伴わない市場外取引,ガレージセールなどの中古品取引,株の値上がり利益は計上されません**。また,**公害など**の損失分も同様です。

ただし,**医療費は支出を伴う市場取引ですから**計上されます。

それと,実際に市場で取引されていなくても「市場で取引された」と仮定して,

例外的に GDP などに計上（みなし計算）される「帰属計算」に注意してください。例えば，「農家の自家消費」・「企業の現物給与」「持家の家賃」「公共サービス」などがあたります。

①雇われるということは賃金を得るので生産となります。

②料理を作っても販売しなければ生産にはならないので不適切です。

③④高等学校の先生や税務署員も給与をもらっています。

問6　NNW とグリーン GDP

正解は①

　例えば，日本中に蚊をバラ撒いて皆がかゆみ止めを買ったら，GDP は増加します。つまり，**公害などを発生させて，みんなが病気になって病院で治療費を支払えば GDP は増加**します。しかし，本当にこんな国が幸せでしょうか。そこで新しい指標として，**福祉水準を反映した NNW**（国民純福祉）や，**公害対策を考慮したグリーン GDP** の指標が注目されています。

● NNW＝NNP の投資を除いた項目＋福祉項目－非福祉項目

で計算されます。**福祉項目とは余暇時間，市場外取引活動であるボランティアや家事労働などです。これらが増加すれば NNW の値は大きくなります**。ちなみに非福祉項目とは，環境維持経費や環境汚染による損失などです。

● グリーン GDP＝GDP－帰属環境費用（環境悪化による価値減少分）

で計算されます。

①正しい。

②「加えて」ではなく，「差し引いて」とすれば正文となります。

③非福祉項目が大きくなれば，**小さな値となる可能性がある**ため不適切です。

④ NNW では労働時間の短縮による余暇時間を計上するため，必ず**減少するとはかぎりません**。よって不適切です。

問7　景気循環

正解は③

　不況期（谷）→拡張期（回復期）→好況期（山）→後退期→不況期（谷）を，景気循環一周期といいます。この一周期がどれくらいの期間なのかが，問8で説明する景気循環の波の説明になるわけです。

問8　景気循環の類型

正解は③

　資本主義経済のもとでは，**自由競争**を原理にしているため，**景気変動**（景気の波）が存在します。下の表にある四つの景気変動の波は重要です。それぞれの波の名称・周期・要因（根拠）をきちんと頭に入れておきましょう。特に**ジュグラー**の波は主循環とよばれ，経済的な指標になっています。

　また**ペティー**（ペティー・クラーク）**の法則**（**経済発展とともに，就業人口が第一次産業（農業，漁業）から第二次産業（工業，建設業），第三次産業（商業，サービス業）へと移行する**）についても頻出なので確認が必要でしょう。

波の名称	周期	要因（根拠）
キチンの波	40ヵ月	**在庫投資**
ジュグラーの波	8年～10年（主循環）	生産設備の買い換え→**設備投資**
クズネッツの波	15年～25年	建物の建て替え→**建設投資**
コンドラチェフの波	50年～60年	**技術革新（イノベーション）**

※コンドラチェフの波の要因を「技術革新」と分析したのは**シュムペーター**（『経済発展の理論』）である。

　①「**コンドラチェフの波**」の要因は「**技術革新**」です。

　②・④それぞれ「**クズネッツの波**」と「**キチンの波**」の説明が逆になっています。

　③正しい。

問9　経済成長

正解は④

　経済成長率とは，**前年を基準として比較年度のGDPの伸び率を示したもの**です。ただし，**物価の変動を除去しない名目経済成長率**と，**物価の変動を除去する実質経済成長率**とがあり，計算問題が出題されるので注意が必要です。

⇒ 名目経済成長率 …物価の変動分を除去しない経済成長率

$$\frac{\text{今年度の名目 GDP（比較年次）} - \text{昨年度の名目 GDP（基準年次）}}{\text{昨年度の名目 GDP（基準年次）}} \times 100$$

⇒ 実質経済成長率 …物価の変動分を除去した経済成長率

$$\frac{\text{名目経済成長率}}{\text{デフレータ}} \times 100$$

※デフレータは5％のインフレなら「105」，5％のデフレなら「95」，プラスマイナスゼロなら「100」です。基準年度は基本的に「100」となる。問題によっては基準に「101」などが与えられることもある。

$$\frac{\text{今年度の実質 GDP（比較年次）} - \text{昨年度の実質 GDP（基準年次）}}{\text{昨年度の実質 GDP（基準年次）}} \times 100$$

■例題　今年度の名目 GDP が200兆，昨年度の名目 GDP が100兆，物価上昇分が100％だったときの名目経済成長率と実質経済成長率は？

名目

$(200 - 100) \div 100 \times 100 = 100\%$

実質

昨年度の実質値は $100 \div 100 \times 100 = 100$，

今年度の実質値は $200 \div 200 \times 100 = 100$，

$(100 - 100) \div 100 \times 100 = 0\%$

このように**インフレが進めば実質値は名目値よりも小さくなり**，逆に

デフレが進めば実質値は名目値よりも大きくなる。

①名目経済成長率より実質経済成長率の値のほうが**小さくなります**。

②「**輸出増加分**」を差し引いたものではなく「**物価変動分**」を除去したものが正しい。

③名目経済成長率は**物価上昇分を除去しないため，0％**となります。

④正しい。

金融・財政

正解への **攻略ルート**

（金融）
1. 間接金融と直接金融
2. 金本位制と管理通貨制度
3. 日銀の機能と三大金融政策
4. 銀行の信用創造
5. 金融ビッグバンと近年の動向

（財政）
1. 市場の失敗と財政の三大機能
2. 税の公平性と税の特徴
3. 日本の予算制度と歳入・歳出
4. 国債発行原則と国債発行の問題点
5. 世界各国と日本の財政状況

問1　資金調達

正解は③

　お金を借りる時に金融機関を仲介した場合は**間接金融**。逆に金融機関を介さず，企業が**株式**や**社債**を発行して資金調達した場合は**直接金融**といいます。

　また，会社の中の**内部留保**（まぁヘソクリみたいなもの）からお金を調達すれば**自己金融**といいます。アメリカなどは直接金融中心，**かつての日本は間接金融中心でしたが，現在の日本は直接金融の比重が高まっています。**

○試験前に確認を!!　→→→　金融の種類

間接金融…借手と貸手の間に**金融機関**などを介する間接的な金
　　　　融方法
　　　　　　→かつての日本はコレ中心
直接金融…借手が貸手に**社債**や**株式**を直接売買して行われる金融方法
　　　　　　→アメリカや現在の日本などはコレ中心
自己金融…**内部留保**（銀行預金などの金融資産）による内部金融

日本の場合，企業は最終的には間接金融に頼るので特定の取引銀行をもってい

ます。これを「**メインバンク制**」なんていいますが，このことから金融危機になると，まず銀行を守ることに政府が必死になるのです。

① ②それぞれ「**直接金融**」と「**間接金融**」の説明が逆になっています。

③ 正しい。

④ 「**株式**」は**自己資本です**。ちなみに，**社債は他人資本となります**。

■自己資本と他人資本

> **自己資本**…**株式，内部留保**などの返済の必要のないもの
>
> **他人資本**…**社債や借入金**などの返済の必要のあるもの

問2　　**金本位制（度）**

正解は④

○試験前に*確認*を!!　→→→　**金本位制度と管理通貨制度**

19世紀〜　**金本位制（度）**		20世紀　**管理通貨制度**
⇒金の保有量に応じて通貨発行	1930年代	⇒中央銀行が通貨を管理・発行
⇒金と交換可能な 兌換紙幣 (だかん)	世界恐慌	⇒金と交換できない 不換紙幣
●メリット…通貨価値の安定	景気調整	●メリット…景気調整可能
●デメリット…景気調整不可	の必要性	●デメリット…インフレの危険
※1816年，イギリスで始まる		※ケインズの提唱による

① 「**金本位制**」の下では，金を本位通貨として取引しているため**変動為替レートは存在しません**。

② これは「**管理通貨制度**」の説明です。

③ 「**兌換が約束されている**」ので不適切です。

④ 正しい。通貨価値が安定するためインフレは起こりにくいのです。

第8章

第9章

第10章

第11章

第12章

第13章

必ず読もう！

完成講義　第10章

正解は③

　以下に計算式を書いておくので，必ず確認してください。特に**預金総額**と**信用創造額**は区別が必要です。**信用創造額は，新たに生み出された部分なので，当初の預金額を引くことを忘れない**ようにしましょう。

○試験前に*確認*を !!　→→→　銀行の信用創造

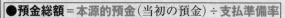

●**預金総額＝本源的預金**（当初の預金）**÷支払準備率**

●**信用創造額＝預金総額－本源的預金**　※新たに創造された額なので最初の預金を引く

⇒例えば当初の預金が，100万円，支払準備率が10%だとすると，

預金総額は　100万÷0.1＝1,000万円

信用創造額は新たに創造された部分なので1,000万－100万，よって900万円

　この問題では「5,000万÷0.1＝5億」。これは預金総額。ここから当初の預金である5,000万円を差し引いて「4億5,000万円」となります。

問4　中央銀行の役割

正解は①

　企業や家計には貸し出しを行っていません。

　②日銀は，金融機関同士の**短期金融市場（コール市場）**の金利（**コールレート**）などを，**インフレ時に上げ，デフレ時に下げる**政策金利操作を行っています。

　③「**公開市場操作（オープン・マーケット・オペレーション）**」の一つです。

　④中央銀行の「**銀行の銀行**」としての機能です。

問5　金融政策

正解は③

　①「**政府の銀行**」ではなく「**銀行の銀行**」とすれば正文となる。

　②「1億円÷5％＝20億円」これから1億円引くので「19億円」です。

　③正しい。

　④「**買いオペレーション**」ではなく，「**売りオペレーション**」とすれば正文となる。

①**政策金利操作**…**コールレート**などの操作

　好況時………金利を［**上げる**］⇒通貨量減少・抑制政策（引き締め）

　不況時………金利を［**下げる**］⇒通貨量増加・刺激政策（緩和）

②**支払準備率操作**…市中銀行の支払準備金の割合を日銀が操作

　預金準備率→預金者の支払い準備のための**日銀当座預金**への強制預入

　　　　　　　金の割合

　好況時………支払準備率を［**上げる**］⇒通貨量減少・抑制政策（引き

締め）

　不況時………支払準備率を［**下げる**］⇒通貨量増加・刺激政策（緩和）

③**公開市場操作**（オープン・マーケット・オペレーション）…有価証券

　　　　　　　の売買による操作，一般に「**量的操作**」といわれる

　好況時………有価証券を［**売る・売りオペレーション**］⇒通貨量減少・

　　　　　　　抑制政策（引き締め）

　不況時………有価証券を［**買う・買いオペレーション**］⇒通貨量増加・

　　　　　　　刺激政策（緩和）

問6　金融の自由化・金融ビッグバン

正解は②

　自由貿易の拡大は国際間のカネのやり取りを活発化させ，国際金融の役割が増大しました。グローバリズムとともに世界的に1980年代から「**金融のグローバル化**」がスタートしました。そして1997年から日本でも「**日本版金融ビッグバン**（**イギリス**のサッチャリズムで実行された金融ビッグバンをモデル）」が行われていきます。

1．金融の自由化（1980年代）

⇒金利の自由化（1985年から，1994年完全自由化）

⇒市場開放・規制緩和（外資系金融機関の国内参入）

2．金融ビッグバン（1997〜2001）

スローガン→フリー（自由）・フェア（公正）・グローバル（国際化）

内容→①銀行・証券・信託・保険の相互参入（垣根撤廃）…金融業務の自由化

②株式売買の手数料の自由化

③有価証券取引税の廃止

④外国為替業務の自由化

⑤持株会社の解禁（1997年独占禁止法改正）

結果→巨大金融グループ（三大メガバンク）の誕生

①金融業界の再編は，金融ビッグバン以降の特徴的事例です。

②「二分化」ではなく，「垣根の撤廃」とすれば正文となります。

③正しい。

④正しい。

問7　財政政策（オリジナル）

正解は①

①正しい。

②これは，「裁量的財政政策」ではなく，制度に組み込まれた財政の安定化機能である「ビルト・イン・スタビライザー（財政の自動安定装置）」の説明です。

③所得の再分配機能は，累進課税が適用されている税制において働きやすく，消費税などのような所得に関係なく同一の税率を課税する間接税ではあまり機能しません。

④法人税は厳密な意味での累進課税ではなく，所得の再分配機能が期待できる税とはいえません。

◯試験前に*確認*を‼ →→→　財政政策

1. 裁量的（伸縮的）財政政策（フィスカル・ポリシー）

→政府の意図的政策による

好況期	不況期
有効需要を減少させる政策をとる	有効需要を増加させる政策をとる
政策増税，公共投資の削減	政策減税，公共投資の増加

2. 財政の自動安定装置（ビルト・イン・スタビライザー）

→景気動向により制度が自動調整

好況期	不況期
所得の上昇と失業者等の減少により	所得の減少と失業者等の増加により
⇒**累進課税**により**税収増加**	⇒**累進課税**により**税収減少**
⇒**社会保障給付の減少**	⇒**社会保障給付の増加**

⇒政府の財政政策と中央銀行の金融政策を合わせる→「**ポリシーミックス**」

ともいう

問8　所得の再分配

正解は①

　消費税は，所得の高い人にも低い人にも**一律課税される比例課税であるため，**
所得の低い人にとっては負担が重く感じられてしまいます（これを一般に逆進的
といいます）。よって不適切です。

　②雇用保険は，何らかの形で職を失った人が，新しい職が見つかるまでの間の
所得を補償するなどの**社会保険**です。所得のない人に所得を得る機会を与える社
会保障給付ですから，当然所得の不平等を是正する政策です。

　③累進課税は，所得の再分配機能に寄与します。

　④生活保護も社会保障給付となるため，所得の不平等を是正する政策です。

正解は③

　この「**垂直的公平**」と「**水平的公平**」の概念はよく試験で出されます。

　直接税は主として累進課税が適用され，**所得の高低によって税率が違います**。例えば，所得税の場合の税率幅は，5～45％の7段階に分けられています。つまり，「**より高い負担能力をもつ者は，より高い負担をすべきである**」という考え方を**垂直的公平**といいます。

　一方**間接税**は，**所得によって税率が変化しません**。消費税はみんな同じ10％（2019年10月現在）。こうした一律な**比例課税**を「**同じ負担能力をもつ者は，同じ負担をすべきである**」という考え方から**水平的公平**といいます。ただし，**間接税は低所得者に負担が重く感じられてしまうので**，**逆進課税**であるともいいます。

　①「同じ金額を納めさせる税」は水平的公平の概念なので不適切です。

　②「中小法人に法人税の軽減税率を適用」は「より高い負担能力をもつ者は，より高い負担をすべきである」という垂直的公平なので不適切です。

　③正しい。累進課税は典型的な垂直的公平の税制です。

　④「分離して異なる税率で課税」は水平的公平を妨げます。

◯試験前に*確認*を!!　→→→　租税制度

直接税 (負担者＝納税者)	比較	間接税 (負担者≠納税者)
所得税，法人税，相続税など	主な税	消費税，タバコ税，酒税など
累進課税による**垂直的**公平	公平性	比例課税による**水平的公平**

正解は①

　「**税率一定の付加価値税**」は「**消費税**」と読み替えてください。当然「**ビルト・イン・スタビライザー**」機能が比較的大きいのは，**累進課税の適用されている「所得税」**の方です。

　②正しい。

　③正しい。「所得税は，被雇用者（サラリーマン）は**源泉徴収**，自営業・農業

は**申告納税**です。つまり，**サラリーマンは必ず所得が税務署に捕捉されますが，後者は申告しなければ捕捉されません**。こうして補捉の度合いによって税負担に差が出てしまう問題を，**所得の捕捉率の不公平**といいます。だいたいサラリーマンは約**9**割，自営業が約**6**割，農業が約**4**割の捕捉率といわれているので「**クロヨン問題**」ともいわれます。

④正しい。

問11　日本の予算

正解は④

まず，日本の国家予算について大枠をつかみましょう。

国の予算は次の3項目に大きく分かれます。

国家予算
- ①「**一般会計**」　約101.4兆円（2019年度）
- ②「**財政投融資**」（第二の予算）　約13.1兆円（2019年度）
- ③「**特別会計**」　約389兆円（2019年度）

そして，歳入と歳出はこうなります。

①「特別会計」も国会の議決の対象になっています。

②「財政投融資」も国会の議決の対象になっています。

③「**日銀の国債の直接引き受け**」**は禁止されています**。ただし，民間金融機関の国債を買い取ることは可能です。

④正しい。**建設国債については特例法の制定は必要ありません**。これは**公共財**などの経費の長期分割性，つまり，道路や橋は**将来世代も使用するため，分割払いで支払うことで世代間格差を是正する**と考えられているからです。特例法の制定が必要となるのは，「**赤字国債**」を発行する場合です。

問12　国債

正解は③

国債の発行原則は以下の通りです。

1．建設国債の原則

⇒**公共事業費捻出**の目的のみの国債発行に限定（財政法第4条）

⇒1966年に初めて発行，**これ以外は赤字国債といい，原則違法です**

⇒その後，政府は特例法を制定し，「特例国債」という名前で赤字国債を発行

⇒特例国債は1975年から1989年まで毎年発行，その後1994年から毎年発行

※1965年にも特例公債法により赤字国債を発行している

2．市中消化の原則

⇒インフレ防止のため，市中銀行・民間のみで国債引受，政府から直接の**日銀引受禁止**（財政法第5条）

---

①日銀が**政府から直接国債を引き受けることは禁止**されているので不適切です。ただし，**市中銀行からの買い取りは「買いオペ」になるので OK** です。

②「**建設国債**」と「**赤字国債**」が逆です。

③正しい。経費の長期分割性の観点から認められています。

④財政法では，「**赤字国債**」自体が違法です。まして「**日銀引き受け**」も禁止されているので不適切です。

問13　財政収支

正解は②

この問題でつまづいた人は，講義編のプライマリーバランス（基礎的財政収支）の該当部分ページを読み直して必ず理解ください。

比較するのは

「**歳入 − 公債金**」と「**歳出 − 公債費（国債費）**」

です。

前者が後者を上回れば黒字。下回れば赤字となります。

①「**公債依存度（国債依存度）**」とは，**歳入に占める公債金収入の割合**です。従って，14÷43×100（%）で約「32.6%」となるので不適切です。

②正しい。前者が「60兆円」，後者が「52兆円」なので黒字です。

③前者が「52兆円」，後者が「63兆円」で赤字なので不適切です。

④44÷92×100（％）で約「47.8％」となるので不適切です。

第8章

第9章

第10章

第11章

第12章

第13章

必ず読もう！

完成講義

第10章

畠山のワンポイントアドバイス!!

時事動向にも注意する

　この「金融・財政」分野は，金融政策や国債依存度などで時事動向が刻々と変化しています。ただしこれらは**直前期に資料集などで確認**し直す程度でいいと思います。また**代ゼミ等の夏期講習で**（冬期だと私大対策を含めた必要以上の時事内容になる），**軽めに時事講座を受ける**のもよいかもしれません。だいたい**受験する年の2年前後が時事を絡めた出題の目安**となっているようです。

　他に狙われやすい分野としては，「各国の政治」，「平和主義」，「裁判判例（特に最高裁の違憲判決）」，「選挙制度・投票率・一票の格差」，「自衛隊の海外派遣」，「国連分担金」，「経済政策」，「労働・社会保障の制度改革，各種データ」などの時事動向が挙げられます。これらは『講義編』や「資料集の時事トピック」などで見直しましょう。また日頃から新聞に目を通す習慣（テレビ・ラジオ欄以外にも！）を身につけておくことも大切です。

第11章

日本経済と
その諸問題

正解への **攻略ルート**

① 戦後日本経済史，特に**高度成長期**とオイル・ショック，バブル崩壊後

② 中小企業の二重構造と現状，産業の空洞化と円高

③ 食料自給率と農産物の自由化の動向

④ クーリングオフ・PL 法・消費者契約法

⑤ 公害対策内容（法律名と内容の一致）と循環型社会

問 1　　**戦後復興期**

正解は①

　まず，戦後日本経済の歩みを簡単に理解しておきましょう。

○試験前に _確認_ を !!　→→→　**戦後日本経済の歩み**

戦後復興期	三大経済民主化政策，傾斜生産方式（**インフレへ**），ドッジ・ライン（デフレへ）
高度経済成長期	神武・岩戸・オリンピック・いざなぎの四大景気「**民間設備投資**」から「**公共投資**」へ 国際収支の天井とその解消
高度成長終焉期（オイル・ショック期）	オイル・ショック，スタグフレーション，ニクソンショック，公害の問題化
バブル経済期	プラザ合意，超低金利，財テクブーム
バブル終焉期とその後	金融引き締め，円高不況 円を1995年には 1 ドル79円台まで円高が進行 →国内の生産拠点が海外へ移転→産業の空洞化へ 不良債権，貸し渋り，デフレスパイラル

①正しい。政府は，石炭・鉄鋼・電力などの**基幹産業に資金を重点融資**する**傾斜生産方式**を実施しました。具体的には**復興金融金庫**（1947年設立）が，日銀引き受けの債権「復興金融金庫債」で，日銀から資金を調達して融資したのです。**こうして通貨供給量は増加し，インフレになってしまいました**。これを**復金インフレ**といいます。

②1970年代の**減反政策**（2018年度から原則廃止）の説明です。復興期に行われた**農地改革**では，**寄生地主制度**を**廃止し，大地主の土地を小さく分割して自作農を創設**しました。その結果，耕地面積の小さい**零細農家が増えてしまい，農業生産性は低くなってしまいました**。

③「**マーシャル・プラン**」は，アメリカによる欧州支援政策です。

④「**持株会社方式を強化**」したら，財閥は解体するどころか結束してしまいます。だから1947年に制定された**独占禁止法**では，**持株会社は禁止**されました（**1997年に解禁**）。

問2　高度成長と経済政策

正解は④

　朝鮮戦争の**特需景気**に押される形で，**日本は1950年代半ばから1970年代初頭までの間，実質経済成長率の年平均が「10%」を超える「高度経済成長」**期へ突入します。この間，「**神武景気**」→「**岩戸**景気」→「**オリンピック**景気」→「**いざなぎ景気**」の順に四大景気が続きました。

○試験前に _確認_ を !!　→→→　 高度経済成長の主な要因

1．民間設備投資の拡大
2．**農村から都市への豊富な労働力の移動**
3．**輸出**の拡大（1ドル360円，1971年12月には1ドル308円という，実質的に日本に有利な為替レート）
4．政府の経済優先政策→産業関連資本への**公共投資**の拡大
5．**家計の高い貯蓄率**→結果的に民間企業への間接金融を支えることに

①正しい。**最低賃金法は1959年に制定**され，最低賃金を都道府県ごとに定めて

います。

②正しい。1942年から政府は，戦時中の食糧供給を守るため，**食糧管理法**（1995年に廃止）による農業保護政策である**食糧管理政策**を実施しました。

③正しい。1963年には，中小企業の設備の近代化や生産の合理化を図り，**大企業との格差の是正を目的**として**中小企業基本法**が制定されました。また同じ年，中小企業の近代化のため**中小企業金融公庫などから融資を受けられることなどを柱とした中小企業近代化促進法**が制定されています。

④こうした非競争的政策を，船が一列になって航行する様子にたとえて**護送船団方式**といいます。例えば，**1994年まで金利は完全には自由化されておらず**，どこの銀行に預金しても利子は同じでした。これは**金融機関を保護し，そこから融資を受ける大企業などを守るための政策**で，所得分配の不平等の是正を目的としたものではありません。

問3　バブル経済

正解は③

「**バブル経済**」については特に重要なのでしっかりと特徴を整理しましょう。

特に，**プラザ合意**による円高によって**日本が「円高不況」に陥り，日銀が金融緩和政策を採った**ことがバブル景気を誘発した点と，そしてバブルの終焉のきっかけを整理しておきましょう。この問題は良問ですので，しっかりと選択肢の誤文も見きわめてください。

◯試験前に _確認_ を!!　→→→　バブル景気の終焉

1. 1989年から段階的に**公定歩合**（現在の基準貸付利率）**を引き上げ**，1990年8月には公定歩合を**6%まで引き上げ**た
2. 1989年には**土地基本法**を制定し，投機的土地取引の抑制，1992年には**地価税法**により土地保有に課税する地価税の導入（1998年より課税停止）
3. **土地の売買を目的とする融資を規制する**「不動産融資総量規制」を実施するなど，急激な引き締め政策を実施した

---

①バブル期は比較的物価は安定していました。「**狂乱物価**」は，**1970年代の日本列島改造計画による地価の上昇や，その後のオイル・ショックによるインフ**

レーションのことです。

②大規模な**金融機関の経営破綻は1990年代から相次いでいます**。代表的なものはこんな感じです。

1997年	北海道拓殖銀行破綻，山一証券自主廃業
1998年	日本長期信用銀行，日本債券信用銀行破綻
2003年	足利銀行一時国有化，りそな銀行国有化など

③正しい。**バブル崩壊後の不良債権問題は頻出事項**であり，この結果，「**貸し渋り**」が起こったことも理解しておきましょう。

④石油コンビナートは1958年の稼働を皮切りに各地に広がり，高度経済成長期の象徴ともいえるものです。

問4　中小企業問題

正解は②

①正しい。「**企業城下町**」とは，その地域での産業の多くをその企業が占め，そこの**住民の多くがその企業や関連会社から雇用されている地域**をいいます。旭化成の延岡市や，トヨタ自動車の豊田市などが有名です。こうした地域では，業者同士の関係性が強いために，その地域のさまざまな業種の中小企業が打撃を被ります。

②6割を上回っています（2014年で約70%）。中小企業の定義は以下の通りです。**従業員数か資本金のいずれか**を満たせば中小企業に分類されます。

業種	資本金	従業員数
製造業・運輸業	3億円以下	300人以下
卸売業	1億円以下	100人以下
サービス業	5000万円以下	100人以下
小売業	5000万円以下	50人以下

③正しい。**円高によって国内の生産拠点は海外に移転しました**（産業の空洞化）。例えば，1ドルが120円から80円へと円高が進行した場合，労働者の時給が10ドルだとすると1200円が800円ですむことになります。**つまり，安い労働力が手にできるのです。**当然，土地だって安く買えます。こうして生産要素が安価な海外に，生産拠点を大企業は移転させたのです。すると**国内で大企業の下請けに**

なっていた中小企業は，海外と対抗できるだけの**コスト削減を求められ**，果ては国内工場の閉鎖による従業員の解雇に至ります。

④正しい。

問5 農業問題・日本農業の動向

正解は③

カロリーベースでは約40%。穀物ベース（飼料用を含む，重量ベース）で約**30%**です（2014年）。

①正しい。1999年にコメの関税化が決定され，数量制限はなくなったものの日本は**高い関税をコメにかけています**。当初１キロ当たり351円17銭もかけていました。ただしそうしなければ，原価が１キロ100円以下の外国産米に，日本産米は太刀打ちできずに日本市場はせっけんされ，日本のコメ農家がピンチとなります。**近年の多国間交渉ではこの引き下げが議論**となっています。

②正しい。当初政府は，目標達成を2010年に設定していたが，現在は2025年までに先延ばしされている。

④正しい。1988年の**日米農業交渉**の合意により，1991年に自由化されています。

問6 消費者問題・消費者保護制度

正解は③

「**食糧管理制度**」は**1995年に廃止**されています。

①正しい。ただし，「**クーリング・オフ**」は通信販売や割賦販売，訪問販売などに限られるので注意してください（**特定商取引法**が根拠法です）。

②「**PL法（製造物責任法）**」は1994年に制定され，**製造業者（メーカー）に対して無過失責任を追わせた法律です**。欠陥商品を使用して被害を被った場合，**故意・過失の立証をしなくても賠償を受けられます**（商品に欠陥があったことを立証する必要はあります）。**立証責任の負担を軽減し，裁判における消費者の訴訟負担を軽減する狙いがあります**。

④「**国民生活センター**」は**国レベル**の独立行政法人（現在，所管官庁は消費者庁）。「**消費生活センター**」は**自治体**に設置されています。また2009年には，消費者行政を一元化する独立行政法人として，**消費者庁**が設置されています。

問7　公害問題

正解は②

①「**環境庁**」は**1971年に設立**され，**2001年に環境省に格上げ**されています。

②①の解説の通りです。

③大気汚染防止法や水質汚濁防止法によって現在でも**総量規制（各工場ごとの排出規制）は存在**します。

④**1997年に制定**され，**1999年に施行**された「**環境影響評価法（環境アセスメント法）**」は，**事前に環境への影響を評価**するものです。

問8　公害問題・PPP の原則

正解は②

「**PPP**（Polluter Pays Principle）**汚染者負担の原則**」は**公害汚染者が公害防止費用を負担する，という原則**です。こうすることで**外部不経済を内部化，つまり解決する**のです。公害で発生した経済的損失分は，市場を経由して対価が支払われないと市場の失敗となってしまいます。だから汚染者がその経済的損失分を負担するのです。

これは1972年の「**OECD（経済協力開発機構）**」の環境委員会で採択され，日本では「**公害防止事業費事業者負担法（1970年制定）**」**の中で明文化**されています。「**環境基本法**」や「**公害対策基本法**」**ではないので注意**してください。

②「**行政が公害防止費用を負担する**」ではなく，「**公害発生企業が公害防止費用を負担する**」とすれば正文となる。正誤判定問題は，とにかく基本事項が判断材料になるため，まずは基本を思い出すように心がけましょう。

問9　公害問題・循環型社会

正解は①

「**循環型社会形成推進基本法**」（2001年施行）は，まず，「**メーカーがその回収・リサイクルなどにまで責任をもつ⇒拡大生産者責任**」，と「**ゴミは有用な資源⇒循環資源**」としてとらえることがその柱となっています。

①正しい。

②「**拡大生産者責任**」の考え方についても触れられています。

③テレビ・エアコン・冷蔵庫および冷凍庫・洗濯機および衣類乾燥機などを販

売店が回収し，製造業者（メーカー）がリサイクルするものです。

　④廃棄物をゼロにする「**ゼロ・エミッション法**」は，スウェーデンなどで目標とされているものの，**日本では実施されていません。**

問10　戦後日本経済総合

正解は①

　「年代」を問う問題が苦手な受験生が多いようです。まず**高度経済成長は，1950年代半ばから1970年代初頭までの時期**です。

　①1947年に制定されたものです。

　②1968年に制定されました。

　③1963年に制定されました。

　④1961年に制定されました。

　②，③，④は1960年代に制定されたとして，大きく括っておぼえておきましょう。

畠山のワンポイントアドバイス!!

戦後政治経済は年代別年表で整理

　「戦後日本経済史」と「戦後国際政治経済の流れ」については，**1940年代から**「**国際政治**」，「**国際経済**」，「**国内政治**」，「**国内政治**」**の出来事を年代別にフォルダ化した年表で整理**する方法がお勧めです。これは「出来事の起こった順に並べて3番目に当たるものを選べ」といった問題形式に効果覿面です。かなり省略形ですが，こんな感じです。

年代	国際政治	国際経済	国内政治	国内経済
1940年代	鉄のカーテン演説 ベルリン封鎖…	ブレトンウッズ会議 GATT…	ポツダム宣言受諾 日本国憲法施行…	傾斜生産方式 ドッジ・ライン…
1950年代	朝鮮戦争 スターリン批判…	ECSC EEC…	警察予備隊 保安隊，自衛隊…	IMF・GATT加盟 国民所得倍増計画…
2000年代	9.11同時多発テロ イラク戦争…	中国WTO加盟 リーマン・ショック…	構造改革特区 民主党へ政権交代…	道路公団民営化 郵政民営化…

　一目瞭然，わかりやすくなるでしょう。この年表は，**一通り学習を終えた，受験直前期頃**に復習を兼ねて書き込んで完成させるといいでしょう。実際，これは政経の全範囲をスッキリ再確認できると，学生達にも大好評の裏技です。

第8章

第9章

第10章

第11章

第12章

第13章

第12章

労働問題・社会保障

正解への 攻略ルート ➡

■労働問題■ ★ 付録資料も確認

1 日本の労働法制 特に労働三法

2 労働組合組織率

3 日本的経営とその変化 非正規雇用拡大の背景

■社会保障■ ★ 付録資料も確認

1 社会権，社会保障制度 ニューディール政策とベバリッジ報告

2 日本の社会保険制度 特に医療・年金・介護

3 少子・高齢化のグラフの確認

問1 労働三法（オリジナル）

正解は④

日本の労働法制を**この一題でかなり整理できるので，選択肢ごとに解説します。**

①「具体的最低賃金」については，労働基準法第28条により別途，**最低賃金法**（1959年）によって定められています。最低賃金については**都道府県ごとに決定され，全国統一ではない**ので注意しましょう。

②「**労働委員会**」は，使用者の立場に立つ「**使用者委員**（使用者団体の推薦）」，学識経験者からなる「**公益委員**（厚生労働大臣が名簿を作成）」，そして労働者側の立場に立つ「**労働者委員**（労働者団体の推薦）」の三つの委員から構成されています。ちなみに争議の調整は「**斡旋**」→「**調停**」→「**仲裁**」の三つからなります。

	斡旋	調停	仲裁
担当者	斡旋員	調停委員会 （公労使委員）	仲裁委員会 （公益委員）
拘束力	**話合いの場の提供のみ**	調停案，**拘束力なし**	仲裁裁定，**拘束力あり**

③労働争議における**民事上または刑事上の免責が規定されているのは**,「**労働組合法**」（第1条2項，第8条）です。

④正しい。近年の労働基準法改正について下にまとめておきます。

改正年	主な改正ポイント
1987年	○**フレックスタイム制**の導入　　○**裁量労働制**の導入 ○**1日8時間週40時間** ※それまでは1日8時間週48時間（1994年に完全実施）
1993年	○**年次有給休暇**の付与要件の緩和 ○時間外労働の賃金割増率の改正
1997年	○**女子の深夜，時間外，休日労働**の**自由化**

※これらはパート・アルバイトにも保障されます。

<h2>問2　女子雇用の動向</h2>

正解は②

　事業主の**セクシャルハラスメント防止義務**は，1997年の改正で盛り込まれました。それまで「**努力義務**」だったこの法律は「**禁止規定（違反事業者の公表）**」となりました。そして2006年には，合理的理由のない，体型などの差別である「**間接差別**」の禁止や，男性へのセクハラ防止義務も盛り込んだ改正が行われました。

　①この規定があったのは，「**男女雇用機会均等法**」ではなく，「**労働基準法**」です。また問1で学習した通り，1997年の改正によりこの規制は廃止されています。

　③「**育児休業法**」（1992年施行）が，1995年に改正され「**育児・介護休業法**」となりました。育児については，**1歳未満の子に対して原則**1歳に達するまで，（2017年10月から最長で2歳に達するまで，へと延長），介護について（父母・子，配偶者の父母，配偶者など）は，**最長3か月間の休暇を申し出ることができます。男女ともに認められ，申請を使用者は拒否できません。**また，**育児・介護休業を理由とした解雇も禁止**されています。ただし，「**所得補償規定**」が**不十分**などの理由が休業申請を鈍らせています。

　④男性も対象です。

<h2>問3　日本的経営</h2>

正解は③

①全く解雇がないわけではありません。

②同一ではありません。あくまでも勤続年数に応じて賃金が上がるというだけです。

③正しい。

④総合職で採用された場合，社内の人間が管理職となるケースが普通です。

問4 日本の労働問題

正解は②

　　不法就労の状態にある外国人労働者にも，各種労働法規は適用されるので不適切です。ちなみに，公的保険には加入できません。

　　①，③，④については，そのまま正しい。**なお，非正規雇用者は35.8%（2018年平均）**にのぼります。この分野については，巻末の**付録資料で確認しておきましょう**。

問5 世界各国の社会保障制度の歴史

正解は③

　　①「イギリス」ではなく，1883年（19世紀後半）に「ドイツ」で整備されたのがはじまりです。

　　②「ドイツ」ではなく，「イギリス」の「**ベバリッジ報告**」（1942年）のスローガンです。ちなみに「**ナショナル・ミニマム**」も盛り込まれていることに注意しましょう。

　　③正しい。

　　④1938年の「健康保険法」や，1941年の「労働者年金保険法」などの社会保険が**戦前から存在**していました。ただし「**皆保険**」，「**皆年金**」が実現したのは戦後（**1961年**）**になってから**です。

問6 社会保障・ベバリッジ報告

正解は②

　　少し難問ですが知ってる知識をフル活用して消去法で挑みましょう。

　　①**イギリスの公的保険制度では均一拠出・均一給付の原則**（1966年からこの原則は崩れ，1980年代以降見直されている）があり，「**限定**」は誤り。

②正しい。あくまでも国家は**最低限度の生活を保障**します。

③①の解説同様，不適切です。

④「ベバリッジ報告」では，健康・失業・年金などの公的保険制度の充実を柱としたものです。

正解は②

日本の社会保険は全部で，**医療保険，年金保険，労働者災害補償保険，雇用保険，介護保険**の 5 つが存在します。特に**医療・年金・介護は出題頻度が高い**のでしっかりと理解しましょう。

日本の医療保険と年金保険は，加入対象者（被保険者資格）によって主として次のようにわかれています。

■医療保険	加入対象者	■年金保険
健康保険	被用者〔サラリーマン〕	厚生年金
共済保険	公務員	
国民健康保険	その他	国民年金（1986年から20歳以上の全国民が加入する基礎年金に）

※1961年国民皆保険（1958年制定），国民皆年金（1959年制定）が実施

※1973年老人医療費無償化制度→しかし，1983年から老人保健法により一部有料化

①正しくは，「国」ではなく「地方公共団体等」が運営しています。

②正しい。

③医療保険については共済保険なので不適切です。

④**老人保健制度は介護保険の一部ではありません**。ちなみに2008年 4 月からは，75歳以上の高齢者を対象とした「**後期高齢者医療制度**」（本人負担は原則 1 割）が始まりました。

○試験前に*確認*を!!　→→→　　日本の年金制度

⇒1985年の**国民年金法改正**により，1986年から**基礎年金制度**が導入

⇒20歳以上の全国民が（サラリーマンの妻も，1991年からは学生も）加入
する年金の一元化

●**積立**方式…被保険者の**積立金**とその運用益により受給者年金を賄う→**イン
フレ**による目減りあり

●**賦課**方式…その年の年金を在職中の被保険者，雇用者の**保険料**と**国庫負担**
（現在は1／2）で賄う→**世代間格差**あり

問8　　介護保険法

正解は③

　この**介護保険制度**も頻出事項です。**介護認定**により，**在宅介護サービス**や施設
サービスなどを受けることが可能です。現在は核家族化が進行しているため，老
夫婦が取り残され「**老老介護**」となっている実態があります。公的介護制度は高
齢化社会における重要な対策です。

○試験前に*確認*を!!　→→→　　介護保険

1997年に制定，2000年に施行→ **介護保険法** →**在宅介護サービ
スや施設サービス**に保険が適用

→財源は40歳以上の「**保険料**」と「**租税**」，そして利用者負担は**所得に応じ
て1～3割**

→保険が適用されるのは「**介護認定**」で「**要介護**」をうけたもの

→運営は「**市町村，東京23区**」が行う

　（ただし，自治体間での格差や赤字自治体もある）

→また，許可を取れば「**民間企業**」もサービスを提供できる

①正しい。ただし，財源不足から政府内では20歳以上に引き下げようとする議
論もあります。

②正しい。

③「全国一律」ではなく「運営自治体ごと」に異なります。
④正しい。

第8章

第9章

第10章

第11章

第12章

第13章

必ず読もう！

完成講義　第13章

問1　国際金融機関

正解は②

①「**IBRD（国際復興開発銀行）**」は，第2次世界大戦後の各国の経済支援のため，1945年に設立されました。

②正しい。

③ IBRD（国際復興開発銀行）は **IMF（国際通貨基金）** などとともに，国際連合の**経済社会理事会の専門機関**の一つです。

④現在も「途上国の開発援助」がその中心任務です。**IMF と比較すると融資条件なども緩やか**で，途上国の状況に対応した柔軟性のある融資を行っています。

問2　国際通貨体制

正解は④

まず，戦後国際通貨体制の大きな流れをつかみましょう。

1944年7月… **ブレトンウッズ協定** ⇒ 固定 相場制

金1オンス＝[35(±1％の変動幅)]ドル

1ドル＝[360]円　(1949年のドッジ・ラインで決定)

ドルを基軸通貨，IMF（国際通貨基金）・IBRD（国際開発復興銀行）の設立決定

1971年8月… **ニクソンショック** ⇒一時 変動 相場制へ

●背景…ドル高による輸出の減少→貿易赤字とベトナム戦争の軍事費増大による財政赤字→経済の低迷→ドル危機の発生→金とドルの交換・**ゴールドラッシュ**へ→国際信用の低迷→そこで**ニクソン**は，

> ◎ニクソン声明
> ①金とドルの交換停止
> ②輸入抑制のため10パーセントの輸入課徴金

1971年12月… **スミソニアン協定** ⇒再び 固定 相場制の回復

●金1オンス＝38ドル，1ドル＝308円（±2.25％の変動幅）の固定相場制

　　　　　→ドルの切り下げへ

　　　　　→しかし，さらに財政赤字の拡大

1973年2月…主要国は再び「ドル危機」により 変動 相場制に移行

　　　　　→日本もこのとき変動相場制へ移行

1976年1月… **キングストン協定** ⇒世界は**正式に変動相場制**へ

　　●変動相場制正式承認　　● SDR をドルに代わる基軸通貨とする

※SDR は，1969年に IMF がつくったもので「特別引出権」と訳される
　外貨準備高が豊富な国から外貨を自由に引き出すことができる権利のこと

①正しい。1944年の**ブレトンウッズ会議**で，アメリカドルを基軸通貨とする固定相場制を確立した**ブレトンウッズ協定**により，**IMF** や **IBRD** が設立されました。

②正しい。ドルの切り下げを行うのが**スミソニアン協定**の目的でした。当然ドルが下がるのだから，円やマルクは切り上がります。

③正しい。

④**プラザ合意は「ドル高」を是正**したものなので不適切です。

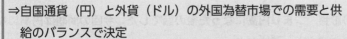

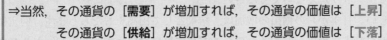

問3　為替メカニズム①

正解は①

　円高と円安のレートは，外国為替市場で決定されます。ここで日々，円やドルが売買されています。そしてその大多数が投資目的です。

　当然その通貨の**需要が高まればレートは上昇するし，逆に供給が増加すれば，その通貨のレートは下落**します。人気があれば高くなり，人気がなければ安くなるわけです。

○試験前に*確認*を!!　→→→　為替メカニズム

⇒自国通貨（円）と外貨（ドル）の外国為替市場での需要と供
　給のバランスで決定
⇒当然，その通貨の［需要］が増加すれば，その通貨の価値は［上昇］
　　　　　その通貨の［供給］が増加すれば，その通貨の価値は［下落］

　円高の進行によって日本企業の海外への事業展開は拡大します。例えば，1ドルが120円から80円になれば，1ドル分の土地や労働に対する賃金，機械などの資本が40円安くなるわけです。すると，日本企業は海外へ進出する。これを直接投資が増加するといいます。

　①正しい。例えば，1ドル100円から1ドル50円へと円高が進めば，海外投資のコストは半分になります。

　②**円高になると日本の輸入は「減少」ではなく「増加」**します。なぜなら，1ドルが120円から80円になれば1ドルあたり40円安く輸入できるからです。

　③**「海外へ輸出する際」**ではなく，**「海外から輸入する際」**とすれば正文とな

ります。

④海外からの投資は「**増加**」ではなく「**減少**」します。なぜなら，1ドルで120円分の土地などの資本が買えたのに80円分しか買えないからです。つまり円高になると，**日本は外国に投資するのは得**ですが，**海外の企業が日本に投資すると損**になります。

ここで円高と円安の影響をまとめておきます。

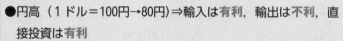

●**円高**（1ドル＝100円→80円）⇒輸入は**有利**，輸出は**不利**，直接投資は**有利**
　⇒結局外貨を支払うので，貿易収支は**赤字**へと推移する
●**円安**（1ドル＝80円→100円）⇒輸入は**不利**，輸出は**有利**，直接投資は**不利**
　⇒結局外貨の受け取りが増えるので，貿易収支は**黒字**へと推移する

問 4　為替メカニズム②

正解は①

問3は**円高の影響，つまり円高になった後の話**でした。今回の問題は**円高になる要因**です。取り違えないでください。

①正しい。日本からの輸出の増加は，結果として円高をもたらします。例えば，トヨタが自動車を輸出したらその代金を**ドルで受け取ります**。しかし，**ドルのままでは日本では使いにくいし，労働者に賃金も払えません**。そこでトヨタは**ドルを円に換える**ことになり，こうして**円需要が高まって円高となる**わけです。

②アメリカの金利が上昇すれば，世界の投資家はドル建てしてアメリカに投資します。つまり，**ドル需要が高まって**ドル高になるため円安となるので不適切です。

③**円を売れば，円の供給量が増加して円の価値は下がります。**つまり円安になるので不適切です。

④**ドル高を予想してドル投資を行えば，世界の投資家はドル建てしてアメリカに投資します**。つまり，ドル需要が高まってドル高になるため円安となるので不適切です。

問5　為替メカニズム③

正解は①

　この問題は「**ドル相場の大幅な下落**」，つまり「**円高・ドル安**」に関するとして誤っているものを選べばいい。

　①円高・ドル安になった場合，１ドルの価値が円に対して下がるということですから，アメリカは円製品を高く買わなければならなくなります。つまり，アメリカにとって**輸入価格が上昇する**ことになり，当然アメリカの**国内物価も上昇**するので不適切です。

　②正しい。①と同様のケースで考えた場合，日本製品の輸入とは逆に，アメリカの製品が安く輸出できることになり，アメリカの輸出が拡大する結果となります。

　③正しい。説明はいらないでしょう。

　④正しい。これは貿易収支が理解できていないと判断に迷います。簡単にいうと，「アメリカの経常赤字が大幅に増大」ということは，「アメリカが外国からたくさん輸入してカネを支払っても」，「経常赤字を上回る海外からの資本流入があれば」というのは，「アメリカが払う以上のカネを外国がアメリカに投資をしてくれれば」と読み替えます。支払うカネより入ってくるカネの方が多ければ，ドル信用は維持されるのでドル安が進行するとは限りません。

問6　国際収支

正解は③

　理論分野が続きますが頑張ってください。**理論分野はこうして実際の問題を解くことで自然と力が身につきます**。自分で考えて解いて，たとえ間違っても解説で理解できればいいのです。

　「**国際収支**」とは，**一定期間**（だいたいが１年間）**の対外的な外貨・資産の受け取りと支払いを示した，いわば帳簿**のことです。「経常収支」，「資本移転等収支」，「金融収支」，「誤差脱漏」から構成され，**外貨・資産を受け取る量が多ければ黒字**となり，**支払う量が多ければ赤字**です。国際収支の勘定項目は**何がどこに勘定されるのか**が問われることが多いため，その内容をしっかり覚えましょう。

経常収支	貿易・サービス収支	**貿易収支** ⇒**財の輸出入**の取引を計上
		サービス収支 ⇒**旅客**，宿泊，通信，保険，**知的財産権**（特許権や著作権，商標権など）の**使用料**などの取引（**サービス貿易**）を計上
	第一次所得収支	**雇用者報酬，投資収益**，利子・配当などの取引を計上
	第二次所得収支	対価を伴わない資金の移転。例えば，**食糧や医薬品などの消費に関わる無償援助や，仕送り**などの取引を計上
資本移転等収支	対価を伴わない資産の移転。例えば，**道路や港湾のなどの，無償の社会資本援助，特許権**などの**知的財産権の取得**に関わる取引を計上	
金融収支 **★資産・負債の増減を記録**	**直接投資** ⇒土地などの**不動産**取引や，**工場や会社**の設立・買収・合併，**経営権取得**を目的にした**海外企業の株式**を取得する投資	
	証券投資 ⇒経営権取得目的以外の，**配当**や**利子収入**を目的とした，**海外株式**や**海外債券を取得**する投資	
	金融派生商品 ⇒**デリバティブ**（先物やオプションなど）取引に関わる投資	
	その他投資 ⇒銀行・企業・政府による**貸付けや貸出し**，**現金，預金**など	
	外貨準備 ⇒中央銀行や政府が保有する，対外的な決済手段である，**外貨**など	
誤差脱漏	統計上の誤差の記録	

●日本の国際収支の特徴 (億円)

項目	2007年	2009年	2011年	2013年	2015年	2017年
経常収支	249,490	135,925	104,013	44,566	165,194	216,067
貿易・サービス収支	98,253	21,249	−31,101	−122,521	−28,169	42,206
貿易収支	141,873	58,876	−3,302	−87,734	−8,862	49,113
輸出	800,236	511,216	629,653	678,290	752,742	772,535
輸入	658,364	457,340	632,955	766,024	761,604	723,422
サービス収支	−43,620	−32,627	−27,799	−34,786	−19,307	−6,907
第一次所得収支	164,818	126,312	146,210	176,978	213,032	205,131
第二次所得収支	−13,581	−11,635	−11,096	−9,892	−19,669	−21,271
資本移転等収支	−4,731	−4,653	282	−7,436	−2,714	−2,800
金融収支	263,775	156,292	126,294	−4,087	218,764	186,401
直接投資	60,203	57,294	93,101	142,459	161,319	172,406
証券投資	−82,515	199,485	−135,245	−265,652	160,294	−56,513
金融派生商品	−3,249	−9,487	−13,470	55,516	21,439	34,523
その他投資	246,362	−116,266	44,010	25,085	−130,539	9,467
外貨準備	42,974	25,265	137,897	38,504	6,251	26,518
誤差脱漏	19,016	25,019	21,998	−42,217	56,283	−36,866

(財務省 Web ページより作成)

注目点はココ！

1. 2008年秋の**リーマン・ショック**以降の**円高進行に伴い，輸出が減少し，2011年には1969年以来貿易収支が赤字となっていた**が，**2016年には黒字に転じました。**

2. **直接投資は近年増加傾向にあり**，投資収益を計上する**第一次所得収支が，最も大きいプラス項目となっています。**

3. 近年のサービス収支のマイナスの縮小は，円安傾向が進んで，「**インバウンド（訪日外国人）**」が増加しているためです（2018年末の訪日外国人は過去最高の3199万人強）

国際収支の恒等式

$$\boxed{経常収支} + \boxed{資本移転収支} - \boxed{金融収支} + \boxed{誤差脱漏} = 0$$

は，計算問題は重要です。必ず覚えましょう。

　さて問題にいきましょう。経常収支は貿易収支，サービス収支，第一次所得収支，第二次所得収支を足したものなので③となります。

正解は①

この問題は，完成講義でも少し触れた**「機会費用」に関する知識をベース**に作題されている良問です。しっかりと解説を読んで理解してください。

空欄ア。**労働生産性**とは，**ある財を生産するのに必要な労働投入量**です。この問題の場合は1単位の生産に必要な労働力ですので，労働生産性は「1/労働力」ということになります。すると両財ともに**A国のほうがB国よりも労働生産性が高い**ということになり，**絶対優位がA国にある**ということです。

空欄イ。ここからは読解力が必要となります。A国が農産品を1単位減らすということは，4人が工業製品の生産に回ることになります。するとA国では6人が工業製品を作ることになります。よって，**「6/2」で3単位の工業製品が生産**できます。**農産品の生産は労働力がないので「0」単位**となります。

一方で，B国が農産品を1単位増やすということは，工業製品の労働力12人の内6人が農産品の生産に回ることになります。するとA国では6人で工業製品を作ることになります。よって**「6/12」で0.5単位の工業製品が生産**できます。農産品の生産は労働力が6人増加しますので，12人で農産品を作ることになります。よって**「12/6」で2単位の農産品が生産**できます。

この結果，両国の合計で**工業製品はA国の3単位とB国の0.5単位の合計「3.5単位」**，**農産品はA国の0単位とB国の2単位の合計「2単位」**の生産となります。つまり，工業製品は「1.5」単位の増加，工業製品は2単位のままで生産量に変化はありません。

よって，正解は①となります。

	工業製品	農産品
A国	2人 ←	4人
B国	12人 →	6人

確かにA国が両財ともに労働生産性が高い

A国の農産品を作る4人をB国に（これで農産品がA国から1単位減少）

	工業製品	農産品
A国	6人	
B国	6人	12人

B国の農産品をつくるのに必要な6人を工業製品をつくっている12人から移動すると左のような表となる

工業製品はA国で「3」，B国では6÷12で「0.5」つまり「1.5」で増加
（元々は「2」であったので，3.5－2＝1.5－　）
農業製品は12÷6＝「2」で（元々は「2」であったので）変わらない

問8　国際貿易

正解は②

　やや難しいものもありますが，選択肢ごとに解説をしますので，知識として整理しましょう。

　①**非関税障壁**とは関税以外の障壁，例えば，**数量制限**などです。これを設けてしまえば自由貿易は推進できません。

　②実はここはすごく大事な知識です。1970年代の**オイルショック**や，**ニクソンショック**などを経て，**1973**年には主要国は**変動相場制**へと移行しました。**すると，為替取引を使って一儲けを狙う投機的な資金の取引が拡大していきました。**

　③**輸出加工区**（**経済特区**など）は外国企業の進出を制限するものではなく，むしろ**誘致**するためのものです。

　④輸出品の価格の上昇は，**輸出に伴う外貨の流入が増加することから，交易条件はよくなります。**

問9　政府開発援助（ODA）

正解は③

　人間の安全保障は，従来の道路などのインフラ整備ではなく，医療や教育などの一個人の安全を保障するという考え方です。2003年に盛り込まれました。

　①日本は平均水準よりも低いので不適切です。

　②かつての総額ではそうでしたが（2015年実績では４位），**GNI比では2015年実績で18位と決して高くありません。**

　④「民間資金」ではなく「公的資金」なので不適切です。

問10　自由貿易とグローバリズム

正解は④

　最初ではなく第８回目になります。2001年からWTOの下，**ドーハ・ラウンド**交渉が行われています。未だ合意にはいたっていません。下に主なラウンド交渉をまとめておきます。

ケネディ・ラウンド（1964～67）⇒鉱工業製品の関税を35％引下げ
東京・ラウンド（1973～79）⇒鉱工業製品33％，農業製品41％引下げ
ウルグアイ・ラウンド（1986～1993）以下主な内容　　ここは重要！

1. 日本のコメの**最低輸入義務**（ミニマムアクセス）の決定→国内消費量の4～8％
2. **知的所有権**の国際的保護
3. サービス貿易のルールの整備
4. WTO（世界貿易機関）の設立合意→1995年 WTO（世界貿易機関）設立
5. **サービス貿易の拡充とルールの整備**

①**WTO**（**世界貿易機関**）は，1993年の**ウルグアイ・ラウンド**の合意，1994年の**マラケシュ協定**を経て，**1995年**に設立されました。特に**紛争処理機能が強化**（全会一致の反対がない限り議決される⇒**ネガティブコンセンサス方式**）され，自由貿易の推進の大きな原動力となりました。

②**輸出補助金政策**とは，輸出競争力を高めるために**欧州連合(EU)**などが交付している補助金です。**交付されれば農作物が安くなるため競争力が増します。**ただし，アメリカなどは政府の介入だとして反発しています。

③サービス貿易とは，自国の運輸，通信，保険，金融などを他国が利用するというものです。ウルグアイ・ラウンドでは，「**サービス貿易に関する一般協定（GATS）**」が合意されました。

問11　南北問題（オリジナル）

正解は③

IMF は融資の条件として，自由化の推進や金融の自由化を要求します。こうして外国資本が急激に出入りし，1982年にはメキシコで債務危機が起こっています。

①**モノカルチャー経済**とは，単品の一次産品を生産し，それを安く売る労働集約型の経済のことですが，これが人口を減少させる原因ではありません。逆に**途**

上国では，医療技術の進歩などにより「多産少死」となっていて人口爆発に歯止めがかからない状態です。

② 「**UNCTAD（国連貿易開発会議）**」は1964年に開催されています。**オイルショックを契機になされたのは NIEO**（新国際経済秩序）**樹立宣言**です。

④ 「1990年代」ではなく，「1970年代」とすれば正文となります。

問12　地域的経済統合（オリジナル）

正解は③

　グローバリズム（**普遍主義**）に対して，**リージョナリズム**という言葉があります。これは，**地域主義**と訳され，一定地域という少し狭い枠での協調体制を目指し，経済を発展させようとする考えです。この動きの一環として，**地域的経済統合**があります。

○試験前に _確認_ を!!　→→→　地域的経済統合

1．EU（欧州連合）⇒28カ国（**2019年12月現在**）

　今後のイギリスの動向に注意

2．NAFTA（北米自由貿易協定）

⇒1989年，**アメリカ，カナダ**との間での域内関税の撤廃を目指し発足

　1994年，**メキシコ**が新たに加わった

　2018年に再交渉が行われ「**USMCA（米国・メキシコ・カナダ協定）**」へ

3．ASEAN（東南アジア諸国連合　1967年）

⇒**インドネシア**を中心に，**マレーシア，シンガポール，タイ，フィリピン**で結成

⇒1984年に**ブルネイ**，1995年に**ベトナム**，1997年に**ラオス**と**ミャンマー**，1999年に**カンボジア**が加盟し現在10カ国

⇒1993年には域内の関税引き下げなどを目指し **AFTA（ASEAN自由貿易地域）**が結ばれた

4．MERCOSUR（南米南部共同市場）

⇒1995年に**ブラジル，アルゼンチン，パラグアイ，ウルグアイ**の４カ国で共同市場創設を目指して発足。その後ベネズエラ（2016年に資格停止）ボリ

ビアが加盟。

　あと最近よく耳にする**自由貿易協定（FTA）**や**経済連携協定（EPA）**も少し説明しておきます。これは複数の国家間で協定を結んで関税の引き下げや廃止によってお互いに貿易を拡大させようとするものです。日本は，**マレーシア**（2006年発効）や**シンガポール**（2002年発効），**メキシコ**（2005年発効）などと結んでいます。

　①「シンガポール」ではなく，「インドネシア」とすれば正文となります。

　②メキシコは「MERCOSUR」には加盟していません。

　③正しい。

　④**NAFTA（北米自由貿易協定）**は，**アメリカ・カナダ・メキシコ**の３国間で1992年に締結され，1994年に発効しました。なお，2017年にアメリカでトランプ政権が誕生すると，2018年に再交渉が行われ，NAFTAに替わる「**USMCA（米国・メキシコ・カナダ協定）**」として署名されています。

問13　地域経済統合（欧州）

正解は②

　①正しい。**ECSC（欧州石炭鉄鋼共同体）**は1951年のパリ条約で設立されました。

　②「撤廃」ではなく，「設定」とすれば正文となります。

　③正しい。

　④正しい。**EU**（欧州連合）加盟諸国は**EMU（経済通貨同盟）**に加入することでユーロが流通しますが，**イギリスやデンマーク，スウェーデンなどはEMUに加入していません**。現在ユーロは19カ国で流通しています（2018年４月現在）。

問14　地域経済統合

正解は③

　①**マーストリヒト条約**は**EU**の設立条約です。**EFTA（欧州自由貿易連合）**

は，1960年に**イギリスがEECに対抗するため作った組織**です。**イギリスは1973年にEFTAを脱退してECに加盟しています**。ちなみに，1994年からEC（現在はEU）とEFTAとの間でEEA（欧州経済地域）を作っています。**EFTAはまだ存在します。**

②**中国もAPECには加わっています。なお2001年に中国，2002年に台湾がWTOに加盟**しました。

③正しい（ただし，問12で指摘したように，今後のアメリカの動向に注目です）。

④「インドシナ半島の緊張緩和」ではなく，「**インドシナ半島の緊張**（ベトナム戦争など）」とすれば正文となります。

問15　ユーロ

正解は①

ECB（**欧州中央銀行**，本部はフランクフルト）による**共通の金融政策が行われます**。ただし，各国の予算・租税などの財政政策は各国ごとに違います。

②このような事実はありません。

③ドイツ連邦銀行と欧州中央銀行は別物です。

④他国との外国為替が当然存在します。

問16　アジア経済

正解は②

台湾はOECDには入っていません。また，**ロシアや中国なども加盟していません**。2017年現在35カ国が加盟しています。

①2001年に**中国**，2002年に**台湾**が加盟しました。

③問12の解説を参照してください。

④**開発独裁**とは，**急激な経済成長路線をとりつつも国内の民主化を弾圧する体制**です。**インドネシアのスハルト**政権などが有名です。

問17　京都議定書

正解は①

EUも数値目標の義務を負っています。削減義務を負わないのは途上国などで

第8章
第9章
第10章
第11章
第12章
第13章
必ず読もう！
完成講義　第13章

す。2001年に**アメリカのブッシュ（子）**政権が**京都議定書**から離脱して一時発効が危ぶまれましたが，2004年に**ロシア**が批准して**2005年に同議定書は発効**しました。

②途上国は**開発の権利**を根拠に削減義務を負っていません。

③ネット方式のことです。

④「**排出権の売買**」とは，各国家や企業が**温室効果ガスの排出枠をそれぞれ定めて**，それが余った国や企業と，排出権を超えてしまった国や企業との間で取引する制度です。

<hr>

問18　環境政策

正解は②

ISO（国際標準化機構）は，**電気分野を除く工業分野の国際規格を策定**するための**非政府組織**（NGO）です。1992年の**地球サミット**をきっかけにして，**環境マネジメントシステムに関する国際規格**である「**ISO14000**」シリーズが策定されました。

①**窒素酸化物は酸性雨**の原因物質です。「**企業間**」を「**国家間**」に，「**窒素酸化物**」を「**温室効果ガス**」とすれば正文となります。

◯試験前に*確認*を!!　→→→　参考・環境問題の種類と原因物質

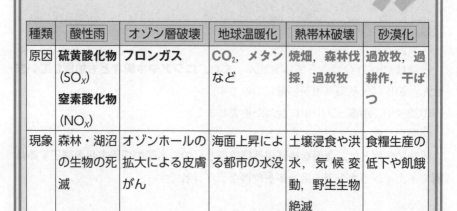

種類	酸性雨	オゾン層破壊	地球温暖化	熱帯林破壊	砂漠化
原因	**硫黄酸化物** (SO_X) **窒素酸化物** (NO_X)	**フロンガス**	CO_2，**メタン**など	焼畑，森林伐採，過放牧	過放牧，過耕作，干ばつ
現象	森林・湖沼の生物の死滅	オゾンホールの拡大による皮膚がん	海面上昇による都市の水没	土壌浸食や洪水，気候変動，野生生物絶滅	食糧生産の低下や飢餓

③「**ゼロ・エミッション**」計画とは，**廃棄物をゼロにする計画**です。**北欧の一部などでは導入されていますが，日本ではまだ導入されていません**。それとゼ

ロ・エミッションの考え方と騒音を抑えることは異なります。

④「**ナショナルトラスト運動**」とは，自然環境等を環境破壊から守るため，市民活動等によって買い上げたり，自治体に買い取りと保全を求める活動です。もともとは**イギリス**に起源があります。**環境が破壊される前に買ってしまおうというのはいい考えです。**ただし，**後半部の景観の維持は「景観条例」によるもので，ナショナルトラストの考え方ではありません。**

問19　食糧問題

正解は④

　現在地球上では**約８億もの人々が栄養不良状態にあります。**特に発展途上国では，急速な人口増加と低い農業生産性（機械や肥料などの資本不足が原因），**モノカルチャー経済**（特定の**一次産品**だけを生産）への依存などがその原因です。先進国はただ食料を与える援助を行うのではなく，**農業技術を提供して発展途上国に自立した農業体制をつくることが求められています。**そしてその普及のためには，**子供たちへの教育が何よりも大事です。**

　①ソマリアやスーダン，ルワンダなどでは，相次ぐ紛争などにより財政赤字となり，食糧の輸入すらできないでいるのが現状です。

　②正しい。①の例と同じく，大量虐殺などにより多くの人，技術・資本が失われました。

　③正しい。戦争や砂漠化により，耕作面積自体が減少しています。

　④モノカルチャー経済からはいまだ脱却していないので不適切です。

共通テストの新傾向を探る!!

テーマ1 「日本国憲法の国会の議決方式」

正解は②【正答率30.9%】

　この問題は過去のセンター試験でも頻出の，**いわゆる「知識問題」です。にもかかわらず正答率が3割台と低い**。つまり，数年分の共通テスト過去問出そろうまでの当面の対策は，センター試験の過去問や教科書を大切にすることが肝心なのだということがわかります。

①総議員の3分の2以上の賛成が必要なので不適当です。

②条約については出席議員の過半数の賛成でよいので適当です。

③出席議員の3分の2以上の賛成が必要なので不適当です。

④出席議員の3分の2以上の賛成が必要なので不適当です。

新傾向＆攻略ポイントはここだ！

　政経は倫理と比べると試行調査（プレテスト）では大きな変化がみられ**ません**。ただし，**資料の読み取り問題**や，**背景知識，年代問題，経済理論などはこれまで以上に注意**しましょう。

テーマ2 「日本の国会に関する問題」

正解は③【正答率52.4%】

　いわゆる「知識問題」です。

①正しい。

②**政府委員制度**は，1999年制定の**国会審議活性化法**によって**廃止されています**。ただし，国会に発言を求められた場合，官僚（中央省庁の局長など）も，出席・発言することがあるので適当です。

③「合区」が行われたのは，**参議院の選挙区（徳島と高知，島根と鳥取）**なので不適当です。

④閉会中審査は，国会法第47条に基づき，国会の閉会中に各議院の議決によって付託された議案について審査するものです。よって適当です。ただし①〜③で答がすでに出ていますので，深く気にしすぎないようにしましょう。学習したことから冷静に解答を探してください。

　難易度はそれほどでもないので，こうした問題を落とさないことが，共通テストでもカギとなります。しっかり解けるよう，完成講義，完成問題集で学習してください。また，「合区」についての理解が問われています。政治的な時事トピックへも常にアンテナを張っておきましょう。

テーマ3　「地方自治の知識を資料と共に考える問題」

正解は⑦【正答率14.3%】

　ここでは解き方を軽く習う程度に読み進めてください。

【資料1】について。

　「5」に「　Y　は，　X　を包括する広域の地方公共団体」とあるので，「Xが市町村，Yが都道府県または道府県」と分かります。

【資料2】について。

　「B」の資料のみ「警察」があるので，「Aが市町村，Bが都道府県または道府県」と分かります。著しい特徴を持つデータの背景を考えましょう。

【資料3】について。

　「ア」の資料に「地方消費税」があります。**地方消費税は都道府県税**です。また「イ」の資料に「固定資産税」があります。**固定資産税は市町村税**です。そこで，「イが市町村，アが都道府県または道府県」と分かります。

　以上から，都道府県または道府県の組み合わせを選ぶと⑦が正解となります。太字の3点の知識はしっかりと押えましょう。

　この問題は新しい出題傾向かつ難易度も高く，正答率もかなり低くなっています。試験当日にこうした難問に出くわした場合は，ちゅうちょなく後回しにして解きやすい問題から解く。そうした臨機応変の判断力も実力のうちです。ただし，必ずマークは埋めてください。本問でも一番わかりやすい【資料1】から，少なくとも解答は④〜⑦に絞れて，あとはヤマカンでも4分の1の確率です。

必ず読もう！　新傾向を探る！！

正解は④【正答率31.7%】

　　まず，**設問文を冷静に読む必要**があります。そのうえで「行政内部か行政外部か」，「法制度か法制度でないか」について，表1を参考に表2を見てください。今回は私の代ゼミの演習講義を以下に再現します。

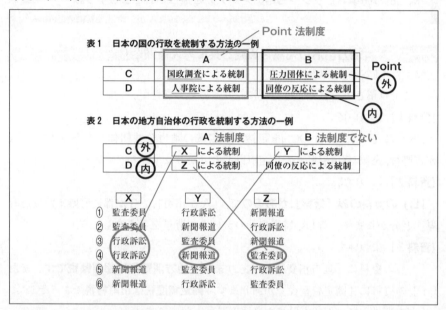

表1　日本の国の行政を統制する方法の一例

Point 法制度

	A	B
C	国政調査による統制	圧力団体による統制
D	人事院による統制	同僚の反応による統制

Point
外
内

表2　日本の地方自治体の行政を統制する方法の一例

	A 法制度	B 法制度でない
C 外	X による統制	Y による統制
D 内	Z による統制	同僚の反応による統制

	X	Y	Z
①	監査委員	行政訴訟	新聞報道
②	監査委員	新聞報道	行政訴訟
③	行政訴訟	監査委員	新聞報道
④	行政訴訟	新聞報道	監査委員
⑤	新聞報道	監査委員	行政訴訟
⑥	新聞報道	行政訴訟	監査委員

　　このように，情報を問題用紙に書き込むようにしてください。**AとBは「法制度か法制度でないか」，CとDが「行政内部か行政外部か」**だと分かります。

　　まずXには，**司法権に属し，行政の外からの法制度である「行政訴訟」**が入ります。これで正解は③か④に絞れます。そしてYには，**行政の外からかつ，法制度ではない「新聞報道」**が入るので，正解は④となります。

新傾向＆攻略ポイントはここだ！

　　問題の難易度に比べて予想外に正答率が低い印象です。アドバイスですが，全てを文字情報だけで考えず，図を書いたり，チェックを入れたりするなど，試験会場では上のように**情報を可視化**するようにしましょう。意外と見えてくるものがあります。

テーマ5 「核兵器に関する条約について（時事問題）」

正解は④【正答率32.7%】

①～③は基本事項ですから，正確に間違いを指摘できるようにしておきましょう。

①**核兵器拡散防止条約**は，結果的に五大国を核の保有国として認めているので不適当です。

②**部分的核実験禁止条約**は，地下核実験以外を禁止しているので不適当です。

③**包括的核実験禁止条約**は，爆発を伴わない未臨界実験は禁止していないので不適当です。

④今後の為に解説しておきます。

核兵器禁止条約は，2017年7月に国連で採択されました。この条約では**被爆者（ヒバクシャ）が受けた，容認できない苦しみと被害**を心に留めることを明記した上で，**核兵器の「開発」や「保有」それに「使用」，「威嚇」などを禁じてします**。ただし，最初の核兵器の使用国である**アメリカ**や，最初の核兵器の被害国である**日本**は，この条約に**参加していません**。

新傾向＆攻略ポイントはここだ！

一見すると，政経のオーソドックス問題に見えますが，選択肢④の**核兵器禁止条約は2017年に採択されたばかり**のものです。試行問題（プレテスト）は2018年に実施されていますから，知っている受験生が少なく，そのため正答率が低かったのだと思われます。テーマ2「日本の国会に関する問題」でも述べましたが，時事的トピックには要注意です。また，**代ゼミの夏期講習の私の時事**では，共通テストに出やすい時事（冬期は私大に出やすい時事「畠山創の政治・経済」）を夏期講習で扱います。よかったら受講してみてください。

正解は④【正答率35.8％】

　この問題は**発展学習の取り組みをみる**ものですが，問題自体はオーソドックスです。

Xについて。

　「ある財の人気が高まり」とあるので，「D_2」へとシフトします。これで選択肢は③か④に絞られます。

Yについて。

　文章の6〜8行目にかけて「生活必需品は価格の変化に対して需要量はあまり変らない」との記述があります。よって「D_4」が生活必需品となり，正解は④となります。

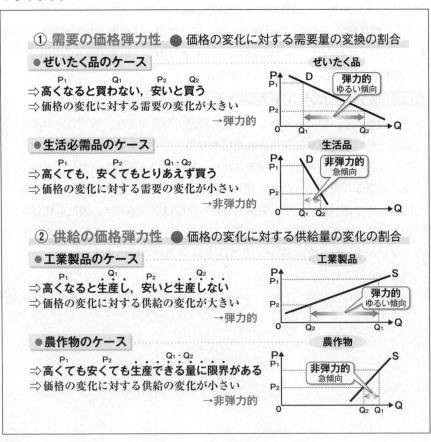

① 需要の価格弾力性　● 価格の変化に対する需要量の変換の割合

● ぜいたく品のケース　　　　　　　　　　　　　　　　　　　　　　ぜいたく品

　　　　　P_1　　Q_1　　P_2　　Q_2
⇒高くなると買わない，安いと買う
⇒価格の変化に対する需要の変化が大きい
　　　　　　　　　　　　→弾力的

● 生活必需品のケース　　　　　　　　　　　　　　　　　　　　　　生活品

　　　　　P_1　　　P_2　　　$Q_1 \cdot Q_2$
⇒高くても，安くてもとりあえず買う
⇒価格の変化に対する需要の変化が小さい
　　　　　　　　　　　　→非弾力的

② 供給の価格弾力性　● 価格の変化に対する供給量の変化の割合

● 工業製品のケース　　　　　　　　　　　　　　　　　　　　　　工業製品

　　　　P_1　　Q_1　　P_2　　Q_2
⇒高くなると生産し，安いと生産しない
⇒価格の変化に対する供給の変化が大きい
　　　　　　　　　　　　→弾力的

● 農作物のケース　　　　　　　　　　　　　　　　　　　　　　農作物

　　　　P_1　　P_2　　　$Q_1 \cdot Q_2$
⇒高くても安くても生産できる量に限界がある
⇒価格の変化に対する供給の変化が小さい
　　　　　　　　　　　　→非弾力的

新傾向＆攻略ポイントはここだ！

　需要の価格弾力性については，共通テストにおいても狙われやすいポイントです。**完成講義の431ページ「ここで差をつける！」で詳しく解説**してあります。

　高得点を狙いたい受験生は一通り学習が終わった後，政経分野に限らず，倫理分野の「ここで差をつける！」も必ず読んで理解を深めておいてください。

テーマ7　「三面等価の原則」

正解は⑤【正答率61.0%】

　教科書の導入部分にあたる学習項目は，比較的正答率が高い傾向にあります。そしてその逆もまた然りです。従って志の高い倫政受験生は**「教科書の最後の項目」までしっかりと学習**しましょう。

X について。

　ウに「支出」とあるので「支出面」となります。これで正解は⑤と⑥の２つに絞られます。

Y について。

　原則，国内総生産（GDP）は国民所得（NI）より大きい額なので（『講義編』438ページの「一発表示」で確認），Y は国内総生産（GDP）となり，正解は⑤となります。ちなみに日本の GDP は500兆円程度であり，2017年の GDP は約547兆円，NI は440兆円程度です。

新傾向＆攻略ポイントはここだ！

　この問題は解きやすいオーソドックスな問題でしたが，**生産面，分配面，支出面の内訳とその中で大きな項目は，共通テストでも狙われやすいポイント**となります。試験前に覚えておきましょう。

必ず読もう！　新傾向を探る!!

正解は②【正答率34.0%】

これはもう単純にそれぞれの年代を「知っている」か「知らないか」です。

ア バブルの発生は**1980年代半ば**。

イ **サブプライムローン問題は2007年**秋頃，それによって起こったリーマン・ショックは**2008年秋**。

ウ **「失われた10年」はバブル崩壊後，つまり，1991年以降**の日本経済の低迷を表す言葉。

よって正解は②。確かに知っていれば，これほど簡単な問題はありませんね。

新傾向＆攻略ポイントはここだ！

ズバリ「年代整序問題が苦手」な人が多いことをこの正答率は表しています。ただ共通テストにおいても出題の可能性はきわめて高いので，**解説の158ページにある「年代別年表」を12月ごろに作ると効果覿面**です。すでに一通り学習が終わっている人は，今すぐにでも作ってみてください。

テーマ9 「少子高齢化 [資料読解問題]」

正解は②【正答率60.8%】

僕ら教員が意外に思ったのは，こうした**資料読解（政経の知識が不要な）**や，**文章読解問題は正答率が高い**という結果です。ただし，回答に時間がかかる場合があるので，解きやすい問題から解いて時間がかかる問題は後回しすることも戦略です。

X について。

生徒 A の会話文中に，「総人口に占める生産年齢人口に割合はそんなに減っていない」，とあるので，「ア」となります。正解はこれで①か②に絞られます。

Y について。

必ず「注（註）」を読みましょう。注に「従属人口指数は，生産年齢人口100に対する年少人口と老年人口を合わせた比」とあるので，「従属人口指数＞老年人口指数＞年少人口指数」となります。よって会話文の「生産年齢人口100に対する老年人口が何になるか」に相当するのは「b」となり，正解は②となります。

第8章

第9章

第10章

第11章

第12章

第13章

　共通テストでも出題の予想される読解問題は，正答率が高いとはいえ，やはり最後は**教科の知識部分が肝心**です。また，知識としてデータが出題される場合があるので，特別付録の**「出題予想資料ベスト30」**に日頃から目を通しておくとよいでしょう。

テーマ10 「国際収支〔知識資料読解問題〕」

正解は⑤【正答率33.3%】

a について。

　経常収支は，**「貿易・サービス収支」**と**「第一次所得収支」**，**「第二次所得収支」の合計**となり，黒字です。正しい。なかでも**「第一次所得収支」の黒字が大きい**ことも併せて覚えておきましょう。

b について。

　正しくは，「経常収支＋資本移転等収支**－金融収支**＋誤差脱漏＝0（経常収支＋資本移転等収支＋誤差脱漏＝金融収支）」となるので不適当です。

c について。

　投資そのものの取引などは「金融収支」に含まれますが，投資からの収益は「第一次所得収支」に含まれるので適当です。よって正解は⑤。

　まずは完成講義をじっくり読みましょう。

　やはり，**政経の知識をベースとした資料問題となると正答率が一気に下がります。**特にこの分野は最後の方の項目で，学校で未履修の受験生が多い分野です。もし手薄であるならば，日頃から**国際分野を早く終わらせる意識を持ってください。**また**代ゼミの私の冬期講習に「国際政治・経済」**がありますので受講してみるのもよいでしょう。

　最後に倫政の共通テストの対策ポイントをまとめておきます。

共通テスト 対策 POINT!

1 **やっぱり倫政。知識問題を重点化 !!**
　★**正答率が低い知識問題**を制する者が試験を制する。穴のない
　　知識を身につけよう。

2 **「終わっていない」を残さない !!**
　★**未履修分野は致命傷となる**。教科書の最後の部分まで必ず
　　チェック。

3 **資料問題は意外と解ける。時間かかる場合は即後回し !!**
　★**「解ける問題・解きやすい問題から解く」**は鉄則。

4 **「知っているモノ」から判断する !!**
　★全てがわからなくても，知っている知識を総動員すれば道は
　　開ける。

5 **冷静に文章を読む !!**
　★問題文・資料文の読み間違いに注意。「適当なもの」を選ぶの
　　か「不適当なもの」を選ぶのか，のケアレスミスは泣くに泣
　　けない。